中国特色社会主义理论与实践研究

ZHONGGUO TESE SHEHUIZHUYI LILUN YU SHIJIAN YANJIU

邢乐勤 余龙进 王继全 黄 岩◎主 编

北京师范大学出版集团
BEIJING NORMAL UNIVERSITY PUBLISHING GROUP
北京师范大学出版社

图书在版编目(CIP)数据

中国特色社会主义理论与实践研究/邢乐勤等主编 . — 北京 ：北京师范大学出版社，2018.8(2020.8重印)

ISBN 978-7-303-24113-2

Ⅰ．①中… Ⅱ．①邢… Ⅲ．①中国特色社会主义－高等学校－教材 Ⅳ．①D616

中国版本图书馆 CIP 数据核字(2018)第 188034 号

营 销 中 心 电 话　010－58805072　58807651
北师大出版社高等教育与学术著作分社　http://xueda.bnup.com

ZHONGGUOTESESHEHUIZHUYI LILUN YU SHIJIAN YANJIU

出版发行：北京师范大学出版社　www.bnupg.com
　　　　　北京市西城区新街口外大街 12-3 号
　　　　　邮政编码：100088
印　　刷：三河市兴达印务有限公司
经　　销：全国新华书店
开　　本：730 mm×980 mm　1/16
印　　张：18
字　　数：335 千字
版　　次：2018 年 8 月第 1 版
印　　次：2020 年 8 月第 2 次印刷
定　　价：35.00 元

策划编辑：刘文平　王　强　　责任编辑：王　强　李春生　贾理智
美术编辑：李向昕　　　　　　　装帧设计：李向昕
责任校对：段立超　陈　民　　责任印制：陈　涛

目　录

导　论

【本章概要】

中国特色社会主义是中国共产党和全国各族人民近一百年奋斗、创造、积累的根本成就，是近代以来中国人民为争取民族独立、人民解放和实现国家富强、人民共同富裕伟大事业的继承和发展，是改革开放以来党的全部理论和实践的主题。没有社会主义就没有新中国，没有中国特色社会主义就没有改革开放以来当代中国的发展进步。中国特色社会主义随着中国特色社会主义伟大事业的发展而不断丰富与发展。习近平新时代中国特色社会主义思想是马克思主义中国化的最新成果，为发展马克思主义作出了中国的原创性贡献，在马克思主义中国化进程中具有里程碑意义。在当代中国，只有高举中国特色社会主义伟大旗帜，坚定不移地走中国特色社会主义道路，才能完成当代中国的历史任务，实现中华民族的伟大复兴。

【案例关注】

"众所周知，每个时代总有属于它自己的问题，只要科学地认识、准确地把握、正确地解决这些问题，就能够把我们的社会不断推向前进。……只有立足于时代去解决特定的时代问题，才能推动这个时代的社会进步。"①

"当代中国正经历着我国历史上最为广泛而深刻的社会变革，也正在进行

---

① 习近平：《之江新语》，235 页，杭州，浙江人民出版社，2007。

着人类历史上最为宏大而独特的实践创新。这种前无古人的伟大实践，必将给理论创造、学术繁荣提供强大动力和广阔空间。这是一个需要理论而且一定能够产生理论的时代，这是一个需要思想而且一定能够产生思想的时代。"

讨论：

习近平新时代中国特色社会主义思想产生的背景与依据。

【内容精讲】

第一节　当代中国的主题和基本问题

中国特色社会主义是实现当代中国历史任务、引领中华民族开拓前进的伟大旗帜。从当代中国的发展来看，理论和实践探索上是围绕着"什么是社会主义、怎样建设社会主义"这一问题展开的，这一探索又深化着对"什么是中国特色社会主义、如何建设中国特色社会主义"的认识。

一、当代中国的主题

当代中国，是一个内涵丰富的概念，主要是指改革开放以来的中国，是与古代中国、近代中国、现代中国既有联系又有区别的概念。主题，同样是一个有着丰富内涵的概念，其含义是指最主要的问题。当代中国是一个综合概念，它所表达的内涵是关系中国自改革开放以来的发展进程及未来趋势的具有全局性、决定性的问题。当代中国的主题是什么？就是要在理论上、探索与实践上发展中国特色社会主义。中国特色社会主义是历史的选择、人民的选择、时代的选择。改革开放的伟大历程始终贯穿着中国特色社会主义这一鲜明主题；中国的发展，我们党的全部理论和实践活动，都是围绕中国特色社会主义这个鲜明的主题展开的。

(一)近代以来中国的两大历史任务中孕育了当代中国的主题

一个国家发展的主题总是同该国应当解决的主要问题和应当完成的历史任务紧密相连的。中国特色社会主义是当代中国的主题，与近代以来中国人民面临的两大历史任务紧密相连，是近代以来中国人民为争取民族独立、人民解放和实现国家富强、人民富裕的继承和发展。

中华民族是一个伟大的民族，创造了辉煌灿烂的历史和文化。1840 年鸦片战争以来，中国逐步沦为半殖民地半封建国家。面对日益严重的民族危机，救亡图存、振兴中华成为中华民族迫在眉睫的民族使命。争取民族独立、人民解放和实现国家富强、人民富裕是近代以来中国人民始终面临的两大历史任务。为了完成两大历史任务，实现中华民族的伟大复兴，无数仁人志士进行了艰苦卓绝的探索和不屈不挠的斗争。太平天国运动、戊戌变法、义和团运动，不甘屈服的中国人民一次次抗争，但又一次次失败。孙中山领导的辛亥革命，结束了统治中国几千年的封建专制制度，对推动中国社会进步具有重大意义，但也未改变中国半殖民地半封建的社会性质和中国人民的悲惨命运。"事实说明，不触动封建根基的自强运动和改良主义，旧式的农民战争，资产阶级革命派领导的革命，照搬西方资本主义的其他种种方案，都不能完成中华民族救亡图存的民族使命和反帝反封建的历史任务。要解决中国发展进步问题，必须找到能够指导中国人民进行反帝反封建革命的先进理论，必须找到能够领导中国社会变革的先进社会力量。"①第一次世界大战和俄国十月革命的发生，让资本主义本质和弊端暴露无疑，"十月革命一声炮响，给我们送来了马克思列宁主义。十月革命帮助了全世界的也帮助了中国的先进分子，用无产阶级的宇宙观作为观察国家命运的工具，重新考虑自己的问题。走俄国人的路——这就是结论。"②同时，中国工人阶级也在五四运动中作为一支独立的政治力量登上了历史舞台，并对这场斗争的胜利发挥了决定性的作用，显示了强大的力量。1921 年中国共产党诞生，"中国共产党的诞生，是近现代中国历史发展的必然产物，是中国人民在救亡图存斗争中顽强求索的必然产物。从此，中国革命有了正确前进方向，中国人民有了强大精神动力，中国命运有了光明发展前景"。中国共产党担当起了完成两大历史任务的责任，这集中体现在党紧紧依靠人民完成和推进了三件大事上。第一件大事是

①　胡锦涛：《在庆祝中国共产党成立 90 周年大会上的讲话》，3 页，北京，人民出版社，2011。

②　《毛泽东选集》第四卷，1471 页，北京，人民出版社，1991。

完成了新民主主义革命，实现了民族独立、人民解放。新中国的成立，使人民成为国家、社会和自己命运的主人，中国人民从此站起来了，中华民族发展进步从此开启了新的历史纪元。第二件大事是完成了社会主义革命，确立了社会主义基本制度。我们创造性实现了由新民主主义到社会主义的转变，建立起比较独立的、比较完整的工业体系和国民经济体系，积累了在中国这样一个社会生产力水平十分落后的东方大国进行社会主义建设的重要经验。第三件大事是进行了改革开放的伟大革命，开创、坚持、发展了中国特色社会主义。经过艰苦实践，形成了党在社会主义初级阶段的基本理论、基本路线、基本纲领和基本经验，推动社会主义现代化建设取得了举世瞩目的伟大成就。"这三件大事，从根本上改变了中国人民和中华民族的前途命运，不可逆转地结束了近代以后中国内忧外患、积贫积弱的悲惨命运，不可逆转地开启了中华民族不断发展壮大、走向伟大复兴的历史进军，使具有 5 000 多年文明历史的中国面貌焕然一新，中华民族伟大复兴展现出前所未有的光明前景。"①中国共产党紧紧依靠人民完成和推进的三件大事，把近代以来中华民族面临的两大历史任务连接了起来，把历史中国和当代中国连接了起来。当代中国的历史任务，就是要在此基础上继续书写中华民族伟大复兴的辉煌篇章。

认识当代中国的历史任务，必须把握两大历史任务之间的关系。民族独立、人民解放，是实现国家富强、人民富裕的历史前提，只有实现这一历史任务，才能为当代中国的发展进步扫清障碍、创造条件。实现国家富强、人民富裕，是实现民族独立、人民解放的根本目的，也是保障国家强大，维护民族尊严的重要物质基础。认识当代中国的历史任务，应当展望和把握未来中国的光明前景。为了建设富强、民主、文明、和谐、美丽的社会主义现代化强国，实现中华民族的伟大复兴，中国共产党人从 20 世纪 50 年代中期就已经开始探索国家经济社会发展战略。从毛泽东的两步走，到邓小平的三步走，再到后来的"两个一百年的奋斗目标"，具有很强的连续性，体现出很强的使命感。这一奋斗目标，是近代以来中华民族两大历史任务的继承和发展，

---

① 胡锦涛：《在庆祝中国共产党成立 90 周年大会上的讲话》，3 页，北京，人民出版社，2011。

是当代中国历史任务在现阶段的具体体现。牢牢把握当代中国的历史任务，要清醒认识我们肩负的历史使命，坚定不移地坚持和发展中国特色社会主义。中国特色社会主义是当代中国的主题，是当代中国发展中表现出来的核心内容。我国在改革开放和社会主义现代化建设新时期的理论创新和实践探索，都是紧紧围绕着中国特色社会主义这个主题展开的。中国特色社会主义进入新时代，是党的十八大以来在实践创新与理论创新的良性互动中，取得历史性成就、发生历史性变革的必然结果。正如习近平总书记强调的那样，中国特色社会主义不是从天上掉下来的，而是在改革开放40年的伟大实践中得来的，是在中华人民共和国成立近70年的持续探索中得来的，是在我们党领导人民进行伟大社会革命97年的实践中得来的，是在近代以来中华民族由衰到盛170多年的历史进程中得来的，是在中华文明5000多年的传承发展中得来的，是党和人民历经千辛万苦、付出各种代价取得的宝贵成果。得到这个成果极不容易。

(二)改革开放的伟大历程始终贯穿着当代中国主题

以党的十一届三中全会胜利召开为标志，中国共产党把马克思主义同中国实际和时代特征相结合，开启了改革开放的伟大历程，以一往无前的进取精神和波澜壮阔的创新实践，开创和发展了中国特色社会主义。自此，中国的发展，我们党的全部理论和实践活动，都围绕着中国特色社会主义这个鲜明主题展开。

以邓小平同志为核心的党的第二代中央领导集体，以巨大的政治勇气和理论勇气，深刻总结我国社会主义建设正反两方面经验，借鉴世界社会主义历史经验，深刻揭示社会主义本质，作出中国仍处于社会主义初级阶段的科学判断，并据此确立了社会主义初级阶段基本路线，创立了邓小平理论，第一次比较系统地初步回答了在中国这样的经济文化比较落后的国家如何建设社会主义、如何巩固和发展社会主义的一系列基本问题，明确提出走自己的路、建设有中国特色的社会主义，使社会主义在中国显示出蓬勃生机和活力。

以江泽民同志为核心的党的第三代中央领导集体，在国内外形势十分复杂、世界社会主义出现严重曲折的考验面前，捍卫了中国特色社会主义，依据新的实践确立了党在社会主义初级阶段的基本纲领、基本经验，确立了社会主义市场经济体制的改革目标和基本框架,确立了社会主义初级阶段的基本经济制度和分配制度,推进党的建设,创立了"三个代表"重要思想,开创了全面改革开放的新局面,成功地把中国特色社会主义推向21世纪。

以胡锦涛同志为总书记的党中央,强调坚持以人为本、全面协调可持续发展,提出构建社会主义和谐社会、加快生态文明建设,形成中国特色社会主义事业总体布局,着力保障和改善民生,促进社会公平正义,推动建设和谐世界,推进党的执政能力建设和先进性建设,形成了科学发展观,成功地在新的起点上坚持和发展了中国特色社会主义。

以习近平同志为核心的党中央接过历史的接力棒,高举中国特色社会主义伟大旗帜,科学把握当今世界和当代中国发展大势,顺应实践要求和人民愿望,统筹国内国际两个大局,统筹伟大斗争、伟大工程、伟大事业、伟大梦想,形成习近平新时代中国特色社会主义思想,统筹推进"五位一体"总体布局、协调推进"四个全面"战略布局,推出一系列重大战略举措,出台一系列重大方针政策,推进一系列重大工作,解决了许多长期想解决而没有解决的难题,办成了许多过去想办而没有办成的大事,使党和国家事业发生历史性变革,使中国特色社会主义进入了新时代。

中国特色社会主义从探索的起步、发展、实践到现在已经60多年,中国特色社会主义命题的提出到现在近40年。毛泽东思想和中国特色社会主义理论体系是马克思主义中国化的两大成果,中国特色社会主义理论体系中包括了邓小平理论、"三个代表"重要思想和科学发展观、习近平新时代中国特色社会主义思想在内的一系列重大理论成果。从中国共产党对中国化马克思主义理论成果的划分中可以看出,改革开放以来,理论的创新是围绕创新发展中国特色社会主义展开的实践中的探索和尝试,如搞改革开放、搞社会主义市场经济、"五位一体"总体布局、"四个全面"战略布局等都是围绕创新、发展、完善中国特色社会主义进行的。

改革开放以来中国特色社会主义的实践无可辩驳地证明,中国特色社会主义是发展中国的必由之路,是实现社会主义现代化的必由之路,是创造人民美好生活的必由之路。要全面建成小康社会,加快推进社会主义现代化,实现中华民族伟大复兴,必须在改革开放中坚持和发展中国特色社会主义。

(三)中国特色社会主义是当代中国的伟大旗帜

马克思主义认为，党的纲领是一面旗帜，是党对自己奉行的主义的公开宣示，是党的理想信念、斗争目标、政治主张的集中概括，是党的内在性质、历史使命和社会作用的集中体现。马克思在《哥达纲领批判》一文中，阐发了无产阶级革命和专政理论以及关于未来社会主义和共产主义社会的许多重要原理。恩格斯也曾就此给德国社会主义工党领袖写信，指出："一般说来，一个政党的正式纲领没有它的实际行动那样重要。但是，一个新的纲领毕竟总是一面公开树立起来的旗帜，而外界就根据它来判断这个党。"①旗帜问题极为重要，是马克思主义经典作家的一贯教导。关于中国特色社会主义旗帜的表述，是随着改革开放的深入和社会主义现代化事业的发展而不断明确的。回顾1982—2017年，我们党高举中国特色社会主义的旗帜始终如一，党的历次代表大会的政治报告的标题清楚地显示了这一点。党的十三大提出《沿着有中国特色的社会主义道路前进》(1987年10月)；党的十四大提出《加快改革开放和现代化建设步伐，夺取有中国特色社会主义事业的更大胜利》(1992年10月)；党的十五大提出《高举邓小平理论伟大旗帜，把建设有中国特色社会主义事业全面推向二十一世纪》(1997年9月)；党的十六大提出《全面建设小康社会，开创中国特色社会主义事业新局面》(2002年11月)；党的十七大提出《高举中国特色社会主义伟大旗帜，为夺取全面建设小康社会新胜利而奋斗》(2007年10月)；党的十八大提出《坚定不移沿着中国特色社会主义道路前进，为全面建成小康社会而奋斗》(2012年11月)；党的十九大提出《决胜全面建成小康社会，夺取新时代中国特色社会主义伟大胜利》(2017年10月)。在当代中国，中国特色社会主义成为引领党和人民实现中国发展进步和中华民族伟大复兴的最新旗帜。在当代中国，只有高举中国特色社会主义伟大旗帜，坚定不移地走中国特色社会主义道路，才能完成当代中国的历史任务，实现中华民族的伟大复兴。

"中国特色社会主义是改革开放以来党的全部理论和实践的主题，全党必须高举中国特色社会主义伟大旗帜，牢固树立中国特色社会主义道路自信、

---

① 《马克思恩格斯选集》第3卷，325~326页，北京，人民出版社，1995。

理论自信、制度自信、文化自信，确保党和国家事业始终沿着正确方向胜利前进。"①没有社会主义就没有新中国；没有中国特色社会主义就没有改革开放以来当代中国的发展进步。

习近平总书记强调指出，科学社会主义在中国的成功，对马克思主义、科学社会主义的意义，对世界社会主义的意义，是十分重大的。高举中国特色社会主义伟大旗帜，坚定对中国特色社会主义的道路自信、理论自信、制度自信和文化自信，既不走封闭僵化的老路，也不走改旗易帜的邪路，我们党才能肩负起新时代的历史使命，在坚持和发展中国特色社会主义的伟大进程中，不断开辟党和国家事业发展新境界。

二、中国特色社会主义的基本问题

从基本问题切入，解决中国特色社会主义发展问题，是新时期中国共产党理论创新和实践突破的成功经验。胡锦涛在纪念党的十一届三中全会召开30周年大会上的讲话中指出：30年来我们党的全部理论和全部实践，归结起来就是创造性地探索和回答了什么是马克思主义、怎样对待马克思主义；什么是社会主义、怎样建设社会主义；建设什么样的党、怎样建设党；实现什么样的发展、怎样发展等重大理论和实际问题。习近平总书记在党的十九大报告中又进一步提出了中国特色社会主义进入新时代的重大理论与实践课题，坚持和发展什么样的中国特色社会主义、怎样坚持和发展中国特色社会主义。中国特色社会主义全部理论与实践都紧紧围绕着这五个基本问题展开，在不断探索和科学回答这五个基本问题的过程中逐步形成和发展起来。坚持和发展中国特色社会主义，最根本的就是要在理论和实践上认识与回答这五个基本问题。

(一)什么是马克思主义、怎样对待马克思主义

这是中国共产党在把马克思主义运用于本国实际过程中不断要思考和追问的问题，更是坚持和发展中国特色社会主义应该以什么样的思想来指导的重大问题。而这个问题实际上又是一个层进式的问题，因为对"怎样对待马克

---

① 习近平：《高举中国特色社会主义伟大旗帜，为决胜全面小康社会实现中国梦而奋斗》，见《习近平谈治国理政》第二卷，59页，北京，外文出版社，2017。

思主义"的回答必然要基于对"什么是马克思主义"的回答。

马克思主义是工人阶级的世界观，是工人阶级认识世界和改造世界的思想武器，是工人阶级争取阶级解放和人类解放的科学理论，它是人类优秀文化成果，特别是 19 世纪欧洲重大社会科学成果和工人运动相结合的产物。马克思主义由哲学、政治经济学、科学社会主义理论等部分组成，是一个十分严密的科学理论体系。按照恩格斯的论断，马克思主义的主要理论贡献，是发现了唯物史观和剩余价值学说。正是这两大发现，揭示了人类社会的客观发展规律，揭示了资本主义灭亡和社会主义、共产主义取代资本主义的历史必然性，揭示了工人阶级在这一伟大革命变革中的历史使命。马克思主义是博大精深的科学的理论体系，它历来包括三个方面的内容：一是马克思主义的立场、观点和方法；二是揭示人类社会发展规律的一般性原理；三是关于具体问题的具体结论。

在对待"什么是马克思主义、怎样对待马克思主义"问题上，首先是要把握马克思主义的鲜明特点和基本理论品质。搞清楚什么是马克思主义，不在于记住它的一切结论和细节，而在于把握它的鲜明特点和基本理论品质。马克思主义最鲜明的特点就是理论联系实际。由于实践是不断发展的，作为反映实践、指导实践的马克思主义理论也必然要不断创新，因此，与时俱进是马克思主义的基本理论品质。与以往任何理论体系，包括对马克思主义产生过深刻影响的黑格尔哲学体系所不同的是，马克思主义不是一个僵化的、封闭的理论体系，而是一个发展的、开放的理论体系。正因为这样，马克思主义并没有因为它的创始人马克思、恩格斯的逝世而宣告中止，而是继续发展。列宁主义就是马克思主义与俄国革命实际相结合的理论创新成果，毛泽东思想和中国特色社会主义理论体系也是马克思主义同中国革命、建设实际相结合的理论创新成果。马克思主义在当代中国的最新发展就是习近平新时代中国特色社会主义思想。

其次是要以科学的态度对待马克思主义。一是要完整准确地理解马克思主义，坚持马克思主义的立场观点方法、基本原理，而不是照搬其个别结论和照抄书中的只言片语。马克思和恩格斯一再强调："马克思的整个世界观不是教义，而是方法。它提供的不是现成的教条，而是进一步研究的出发点和供这种研究使用的方法。"①二是要在坚持马克思主义中发展马克思主义。马克思主义是发展的理论，一部马克思主义发展史，就是马克思主义创始人及其后继者，对正在发生着的历史实践进行理论概括，又用创新了的理论指导发展着的实践的历史。因此，对待马克思主义，切忌把它在特定历史条件下做出的个别结论僵死化、凝固化，而应当根据不同的历史条件，创造性地加以运用。那种只知背诵马克思主义词句，把马克思主义个别结论神圣化的教条主义态度，不但不符合马克思主义，恰恰是马克思主义的大敌。

最后是中国共产党建党以来对待马克思主义的经验。在对待马克思主义上，中国共产党自成立以来，围绕"什么是马克思主义、怎样对待马克思主义"这一问题的探索和回答，积累了许多宝贵经验。一是坚定信念。中国共产党在领导中国革命、建设、改革的过程中，经受住了许多右的或"左"的非马克思主义、反马克思主义思潮的挑战，在中国社会发展的各个时期科学地回答了"什么是马克思主义"这一首要的问题，并始终以发展的马克思主义为指导。在当代中国，坚持中国特色社会主义理论体系，就是真正坚持马克思主义。二是坚持实事求是。"实事求是是马克思主义的精髓"是邓小平基于深刻领会马克思主义精神实质和科学分析中国革命历史经验的基础上作出的精辟论断。中国共产党领导中国革命、建设和改革的历史表明，什么时候坚持了实事求是的马克思主义理论精髓，什么时候党的事业就能够发展，什么时候违背了这一精髓，什么时候党的事业就会有遭受挫折甚至失败的危险。三是理论创新，不断探索和回答重大的理论和现实问题。恩格斯指出："我们的理论是发展着的理论，而不是必须背得烂熟并机械地加以重复的教条。"②作为指导思想的马克思主义应该在同一地域的不同发展阶段，在实际情况发生了变化的情况下，相应地进行改变，这是马克思主义中国化的实质。在实践中不断进行理论创新，并用创新了的理论指导改变了的实践，这是马克思主义理论保持生命力的关键所在，也是马克思主义中国化的理论生长点。要使中国化的马克思主义焕发出勃勃生机，应推进马克思主义与中国实际相结合，在实践中不断探索和回答重大的理论和现实问题。马克思、恩格斯指出，一切划时

---

① 《马克思恩格斯选集》第 4 卷，742～743 页，北京，人民出版社，1995。
② 《马克思恩格斯选集》第 4 卷，681 页，北京，人民出版社，1995。

代的体系的真正内容都是由于产生这些体系的那个时期的需要而形成的。马克思主义中国化的理论创新都是由中国革命、建设和改革开放的实践需要所推动的。这就需要中国化的马克思主义不断地与时俱进，以解决新的问题。

(二)建设什么样的社会主义、怎样建设社会主义

这是中国共产党在整个社会主义历史阶段都必须探索和回答的问题。改革开放以来，中国共产党在以往探索与实践的基础上，紧紧抓住这个基本问题进行深入探索，明确提出了我国处于并将长期处于社会主义初级阶段；社会主义的本质是解放生产力，发展生产力，消灭剥削，消除两极分化，最终达到共同富裕；选择社会主义市场经济是中国特色社会主义理论与实践发展的必然结果；社会和谐是中国特色社会主义的本质属性，公平正义是中国特色社会主义的内在要求，坚持中国共产党的领导是中国特色社会主义的最本质特征和最大优势；促进人的全面发展是社会主义的根本要求等。这一系列新思想、新观点，既坚持了科学社会主义的基本原理，又根据时代条件和人民愿望发展了社会主义，比较系统地回答了在中国这样一个经济文化相对落后的国家建设什么样的社会主义，怎样建设社会主义、如何巩固和发展社会主义这一系列关键问题，深化了对社会主义发展规律的认识。

(三)建设什么样的党、怎样建设党

这是中国共产党自成立以来始终面临的一个重大问题，也是坚持和发展中国特色社会主义的一个重大问题。打铁还需自身硬。在革命、建设和改革的各个历史时期，中国共产党都高度重视自身建设。进入新世纪以来，中国共产党坚持把推进中国特色社会主义伟大事业和推进党的建设新的伟大工程紧密结合起来，紧紧围绕提高领导水平和执政能力与增强拒腐防变、抵御风险的能力这两大历史性课题，提出牢牢把握加强党的执政能力建设、先进性和纯洁性建设这条主线，建设学习型、服务型、创新型的马克思主义执政党，坚持党要管党、从严治党，确保党在世界形势深刻变化的历史进程中始终走在时代前列，在应对国内外各种风险和考验的历史进程中始终成为全国人民的主心骨，在坚持和发展中国特色社会主义的历史进程中始终成为坚强的领导核心。特别是进入中国特色社会主义新时代，习近平同志对于党的建设提出了一系列的新思路、新要求和新目标，指出全党要深刻认识党面临的执政

考验、改革开放考验、市场经济考验、外部环境考验的长期性和复杂性，深刻认识党面临的精神懈怠危险、能力不足危险、脱离群众危险、消极腐败危险的尖锐性和严峻性，对新时代党的建设提出了总要求，并系统阐述了党的建设总布局、总要求、总目标和总任务。具体内容是：坚持和加强党的全面领导，坚持党要管党、全面从严治党，以加强党的长期执政能力建设、先进性和纯洁性建设为主线，以党的政治建设为统领，以坚定理想信念宗旨为根基，以调动全党积极性、主动性、创造性为着力点，全面推进党的政治建设、思想建设、组织建设、作风建设、纪律建设，把制度建设贯穿其中，深入推进反腐败斗争，不断提高党的建设质量，把党建设成为始终走在时代前列、人民衷心拥护、勇于自我革命、经得起各种风浪考验、朝气蓬勃的马克思主义执政党。这是中国共产党历届党代会报告中首次使用"党的建设总要求"这一明确提法，从顶层设计到具体内容都饱含新意，为在新时代下建设什么样的党，怎样建设党提出了明确的新要求与新目标，丰富和发展了马克思主义建党学说，深化了对共产党执政规律的认识。

(四)实现什么样的发展、怎样发展

这是一个关系到坚持和发展中国特色社会主义的方式、途径和目标任务的重大问题。改革开放以来，中国共产党以马克思主义发展观为指导，对社会主义发展进行了不断深入的探索。自党的十一届三中全会开始，邓小平在明确我国主要矛盾和基本国情的基础上，果断提出"以经济建设为中心""发展才是硬道理"的重要论断，并进一步提出"三步走"、基本实现现代化等发展战略，实现了发展观上的拨乱反正，形成了社会主义初级阶段的发展理论，确立了改革开放的发展战略，创造性地开辟了一条中国特色社会主义的发展道路。在世纪之交新的历史条件下，围绕着如何坚持和发展中国特色社会主义这一历史性重任，江泽民从加强和改善执政党建设的高度，明确了发展是党执政兴国的第一要务，围绕着实现社会的全面发展和人的全面发展的重要目标，强调要协调发展物质文明、精神文明、政治文明。进入新世纪，面对全面建成小康社会的奋斗目标，以及我国社会发展中的不全面、不协调、不可持续的矛盾挑战，胡锦涛适时提出要科学发展，强调发展是第一要务，核心是以人为本，基本要求是全面协调可持续，根本方法是统筹兼顾，完善了经济建设、政治建设、文化建设、社会建设"四位一体"的中国特色社会主义事业的总体布局，提出了构建社会主义和谐社会。在全面建成小康社会的决定性阶段，以习近平同志为核心的党中央，从我国发展新的阶段性特征出发，以中国发展问题为导向，提出创新、协调、绿色、开放、共享五大新发展理念。五大新发展理念以实现"两个一百年"为阶段性发展目标，坚持统筹推进经济建设、政治建设、文化建设、社会建设、生态文明建设"五位一体"的总体布局，坚持协调推进全面建成小康社会、全面深化改革、全面依法治国、全面从严治党"四个全面"的战略布局，把中国特色社会主义看作一个由政治、经济、文化、社会和生态组成的有机整体，把发展中国特色社会主义看作由发展目标、发展动力、发展机制、发展举措、制度保障等组成的全面战略布局。这一系列新思想新要求解决了中国特色社会主义的发展理念、发展方式、发展动力等问题，标志着中国共产党对发展问题的认识达到了新的高度，深化了对社会发展规律的认识。

(五)坚持和发展什么样的中国特色社会主义、怎样坚持和发展中国特色社会主义

这是中国特色社会主义进入新时代所面临的重大课题。党的十八大以来，我国的经济社会发展已处于决胜全面建成小康社会的关键期，我国的经济总量已经跃居世界第二，我们比历史上任何时期都更接近中华民族伟大复兴的目标，比历史上任何时期都更有信心、更有能力实现这个目标。在中国特色社会主义发展的关键时期，以习近平同志为核心的党中央，紧紧围绕新时代坚持和发展什么样的中国特色社会主义、怎样坚持和发展中国特色社会主义的问题，提出了一系列新理念新思想新战略：关于实现中华民族伟大复兴的中国梦，关于协调推进"四个全面"战略布局，关于我国经济发展新常态和创新、协调、绿色、开放、共享新发展理念，关于推进国家治理体系和治理能力现代化，关于用社会主义核心价值观凝心聚力，关于全面推进国防和军队建设，关于推动构建以合作共赢为核心的新型国际关系，关于全面从严治党和反腐败斗争等；推出一系列重大战略举措：统筹推进"五位一体"总体布局，协调推进"四个全面"战略布局等。这一系列新思想新战略新举措，系统回答了新时代坚持和发展中国特色社会主义的总目标、总任务、总体布局、战略布局和发展方向、发展方式、发展动力、战略步骤、外部条件、政治保证等基本问题，从而创立了新时代中国特色社会主义思想，进一步丰富和发展了中国特色社会主义理论体系，把当代中国马克思主义推进到一个新阶段。

第二节　坚持和发展中国特色社会主义

中国特色社会主义理论和实践，涵盖了社会主义经济、政治、文化、社会和生态文明建设等各个领域的基本问题，体现了道路、理论体系和制度体系的有机统一。中国特色社会主义的发展，在于中国特色社会主义伟大事业的发展。

一、中国特色社会主义的内涵

中国特色社会主义的科学内涵包括中国特色社会主义道路、中国特色社会主义理论体系、中国特色社会主义制度。中国特色社会主义，既坚持了科学社会主义基本原则，又根据时代条件赋予其鲜明的中国特色，以全新的视野深化了对共产党执政规律、社会主义建设规律、人类社会发展规律的认识，从理论和实践结合上系统回答了在中国这样人口多底子薄的东方大国建设什么样的社会主义和怎样建设社会主义、建设什么样的中国特色社会主义和怎样建设中国特色社会主义这个根本问题，实现了中华民族从站起来、富起来到强起来的伟大飞跃。

(一)中国特色社会主义道路

中国特色社会主义道路是我们党和人民历尽千辛万苦、付出巨大代价探索出来的。中国特色社会主义道路，是在中国共产党领导下，立足基本国情，以经济建设为中心，坚持四项基本原则，坚持改革开放，解放和发展社会生产力，建设社会主义市场经济、社会主义民主政治、社会主义先进文化、社会主义和谐社会、社会主义生态文明，促进人的全面发展，逐步实现全体人民共同富裕，建设富强民主文明和谐美丽的社会主义现代化强国。中国特色社会主义道路实践正在不断完善，中国共产党对现阶段我国社会主义具体实践形式的探索，主要体现为：经济建设和改革的实践形式，政治建设和改革的实践形式，文化建设和改革的实践形式，社会建设和改革的实践形式，生态建设和改革的实践形式，它们之间相互依存、共同促进，全面推动中国特色社会主义的实践和发展。

中国特色社会主义道路之所以是引领当代中国发展进步的道路，是因为它既坚持了科学社会主义的基本原则，又根据我国实际和时代特征赋予其鲜明的中国特色；既否定了封闭僵化的老路，又拒绝改旗易帜的邪路。近40年我国经济持续快速发展，人民生活水平大幅度提高，综合国力显著增强，充分证明这条道路是实现中华民族伟大复兴的唯一正确道路。

(二)中国特色社会主义理论体系

中国特色社会主义理论体系是马克思主义基本原理同当代中国改革开放和社会主义现代化建设实践有机结合而形成的科学理论体系，它包括邓小平理论、"三个代表"重要思想、科学发展观和习近平新时代中国特色社会主义思想。它在建设中国特色社会主义的思想路线、发展道路、发展阶段、发展战略、根本任务、发展动力、依靠力量、国际战略、领导力量和根本目的等问题上，形成了一系列独创性的思想理论观点，系统地回答了在中国这样一个十几亿人口的发展中大国建设社会主义的一系列重大问题。这一理论体系，涵盖社会主义经济建设、政治建设、文化建设、社会建设、生态文明建设和党的建设等各个领域，涉及改革发展稳定、内政外交国防、治党治国治军等各个方面，内涵丰富、思想深刻、系统完整。中国特色社会主义理论体系是对马克思列宁主义、毛泽东思想的坚持和发展，是指导我们党和人民沿着中国特色社会主义道路实现中华民族伟大复兴的正确理论，这是我们党最可宝贵的政治和精神财富，是我们党和国家必须长期坚持的科学指导思想。在当代中国，坚持中国特色社会主义理论体系，就是真正坚持马克思主义。

(三)中国特色社会主义制度

中国共产党探索中国特色社会主义实践形式的最新贡献，是在成功开辟道路和创立理论体系的基础上，进一步建立和完善中国特色社会主义制度。它是一个包括根本制度、基本制度和具体制度在内的制度体系。根本制度：人民代表大会制度。基本制度：中国共产党领导的多党合作和政治协商制度、民族区域自治制度以及基层群众自治制度构成的基本政治制度，中国特色社会主义法律体系，公有制为主体、多种所有制经济共同发展的基本经济制度。具体制度：如建立在基本政治制度和基本经济制度基础上的经济体制、政治体制、文化体制、社会体制等。中国特色社会主义制度，是当代中国发展进步的根本制度保障，集中体现了中国特色社会主义的特点和优势。

中国特色社会主义的道路、理论体系和制度，三者紧密相连、相互贯通，统一于中国特色社会主义的伟大实践之中，并随着实践而不断发展和完善。

二、坚持和发展中国特色社会主义

理论的发展源于实践的发展。中国特色社会主义的发展在于中国特色社会主义伟大事业的发展。改革开放以来，我们党不仅始终如一地高举中国特色社会主义的伟大旗帜，而且始终如一地坚持和发展中国特色社会主义。

党的十一届三中全会以来，以邓小平同志为主要代表的中国共产党人，总结新中国成立以来正反两方面的经验，解放思想，实事求是，实现全党工作中心向经济建设的转移，实行改革开放，开辟了社会主义事业发展的新时期，逐步形成了建设中国特色社会主义的路线、方针、政策，阐明了在中国建设社会主义、巩固和发展社会主义的基本问题，创立了邓小平理论。邓小平理论是马克思列宁主义的基本原理同当代中国实践和时代特征相结合的产物，是毛泽东思想在新的历史条件下的继承和发展，是马克思主义在中国发展的新阶段，是当代中国的马克思主义，是中国共产党集体智慧的结晶，引导着我国社会主义现代化事业不断前进。

党的十三届四中全会以来，以江泽民同志为主要代表的中国共产党人，在建设中国特色社会主义的实践中，加深了对什么是社会主义、怎样建设社会主义和建设什么样的党、怎样建设党的认识，积累了治党治国的宝贵经验，形成了"三个代表"重要思想。"三个代表"重要思想是对马克思列宁主义、毛泽东思想、邓小平理论的继承和发展，反映了当代世界和中国的发展变化对党和国家工作的新要求，是加强和改进党的建设、推进我国社会主义自我完善和发展的强大理论武器，是中国共产党集体智慧的结晶，是党必须长期坚持的指导思想。始终做到"三个代表"，是我们党的立党之本、执政之基、力量之源。

十六大以来，以胡锦涛同志为主要代表的中国共产党人，坚持以邓小平理论和"三个代表"重要思想为指导，根据新的发展要求，深刻认识和回答了新形势下实现什么样的发展、怎样发展等重大问题，形成了以人为本、全面协调可持续发展的科学发展观。科学发展观是同马克思列宁主义、毛泽东思想、邓小平理论、"三个代表"重要思想既一脉相承又与时俱进的科学理论，是马克思主义关于发展的世界观和方法论的集中体现，是马克思主义中国化的重大成果，是中国共产党集体智慧的结晶，是发展中国特色社会主义必须长期坚持的指导思想。

党的十八大对中国特色社会主义作出了重要发展，把中国特色社会主义的内涵阐释为中国特色社会主义道路、中国特色社会主义理论体系和中国特色社会主义制度。三者的关系是：中国特色社会主义道路是实现途径，中国特色社会主义理论体系是行动指南，中国特色社会主义制度是根本保障，三者统一于中国特色社会主义的伟大实践，这是党领导人民在建设社会主义长期实践中形成的最鲜明特色。党的十八大同时指出，建设中国特色社会主义的总依据是社会主义初级阶段，总布局是"五位一体"，总任务是实现社会主义现代化和中华民族伟大复兴。党的十八届六中全会进一步丰富了中国特色社会主义的内涵，提出坚持四项基本原则，根本是坚持党的领导，坚持中国特色社会主义道路、中国特色社会主义理论体系、中国特色社会主义制度、中国特色社会主义文化，从而把中国特色社会主义拓展为四个组成部分，把三个自信发展成为四个自信，即道路自信、理论自信、制度自信、文化自信。

十八大以来，以习近平同志为主要代表的中国共产党人，顺应时代发展，从理论和实践结合上系统回答了新时代坚持和发展什么样的中国特色社会主义、怎样坚持和发展中国特色社会主义这个重大时代课题，创立了习近平新时代中国特色社会主义思想。习近平新时代中国特色社会主义思想是对马克思列宁主义、毛泽东思想、邓小平理论、"三个代表"重要思想、科学发展观的继承和发展，是马克思主义中国化最新成果，是党和人民实践经验和集体智慧的结晶，是中国特色社会主义理论体系的重要组成部分，是全党全国人民为实现中华民族伟大复兴而奋斗的行动指南，必须长期坚持并不断发展。

改革开放以来我们取得一切成绩和进步的根本原因，归结起来就是：开辟了中国特色社会主义道路，形成了中国特色社会主义理论体系，确立了中国特色社会主义制度，发展了中国特色社会主义文化。我们要倍加珍惜、长期坚持和不断发展党历经艰辛开创的这条道路、这个理论体系、这个制度、这个文化，高举中国特色社会主义伟大旗帜，坚定道路自信、理论自信、制度自信、文化自信，贯彻党的基本理论、基本路线、基本方略，为实现推进现代化建设、完成祖国统一、维护世界和平与促进共同发展这三大历史任务，实现"两个一百年"奋斗目标、实现中华民族伟大复兴的中国梦而奋斗。

第三节　中国特色社会主义进入新时代

党的十八大以来，以习近平同志为核心的党中央统揽伟大斗争、伟大工程、伟大事业、伟大梦想，统筹推进"五位一体"总体布局，协调推进"四个全面"战略布局，解决了许多长期想解决而没有解决的难题，办成了许多过去想办而没有办成的大事，党和国家事业取得了历史性成就，发生了历史性变革。我国社会主要矛盾也发生了变化，转化为人民日益增长的美好生活需要和不平衡不充分的发展之间的矛盾。在全面建成小康社会的基础上，把我国建成富强民主文明和谐美丽的社会主义现代化强国，成为全党全国各族人民的奋斗目标。从党的十八大起，我国社会发展处在一个新的历史起点上，中国特色社会主义进入了新时代。

一、中国特色社会主义新时代的内涵

中国特色社会主义进入新时代是中国发展新的里程碑。"新时代"具有丰富内涵，习近平总书记指出："这个新时代，是承前启后、继往开来、在新的历史条件下继续夺取中国特色社会主义伟大胜利的时代，是决胜全面建成小康社会、进而全面建设社会主义现代化强国的时代，是全国各族人民团结奋斗、不断创造美好生活、逐步实现全体人民共同富裕的时代，是全体中华儿女勠力同心、奋力实现中华民族伟大复兴中国梦的时代，是我国日益走近世界舞台中央、不断为人类作出更大贡献的时代。"[1]在这里，习近平同志用"五个时代"对中国特色社会主义进入新时代的丰富内涵作了高度概括，体现了我们党对我国发展新的历史方位的精确把握，反映了我们党的使命追求和全国人民的共同意愿。

---

① 习近平：《决胜全面建成小康社会　夺取新时代中国特色社会主义伟大胜利》，10～11页，北京，人民出版社，2017。

(一)坚持和发展中国特色社会主义主题

中国特色社会主义是党和人民九十多年来奋斗、创造、积累的根本成就。特别是改革开放以来，我们党带领人民走中国特色社会主义道路，极大激发了中国人民的创造力，极大解放和发展了社会生产力，极大增强了社会活力，极大提升了我国国际地位，社会主义在中国展现出强大生命力。邓小平同志在 20 世纪 80 年代曾经指出："最终说服不相信社会主义的人要靠我们的发展。如果我们本世纪内达到了小康水平，那就可以使他们清醒一点；到下世纪中叶我们建成中等发达水平的社会主义国家时，就会更进一步地说服他们"①。在中国特色社会主义新时代，我们党治国理政第一位的任务，就是紧紧围绕坚持和发展中国特色社会主义这个主题，团结带领人民奋力实现"两个一百年"奋斗目标，谱写中国特色社会主义新的伟大篇章，让社会主义在中国展现出更加强大的生命力。

(二)全面建设社会主义现代化强国的历史任务

党的十九大围绕实现"两个一百年"奋斗目标，对经济建设、政治建设、文化建设、社会建设和生态文明建设等提出明确要求，思想含量、政治含量、改革含量都很大，具有很强的战略性、前瞻性、针对性。到 2020 年如期全面建成小康社会，是我们党向人民、向历史作出的庄严承诺，完成这个目标，今后还有不少难关要过。从现在到 2020 年，是全面建成小康社会决胜期，决胜就是冲锋号、就是总动员，必须举全党全国之力不懈奋斗。全面建设社会主义现代化强国，是第二个百年奋斗目标，更有不少难关要过。从世界发展史看，已经实现现代化的国家和地区，其现代化大多经历了产业革命以来近 300 年时间才逐步完成的，而我国要用 100 年时间走完发达国家几百年走过的现代化路程，这种转变不但速度、规模超乎寻常，变化的广度、深度和难度也超乎寻常。因此，坚韧不拔、锲而不舍地为全面建成小康社会、全面建设社会主义现代化强国而奋斗，是中国特色社会主义新时代的必然要求和历史任务。

---

① 栗战书：《全面把握中国特色社会主义进入新时代》，见《党的十九大报告辅导读本》，82 页，北京，人民出版社，2017。

(三)实现人民对美好生活的向往

人民对美好生活的向往，始终是我们党的奋斗目标。社会主义的本质是解放生产力，发展生产力，消灭剥削，消除两极分化，最终达到共同富裕。党的十九大把不断创造美好生活、逐步实现全体人民共同富裕作为发展的目标和归宿，体现了以人民为中心的发展思想，体现了我们党全心全意为人民服务的根本宗旨，体现了中国特色社会主义的本质要求。在中国特色社会主义新时代，我们党的重大任务，就是更加关注人民对美好生活新的多样化需求，更加关注社会公平正义，更加注重多谋民生之利、多解民生之忧，着力使全体人民在共建共享发展中有更多获得感，着力使全体人民享有更加幸福安康的生活，着力在实现全体人民共同富裕上不断取得实实在在的新进展。

(四)实现中华民族伟大复兴中国梦

实现中华民族伟大复兴，是鸦片战争以来中国人民最伟大的梦想，也是近代以来我国历史发展最鲜明的主旋律。中国共产党的成立，为中国革命找到了正确方向，开辟了实现中华民族伟大复兴的历史新纪元。新中国的成立，为民族复兴奠定了坚实基础。改革开放这场新的伟大革命，为民族复兴注入了强大的生机和活力。在中国共产党领导下，中国这个世界上最大的发展中国家创造了人类社会发展史上惊天动地的发展奇迹，中华民族焕发出新的蓬勃生机。经过党的十八大以来的历史性变革，今天我们比历史上任何时期都更接近、更有信心和能力实现中华民族伟大复兴的目标。在中国特色社会主义新时代，凝聚起全体中华儿女同心共筑中国梦的磅礴力量，接续奋斗、砥砺前行，我们就一定能够到达民族复兴的光辉彼岸。

(五)不断为人类作出更大贡献

经过改革开放 40 年的发展，我国经济实力、综合国力进入世界前列，我国国际地位实现前所未有的提升。我国国内生产总值稳居世界第二，对外贸易、对外投资、外汇储备稳居世界前列，我国发展对世界经济增长的贡献率超过 30%；国家文化软实力和中华文化影响力大幅提升，我国国际影响力、感召力、塑造力进一步提高，维护国家主权、安全、发展利益的能力进一步提高，参与和引领全球治理体系变革能力和水平进一步提高。这说明，当代中国既是世界最大发展中国家同时也是经济总量和国际影响力领先的国家，中国的发展既深刻影响世界同时也被世界深刻影响着。我们不可能再退回到自我封闭、关起门来搞建设的年代，也不可能避免国际格局深刻变化对我国发展的影响，更不可能在人类面临的共同问题上独善其身。这种历史方位，要求我们必须统筹好国内国际两个大局，在继续加快自身发展、提高发展的质量和效益，不断增强我国国际竞争力和影响力的同时，要顺应经济全球化大势，回应世界各国对我国发展的关切，坚持对外开放基本国策，奉行互利共赢的开放战略，积极促进"一带一路"国际合作，打造国际合作新平台，增添共同发展新动力，使我国发展更多惠及世界各国；在坚决维护好自身的主权、安全、发展利益的同时，要继续发挥负责任大国的作用，承担应有的国际责任和义务，致力于推动建设相互尊重、公平正义、合作共赢的新型国际关系，推动构建人类命运共同体，积极参与全球治理体系改革和建设，为解决人类面临的各种挑战提供中国智慧和中国方案，为世界和平与发展作出更大贡献。

二、中国特色社会主义进入新时代的意义

中国特色社会主义发展到今天，出现了新的标志性特征。习近平总书记在党的十九大报告中用三个"意味着"阐释了这些标志性特征。习近平总书记指出："中国特色社会主义进入新时代，意味着近代以来久经磨难的中华民族迎来了从站起来、富起来到强起来的伟大飞跃，迎来了实现中华民族伟大复兴的光明前景；意味着科学社会主义在二十一世纪的中国焕发出强大生机活力，在世界上高高举起了中国特色社会主义伟大旗帜；意味着中国特色社会主义道路、理论、制度、文化不断发展，拓展了发展中国家走向现代化的途径，给世界上那些既希望加快发展又希望保持自身独立性的国家和民族提供了全新选择，为解决人类问题贡献了中国智慧和中国方案。"[①]在这里，习近平总书记用三个"意味着"，从中华民族、社会主义、人类社会三个维度，深刻阐明了中国特色社会主义进入新时代的标志性意义。

---

① 习近平：《决胜全面建成小康社会　夺取新时代中国特色社会主义伟大胜利》，10页，北京，人民出版社，2017。

第一，从"中华民族"维度来看，它意味着近代以来久经磨难的中华民族实现了从站起来、富起来到强起来的历史性飞跃。以毛泽东为代表的中国共产党人在领导中国革命过程中，推进马克思主义与中国具体实际的"第一次结合"，解决了民族独立和人民解放的问题，建立新中国，即"站起来"问题。以邓小平为代表的中国共产党人在改革开放过程中推进马克思主义与中国具体实际的"第二次结合"，不断解决国家富强和人民富裕的问题，解决人民群众的温饱问题，即"富起来"问题。在新的历史起点上，中国特色社会主义事业要着眼于"中国由大国走向强国"的历史方位，在站起来、富起来的实践基础上，实现中华民族伟大复兴，即解决"强起来"的问题。

第二，从"社会主义"维度来看，它意味着社会主义在中国焕发出强大生机活力，并不断开辟发展新境界。习近平同志曾把世界社会主义 500 年发展历史划分为六个时间段，第六个时间段就是我们党作出进行改革开放的历史性决策、开创和发展中国特色社会主义。这一论述既指明了中国特色社会主义从哪里来，同时又说明了社会主义在中国大地上焕发出生机、在改革开放的进程中具有了强大活力。

第三，从"人类社会"维度来看，它意味着中国特色社会主义拓展了发展中国家走向现代化的途径，为解决人类问题贡献了中国智慧、提供了中国方案。在新时代，中国特色社会主义不断彰显出其"世界意义"。一些西方学者总是用"历史终结论""别无选择论"等话语向发展中国家"兜售"现代化的新自由主义模式。中国特色社会主义成功打破了西方国家在现代化发展模式上的霸权，它为发展中国家实现现代化发展提供了借鉴。一个新的时代到来了：中国为整个世界谱写了现代化的新文明类型——新时代中国特色社会主义的发展道路。

站在 960 多万平方公里的广袤土地上，吸吮着 5000 多年中华民族漫长奋斗积累的文化养分，拥有 13 亿多中国人民聚合的磅礴之力，我们走中国特色社会主义道路，具有无比广阔的时代舞台，具有无比深厚的历史底蕴，具有无比强大的前进定力。中国特色社会主义进入新时代，中国特色社会主义的巨大优势充分彰显，不仅使中国共产党和中国人民的道路自信、理论自信、制度自信、文化自信极大增强，而且在中华人民共和国发展史、中华民族发展史、世界社会主义发展史、人类社会发展史上都具有重大意义。

三、习近平新时代中国特色社会主义思想

伟大事业需要科学理论。党的十八大以来，我国发展处在新的历史方位，我们推进的伟大事业提出了一系列重大理论与实践问题，归结起来就是新时代坚持和发展什么样的中国特色社会主义、怎样坚持和发展中国特色社会主义这一重大时代课题。以习近平同志为核心的党中央紧紧围绕这个重大时代课题，紧密结合新的时代条件和实践要求，以全新的视野深化对共产党执政规律、社会主义建设规律、人类社会发展规律的认识，进行艰辛理论探索，作出了科学系统的回答，形成了习近平新时代中国特色社会主义思想。

(一)习近平新时代中国特色社会主义思想主要内容

坚持和发展中国特色社会主义，是改革开放以来我们党全部理论和实践探索的主题，也是习近平新时代中国特色社会主义思想的主题。在党的十九大报告中，习近平同志以一系列新观点新论断，提出"八个明确"，深刻回答了新时代坚持和发展中国特色社会主义的总目标、总任务、总体布局、战略布局和发展方向、发展方式、发展动力、战略步骤、外部条件、政治保证等一系列基本问题；提出"十四个坚持"的基本方略，对经济、政治、法治、科技、文化、民生、生态文明、国家安全、国防和军队、"一国两制"和祖国统一、外交、党的建设等各方面工作作出理论分析和政策指导，明确了新时代各项事业发展的大政方针。"八个明确"基本内容和"十四条坚持"基本方略，构成了系统完整的科学理论体系。

在习近平新时代中国特色社会主义思想体系中，"八个明确"主要侧重的是对"新时代坚持和发展什么样的中国特色社会主义"这一时代课题的揭示和回答，它是在顶层设计层面的宏观规划，是属于世界观层面的基本内容。其基本内涵、核心内容如下：

一是明确坚持和发展中国特色社会主义，总任务是实现社会主义现代化和中华民族伟大复兴，在全面建成小康社会的基础上，分两步走，在本世纪中叶建成富强民主文明和谐美丽的社会主义现代化强国。明确了总任务就是确立了总目标，并且明确了实现目标的两步走战略。第一个阶段，从2020年到2035年，基本实现社会主义现代化；第二个阶段，从2035年到本世纪中

叶，建成富强民主文明和谐美丽的社会主义现代化强国。

二是明确新时代我国社会主要矛盾是人民日益增长的美好生活需要和不平衡不充分的发展之间的矛盾，必须坚持以人民为中心的发展思想，不断实现共同富裕、促进人的全面发展。

三是明确中国特色社会主义事业总体布局是"五位一体"、战略布局是"四个全面"，强调坚定道路自信、理论自信、制度自信、文化自信。

四是明确全面深化改革总目标是完善和发展中国特色社会主义制度、推进国家治理体系和治理能力现代化。"怎样治理社会主义社会这样的全新社会"是世界社会主义发展过程中面临的新问题。新时代中国特色社会主义思想围绕"中国制度优势""国家治理""国家构建"作出了一系列的科学解答。

五是明确全面推进依法治国总目标是建设中国特色社会主义法治体系、建设社会主义法治国家。这个总目标既明确了全面推进依法治国的性质和方向，又突出了全面推进依法治国的工作重点和总抓手，就是要坚持法治国家、法治政府、法治社会一体建设，对全面推进依法治国具有"纲举目张"的意义。

六是明确党在新时代的强军目标是建设一支听党指挥、能打胜仗、作风优良的人民军队，把人民军队建设成为世界一流军队。

七是明确中国特色大国外交要推动构建新型国际关系，推动构建人类命运共同体。中国共产党始终把为人类作出新的更大的贡献作为自己的使命。早在1956年，毛泽东就指出："中国应当对人类有较大的贡献"。"构建新型国际关系""构建人类命运共同体"既是新时代中国特色社会主义思想的重要构成部分，也是我们为解决人类问题提供的中国方案、贡献的中国智慧。

八是明确中国特色社会主义最本质的特征是中国共产党领导，中国特色社会主义制度的最大优势是中国共产党领导，党是最高政治领导力量，提出新时代党的建设总要求，突出政治建设在党的建设中的重要地位。坚持和发展中国特色社会主义，必须毫不动摇坚持和完善党的领导，努力把党建设得更加坚强有力，努力建设世界上最强大的政党，让我们党永远朝气蓬勃。

在习近平新时代中国特色社会主义思想体系中，十四条基本方略主要侧重的是对"新时代怎样坚持和发展中国特色社会主义"时代课题的揭示和回答，它是在行动纲领层面对这一时代课题的具体部署，是属于方法论层面的基本内容。正确理解习近平新时代中国特色社会主义思想中的基本方略，需要从两个层面来全面把握。

第一个层面是坚持和发展中国特色社会主义的"总方略"，它包括"坚持党对一切工作的领导""坚持以人民为中心""坚持全面深化改革"。这三条是从整体角度讲的，它要求我们必须在各个领域、各项工作中都始终坚持党对一切工作的领导，提高党把方向、谋大局、定政策、促改革的能力和定力，确保党始终总揽全局、协调各方；在各个领域、各项工作中都要始终坚持以人民为中心，把党的群众路线贯彻到治国理政全部活动中去，积极依靠人民创造历史伟业；在各个领域、各项工作中都要始终坚持全面深化改革，不断破除一切不合时宜的思想观念和体制机制弊端，坚定不移地坚持和完善中国特色社会主义制度，不断推进国家治理体系和治理能力现代化。

第二个层面是坚持和发展中国特色社会主义的"具体方略"，它包括在经济建设领域必须"坚持新发展理念"，建设现代化经济体系；在政治建设领域必须"坚持人民当家做主"和"坚持全面依法治国"，坚持中国特色社会主义政治发展道路，保证把人民当家做主落实到国家政治生活和社会生活之中，把党的领导贯彻落实到依法治国全过程和各方面，坚定不移走中国特色社会主义法治道路，建设社会主义法治国家；在文化建设领域必须"坚持社会主义核心价值体系"，通过发展社会主义先进文化，不断构筑中国精神、中国价值和中国力量；在社会建设领域必须"坚持在发展中保障和改善民生"，保证全体人民在共建共享发展中有更多获得感，不断促进人的全面发展和全体人民共同富裕；在生态文明建设领域必须"坚持人与自然和谐共生"，坚定走生产发展、生活富裕、生态良好的文明发展道路，加快生态文明体制改革，建设美丽中国；在国家安全领域必须"坚持总体国家安全观"，坚持国家利益至上，以人民安全为宗旨，健全国家安全体系，加强国家安全法治保障；在国防和军队建设领域必须"坚持党对人民军队的绝对领导"，坚持走中国特色强军之路，全面推进国防和军队现代化，建设一支听党指挥、能打胜仗、作风优良的人民军队；在港澳台工作领域必须"坚持'一国两制'和推进祖国统一"；在外交领域必须"坚持推动构建人类命运共同体"，恪守维护世界和平、促进共同发展的外交政策宗旨；在党的建设领域必须"坚持全面从严治党"，根据新时代党的建设总要求，把党的政治建设摆在首位，思想建党和制度治党同向发力，统筹推进党的各项建设。

(二)习近平新时代中国特色社会主义思想的历史地位

习近平新时代中国特色社会主义思想源于实践又指导实践，为新时代坚持和发展中国特色社会主义、推进党和国家事业提供了基本遵循，为发展21世纪马克思主义、当代中国马克思主义作出了历史性贡献。

一是开辟了马克思主义新境界。习近平新时代中国特色社会主义思想贯穿改革发展稳定、内政外交国防、治党治国治军各个领域，既坚持了老祖宗，又谱写了新篇章，实现了马克思主义基本原理与中国具体实际相结合的又一次飞跃。这一飞跃，根植于推进"整体转型升级"的新的历史性变革之中，基于习近平总书记站在"中国特色社会主义进入新时代且实现强起来"的历史方位上所进行的思考，聚焦于对社会主要矛盾转化的分析和解决，形成于对推进"四个伟大"进而实现中华民族伟大复兴历史使命的认识和把握，源于对"在新时代坚持和发展什么样的中国特色社会主义、怎样坚持和发展中国特色社会主义"这一重大时代课题的解答，体现为它是围绕大国成为强国而提出的一系列理论创新成果。它是21世纪中国的马克思主义，是马克思主义中国化最新成果，为发展马克思主义作出了中国的原创性贡献，在马克思主义中国化进程中具有里程碑意义。

二是开辟了中国特色社会主义新境界。习近平新时代中国特色社会主义思想把中国特色社会主义和实现社会主义现代化、实现中华民族伟大复兴有机贯通起来，深刻回答了新时代坚持和发展中国特色社会主义的一系列重大问题，为中国特色社会主义注入了新的科学内涵，进一步彰显了新时代中国特色社会主义的蓬勃生机和活力。

三是开辟了治国理政新境界。在习近平新时代中国特色社会主义思想指引下，我们党团结带领人民推动党和国家事业发生了全方位、开创性、深层次、根本性的历史性变革，解决了许多长期想解决而没有解决的难题，办成了许多过去想办而没有办成的大事，我国经济实力、科技实力、国防实力、综合国力、国际影响力和人民获得感显著提升，党的面貌、国家的面貌、人民的面貌、军队的面貌、中华民族的面貌发生了前所未有的变化。

四是开辟了管党治党新境界。遵循习近平新时代中国特色社会主义思想，我们党以坚强的决心、空前的力度，推进全面从严治党，坚持思想从严、管党从严、执纪从严、治吏从严、作风从严、反腐从严，管党治党实现从宽松软到严紧硬的深刻转变，消除了党和国家内部存在的严重隐患，党内政治生活气象更新，积极健康的党内政治文化得到弘扬，党内政治生态明显好转，党的创造力、凝聚力、战斗力和领导力、号召力显著增强，党的团结统一更加巩固，党群关系明显改善，党在革命性锻造中更加坚强，焕发出新的强大生机活力。

五是构建了中国特色哲学社会科学新话语体系。新时代中国特色社会主义思想着力在话语体系上构建"理论中的中国"，对内提升马克思主义主流意识形态话语权，对外提升中国在国际上的话语权和话语能力。新时代中国特色社会主义思想集中体现在强调研究中国道路，强调中国道路、理论、制度、文化的政治意蕴，坚持科学的思想方法和工作方法，打造新概念新范畴新表述，建构中国理论，突出共识表达，争取制度性话语权。我们应以新时代中国特色社会主义思想为基础，以中国特色社会主义新时代为源泉，打造出融通中外且具有原创性、标识性的新概念新范畴新表述，提升出中国的核心理论。

实践没有止境，理论创新也没有止境。提出习近平新时代中国特色社会主义思想，并不是说党的理论创新和实践创新达到了一个终点，而是说我们推进马克思主义中国化达到了一个新的起点。当今世界正在发生广泛而深刻的变化，当代中国正在发生广泛而深刻的变革，其中蕴含着理论创新的巨大动力、潜力和活力。我们要始终保持与时俱进的马克思主义理论品格，不断推进理论创新、实践创新、制度创新、文化创新以及其他各方面创新，不断开创马克思主义中国化新境界。

第四节　学习课程的目的、意义和方法

"中国特色社会主义理论与实践"是硕士研究生思想政治理论课的必修课程。要学好这门课程，必须明确其目的和意义，掌握正确的方法。

一、学习本课程的目的和意义

本课程是在本科生思想政治理论课基础上开设的。学习本课程的目的是深化对中国特色社会主义重大理论与实践问题的认识，掌握中国特色社会主义理论体系的主要内容，提高运用这一理论分析和解决实际问题的能力和本领，培养"有理想、有本领、有担当"的中国特色社会主义事业建设者、接班人。

习近平总书记在十九大报告中指出："青年兴则国家兴，青年强则国家强。青年一代有理想、有本领、有担当，国家就有前途，民族就有希望。"[1]硕士研究生是青年中思想活跃、知识层次较高的群体。学习这门课程，对于硕士研究生掌握中国特色社会主义理论体系，提高马克思主义理论素养，坚定中国特色社会主义信念，具有重要意义。

一是掌握中国特色社会主义的基本理论观点。本课程从理论和实践的结合上，对中国特色社会主义理论体系、当代中国基本国情和中国特色社会主义的经济、政治、文化、社会、生态文明建设以及党的建设、国际战略等方面进行了专题阐述。学习这门课程，有助于系统了解中国特色社会主义理论发展和实践探索的最新成果，全面了解中国特色社会主义的基本理论观点，深刻把握中国特色社会主义的科学真理性和历史必然性，牢固树立中国特色社会主义理想信念，不断增强中国特色社会主义道路自信、理论自信、制度自信和文化自信。有助于深刻把握中国特色社会主义旗帜、道路、理论体系和制度，认识和了解中国特色社会主义各个方面的建设，提高马克思主义理论水平和思想政治素质。

二是掌握中国特色社会主义的基本概念和范畴。基本概念和范畴是一门课程的基础，也是理论思维的基础。中国特色社会主义理论体系，是由一系列基本概念、范畴和原理构成的科学体系。学习这门课程，可以更好地把握中国特色社会主义的基本特征和主要特点，有助于融会贯通、学以致用。

三是坚定中国特色社会主义理想信念。在中国特色社会主义发展过程中，必然会遇到各种各样的问题和挑战，各种思想观点也会影响人们对中国特色社会主义的认识。学习这门课程，有助于立足当代中国实际，认清中国面临的新形势新任务和世界形势深刻变化带来的新课题新挑战，了解中国特色社

---

[1] 习近平：《决胜全面建成小康社会　夺取新时代中国特色社会主义伟大胜利》，70页，北京，人民出版社，2017。

会主义取得的进展和成绩，认识发展中存在的问题和解决的对策，从而更好地把握中国特色社会主义发展的重大问题，牢固树立中国特色社会主义理想信念。有助于认清世情国情党情的新变化，把握社会发展趋势，促进成长成才，将当前学习和未来发展有机衔接起来，将个人发展同社会发展趋势结合起来，在时代大潮中建功立业，成就人生。

四是树立正确的世界观人生观价值观，自觉担当起实现中华民族伟大复兴的历史使命。学习这门课程，有助于牢固树立起为实现民族复兴中国梦而奋斗的信心，自觉培育和践行社会主义核心价值观，做到勤学、修德、明辨、笃实，使人生有信念、有梦想、有奋斗、有奉献，成为"有理想、有本领、有担当"的中国特色社会主义事业建设者、接班人。

二、课程的主要要求

本课程在内容上和教学上的要求主要体现在以下方面：

一是凸显理论教育的时代要求。坚持用发展着的马克思主义武装大学生，始终保持教育教学的正确方向。党的十八大以来，中国特色社会主义发展进入了新时代，用习近平新时代中国特色社会主义思想武装青年学生头脑，是课程最重要的教学任务。时代发展和实践发展对研究生教育提出新的要求，必须首先改进和调整思想政治理论课的教学内容，在内容设计和结构安排上，要以研究生教育和培养为本，贴近研究生的学习实际、思想实际和生活实际。

二是强化理论教育的层次提升。实现中国特色社会主义理论体系教育教学上的"步步高"，是本课程的重要目标。作为高校思想政治理论课程体系的有机组成部分，前要承接本科生阶段的教学内容，后要奠定博士生阶段的学习基础，既要注意各个层次之间教学内容的衔接性，也要注意相对独立性，体现"步步高"的要求。因此，本课程应以中国特色社会主义理论和实践中的重大问题研究为重点，着重强化理论研究的深度和思考问题的广度，注重增强阐释的学理性，在运用理论于实践的深度和广度上不断提升、不断深化。

三是体现理论教育的最新进展。按照推进马克思主义中国化最新成果进教材、进课堂、进学生头脑的要求，本课程注重吸收和反映学术界研究的最新成果，充分利用马克思主义理论研究和建设工程已有的研究成果，吸收和反映政治经济学、科学社会主义、马克思主义哲学、政治学、社会学等相关学科领域研究的最新成果。

四是突出理论教育的专题研究。"专题研究"的教学方式，是研究生马克思主义理论教育观念和教学方法上的创新，要注意处理好"专题研究"和整体把握中国特色社会主义理论体系的关系，"专题研究"同对中国特色社会主义道路、理论体系和制度体系的整体把握是密切地联系在一起的，综合起来就是要做到"整体为先，专题为主"。"整体为先"，就是在教学中首先讲清楚中国特色社会主义理论和实践的整体问题，在对整体问题有了基本认识和把握后，"专题为主"才能落到实处，"专题研究"教学才能有深厚的社会历史背景、深邃的理论支撑和深广的实践依托。

三、课程的主要内容

本课程从理论和实践的结合上，对中国特色社会主义理论体系、当代中国基本国情和中国特色社会主义经济建设、政治建设、文化建设、社会建设、生态文明建设以及党的建设、国际战略等方面进行了专题阐述。课程基本框架和内容如下：

导　论

第一章　当代中国的基本国情和发展实际

第二章　中国特色社会主义经济建设

第三章　中国特色社会主义政治建设

第四章　中国特色社会主义文化建设

第五章　中国特色社会主义社会建设

第六章　中国特色社会主义生态文明建设

第七章　新时代中国共产党的建设

第八章　当代中国与世界

四、学习本课程的方法

硕士研究生的学习不同于本科阶段的学习，应该更加注重学习的理论性、研究性和创新性，更加注重在学习基本知识的基础上，不断增强独立研究和思考问题的能力，努力达成新认识、收获新体会。本课程的学习方法主要有：

一是要同研读马克思主义经典著作结合起来。青年时代是世界观形成时期，也是系统接受科学的世界观和方法论的重要时期。认真阅读马克思主义经典著作，掌握贯彻其中的马克思主义立场、观点、方法，是树立科学的世界观、掌握正确方法论的重要前提。学习本课程，必须把学习课程知识同学习马克思主义经典著作结合起来，努力掌握其中蕴含的科学内涵和精神实质，不断提高理论素养、夯实理论基础。

二是要同研究重大理论和实际问题结合起来。理论联系实际是马克思主义最重要的方法论原则之一。理解和把握中国特色社会主义理论体系，要在掌握相关理论、观点和知识的基础上，加强对中国特色社会主义重大问题的研究和思考。学习这门课程，必须增强对基本原理的理解和把握，强化问题意识，深入研究改革开放和现代化建设面临的重大理论和实际问题，不断提高分析问题和解决问题的能力。

三是要同掌握人类所创造的丰富知识结合起来。中国特色社会主义理论与实践研究，涉及哲学、政治经济学、科学社会主义等各学科原理，涵盖经济、政治、文化、社会和生态等各个领域专业知识。同时，中国特色社会主义又是在把握各种机遇和应对各种挑战中开创和向前发展的。这就要求学生拓展专业学习视野，把思政理论课学习和专业学习结合进来，要在掌握基本理论知识的基础上，积极向书本学习、向实践学习、向群众学习，广泛学习经济、政治、文化、科技、社会和国际等各方面的新思想、新观点和新知识，提高人文社科素养，增强创新能力，提高综合素质。

【思考题】

1. 为什么说中国特色社会主义是改革开放以来党的全部理论和实践的主题？

2. 如何把握中国特色社会主义的科学内涵？

3. 如何理解与认识习近平新时代中国特色社会主义思想的主要内容和历史地位？

【阅读书目】

1.《党的十九大报告辅导读本》，人民出版社，2017。

2.《习近平谈治国理政》第二卷，外文出版社，2017。

3. 中共中央文献研究室编：《中国特色社会主义理论体系形成与发展大事记(一九七八—二〇〇八年)》，中央文献出版社，2008。

第一章　当代中国的基本国情和发展实际

【本章概要】

正确认识当代中国的基本国情和历史方位，是建设中国特色社会主义的首要问题，这既是党的思想路线的根本要求，也是制定和执行正确路线、方针和政策的根本依据。坚持和发展中国特色社会主义，实现中华民族伟大复兴的中国梦，就要清醒认识中国仍处于并将长期处于社会主义初级阶段的基本国情，深刻把握中国特色社会主义进入新时代的历史方位，准确把握中国发展的阶段性特征，紧紧抓住和用好重要战略机遇期。坚持全面深化改革。全面建成小康社会是统领当代中国经济社会发展全局的战略目标，是实现中华民族伟大复兴的中国梦的重要里程碑。

【案例关注】

全面建成小康社会、实现第一个百年奋斗目标，农村人口全部脱贫是一个标志性指标。

党的十八大以来，贫困地区群众收入增长较快，生产生活条件明显改善，贫困地区面貌明显改善。6000多万农村贫困人口稳定脱贫，年均减少1391万人，贫困发生率由10.2%下降到4%以下。党的十八大以来的脱贫成效，创造了我国扶贫史上的最好成绩。我国提前10年实现联合国2030年可持续发展议程确定的减贫目标，继续在全球减贫事业中保持领先地位。

应当清醒地看到，我国脱贫攻坚面临的任务仍然十分艰巨。按照党中央的战略部署，到 2020 年我国现行标准下农村贫困人口实现脱贫，贫困县全部摘帽，解决区域性整体贫困。"入之愈深，其进愈难。"从总量上看，2016 年年底，全国农村贫困人口还有 4300 多万人。从结构上看，现有的贫困地区大都是自然条件差、经济基础弱、贫困程度深的地区，是越来越难啃的"硬骨头"。从群体分布上看，主要是残疾人、孤寡老人、长期患病者等"无业可扶、无力脱贫"的贫困人口以及部分教育文化水平低、缺乏技能的贫困群众，解决这些人的贫困问题，成本更高，难度更大。

打赢脱贫攻坚战，是保障全体人民共享改革发展成果、实现共同富裕的重大举措，是体现中国特色社会主义制度优越性的重要标志。党的十九大对坚决打赢脱贫攻坚战提出明确要求，确保到 2020 年我国现行标准下农村贫困人口实现脱贫，贫困县全部摘帽，解决区域性整体贫困，做到脱真贫、真脱贫。

讨论：

1. 脱贫攻坚之于决胜全面小康的重要性。

2. 为什么说打赢脱贫攻坚战，是保障全体人民共享改革发展成果、实现共同富裕的重大举措？

【内容精讲】

第一节　当代中国的基本国情和历史方位

正确认识当代中国的基本国情和历史方位，是建设中国特色社会主义的首要问题。党的十九大报告指出："我国仍处于并将长期处于社会主义初级阶段的基本国情没有变，我国是世界最大发展中国家的国际地位没有变。全党要牢牢把握社会主义初级阶段这个基本国情，牢牢立足社会主义初级阶段这个最大实际。"[1]同时指出："经过长期努力，中国特色社会主义进入了新时

---

① 习近平：《决胜全面建成小康社会　夺取新时代中国特色社会主义伟大胜利》，12 页，北京，人民出版社，2017。

代，这是我国发展新的历史方位。"①这表明牢牢把握我国的基本国情，一方面，要认识到我国仍处于并将长期处于社会主义初级阶段；另一方面，要认识到中国特色社会主义进入了新时代，处在新的历史方位。

一、当代中国的基本国情

（一）正确认识和把握基本国情的重要意义

国情，是指一个国家的历史文化传统、自然地理环境、社会经济发展状况以及国际关系等各个方面的总和，也指一个国家某个时期的基本情况，包括国土面积、地形、气候、经济实力、经济体制、生产力、对外关系、政党、政治体制、人口、家庭、价值取向、宗教信仰、国际环境和国际关系等。一个国家的国情，最主要的是指其在一定历史时期内的社会性质及其所处的社会发展阶段。我国处于社会主义初级阶段，这是我们党20世纪80年代从社会性质和发展阶段上对中国国情所作的全局性、总体性判断。虽然经过40年的改革开放，我国经济实力、科技实力、国防实力、综合国力进入世界前列，但我国仍处于并将长期处于社会主义初级阶段的基本国情依然未变。这是当代中国的最大国情、最大实际，是建设中国特色社会主义的总依据。

毛泽东主席曾经说过："认清中国的国情，乃是认清一切革命问题的基本的根据。"②国情认识的实质是社会发展阶段的准确历史定位。历史证明，中国共产党领导的革命、建设和改革事业能否顺利发展，都与能否正确认识和把握基本国情密切相关。

在革命时期，正是由于以毛泽东为主要代表的中国共产党人全面、准确地把握了我国处于半殖民地半封建社会这一基本国情，才正确地解决了新民主主义革命的对象、任务、性质、领导力量、动力和前途等一系列基本问题，形成了新民主主义革命理论，领导中国人民取得了革命的胜利，建立了新中国。

在探索建设社会主义道路的过程中，由于我们党对我国基本国情的认识

---

① 习近平：《决胜全面建成小康社会 夺取新时代中国特色社会主义伟大胜利》，10页，北京，人民出版社，2017。

② 《毛泽东选集》第二卷，633页，北京，人民出版社，1991。

出现了失误，对社会发展阶段的定位出现了偏差，提出了一些脱离中国实际的任务和政策，最终导致了发展的停滞和落后。

改革开放以后，由于我们党正确总结了社会主义建设正反两方面的经验教训，重新认识和把握了当代中国的基本国情，作出了中国正处于并将长期处于社会主义初级阶段的科学论断，提出和坚持了"一个中心、两个基本点"的社会主义初级阶段的基本路线，成功地走出了一条中国特色社会主义建设道路。

党的十八大以来，以习近平同志为核心的党中央牢牢把握社会主义初级阶段这个最大国情，牢牢立足社会主义初级阶段这个最大实际，统筹推进"五位一体"总体布局，协调推进"四个全面"战略布局，全面开创了党和国家事业的新局面，我国经济社会发展取得了举世瞩目的成就，国际地位得到了前所未有的提升，党的面貌、国家的面貌、人民的面貌、军队的面貌、中华民族的面貌发生了前所未有的变化，中国人民和中华民族的道路自信、理论自信、制度自信和文化自信被空前提升。

在中国特色社会主义进入新时代的历史新起点上，坚持和发展中国特色社会主义，实现中华民族伟大复兴的中国梦，更要清醒认识当前我国的基本国情，准确把握我国发展的阶段性特征。我国仍处于并将长期处于社会主义初级阶段的基本国情，要求全党必须牢牢坚持党的基本路线这个党和国家的生命线、人民的幸福线，领导和团结全国各族人民，以经济建设为中心，坚持四项基本原则，坚持改革开放，自力更生，艰苦创业，为把我国建设成为富强民主文明和谐美丽的社会主义现代化强国而奋斗。

(二)中国仍处于并将长期处于社会主义初级阶段的主要依据

社会主义初级阶段，特指中国走上了社会主义道路但尚不发达的阶段，是经济文化比较落后的中国实现社会主义现代化不可逾越的历史阶段。社会主义初级阶段是一个要延续上百年的历史阶段。改革开放以来，我国发展取得了巨大成就，但我国发展质量总体不高，仍然是一个发展中国家，社会主义初级阶段的基本特征和根本任务没有变，仍处于并将长期处于社会主义初级阶段的基本国情没有变。

1. 人口的数量和质量

从人口的数量和质量看，中国是人口大国，但非人才强国。2016 年年末中国人口总量占到世界人口近五分之一。但从年龄结构看，中国人口老龄化加剧，2016 年我国 65 周岁及以上人口 15003 万人，占总人口的 10.8%，明显高于 7% 的联合国传统老龄社会标准。[①] 从文盲半文盲比例看，我国文盲半文盲人口占 15 岁及以上人口的 5.28%，人口质量相对较低。[②] 从高等教育情况看，2016 年我国全年研究生教育招生 66.7 万人，在学研究生 198.1 万人，毕业生 56.4 万人；普通本专科招生 748.6 万人，在校生 2695.8 万人，毕业生 704.2 万人，高等教育毛入学率为 42.7%，与世界高等教育毛入学率超过 50% 的发展水平相比，差距不小。[③]

2. 人均生产总值

从人均国内生产总值看，我国与世界平均水平的差距虽在逐渐缩小，但总体看仍处在世界后列。从 20 世纪 50 年代中期至今，我国进入社会主义初级阶段已经 60 多年了。我国在生产力、经济基础、上层建筑、人民生活和国际地位等方面都发生了巨大而深刻的变化。尤其是改革开放以来，我国经济快速增长，从低收入国家跃升至中等偏上收入国家，其中 2010 年我国国内生产总值达到 41.3 万亿元，超过日本，成为世界第二大经济体；人均国内生产总值也从 1978 年的 385 元增加至 2016 年的 53980 元。[④] 但由于我国人口多、基数大，2016 年的人均国内生产总值折算成美元约为 8123 美元，尚未达到 10164 美元的世界人均国内生产总值平均水平，只相当于世界平均水平的 80% 左右。按照目前我国经济增长的速度预测，到 2020 年我国全面建成小康社会之时，人均国内生产总值也仅接近世界平均水平。

3. 人民生活水平

从人民生活水平看，我国已经总体上实现小康，不久将全面建成小康社

① 中华人民共和国国家统计局编：《中国统计年鉴》，95 页，北京，中国统计出版社，2017。
② 中华人民共和国国家统计局编：《中国统计年鉴》，95 页，北京，中国统计出版社，2017。
③ 中华人民共和国国家统计局编：《中华人民共和国 2016 年国民经济和社会发展统计公报》，国家统计局网站，http://www.stats.gov.cn/tjsj/zxfb/201702/t20170228_1467424.html。
④ 中华人民共和国国家统计局编：《中国统计年鉴》，57 页，北京，中国统计出版社，2017。

会，但贫困人口总量仍然不小，收入分配差距依然较大。改革开放以来，我们成功走出一条中国特色扶贫开发道路，1986 年至 2010 年的 15 年间贫困人口年均减少 662 万。党的十八大以来，我国把贫困人口脱贫作为全面建成小康社会的底线任务和标志性指标，全面打响脱贫攻坚战，大规模开展区域扶贫、精准扶贫等工作，又有 6000 多万农村贫困人口实现稳定脱贫，年均脱贫 1391 万人，贫困发生率从 10.2% 下降到 4% 以下。[①] 但由于我国人口众多，占比 4% 以下意味仍有 4300 多万人处在贫困线以下[②]，这一人口数量相当于 2016 年阿根廷、西班牙等国的总人口。要想在 2020 年实现全部脱贫，每年需要脱贫近 1100 万人，任务依然艰巨。此外，从基尼系数看，我国居民收入的贫富差距也不小。国家统计局公布的基尼系数显示，我国基尼系数 2012 年为 0.474，2013 年为 0.473，2014 年为 0.469，2015 年为 0.462，2016 年为 0.465[③]，虽总体上呈下降趋势，但均在 0.4 的国际"警戒线"之上，表明我国进一步完善社会分配制度、缩小居民收入差距方面还需要作艰苦努力。

4. 人均资源占有

从资源占有情况看，我国人均资源占有量少，水、矿产、土地、木材等重要资源相对紧缺。我国陆地总面积超过 960 万平方公里，位居世界第 3 位，但按人均占有土地资源看，只相当于澳大利亚的 1/58、俄罗斯的 1/15 和美国的 1/5；耕地面积降至 20.2 亿亩，人均耕地面积只有 1.46 亩，还不及世界人均耕地面积的一半，是加拿大人均耕地面积的 1/18，印度的 1/20[④]；淡水资源总量约为 2.8 万亿立方米，占全球水资源的 6%，居巴西、俄罗斯、加拿大、美国和印度尼西亚之后，但人均只有 2200 立方米，仅为世界平均水平的 1/4、美国的 1/3，是全球人均水资源贫乏的国家之一，属于缺水严重的国家；

---

① 本书编写组编：《党的十九大报告学习辅导百问》，148 页，北京，学习出版社，2017。

② 中华人民共和国国家统计局编：《中国统计年鉴》，196 页，北京，中国统计出版社，2017。

③ 中华人民共和国国家统计局编：《中国统计年鉴》，15 页，北京，中国统计出版社，2017。

④ 中华人民共和国国家统计局编：《中国统计年鉴》，929 页、250 页，北京，中国统计出版社，2017。

森林面积 20768.73 万公顷，森林蓄积量 1513729.72 万立方米，总量均排在世界第 6 位，但人均量分别只有世界人均值的 1/6 和 1/8；矿业资源总量相对比较丰富，但人均占有量不到世界平均水平的 60%，其中 45 种主要矿产资源人均占有量不及世界人均水平的 1/2。[①] 这种较为贫乏的人均自然资源拥有量，给我国经济社会的可持续发展带来不小的资源环境压力。

5. 城市化进程

从城市化进程看，我国整体水平仍低于世界平均水平。改革开放之前，由于我国主要采用城乡二元发展模式，城市化发展水平十分低下，1978 年我国城市化率仅有 17.92%。改革开放之后，我国农村人口开始大量向城市流动，但户籍管理制度并没有发生变化，所以城市化水平变化也不明显，2000年我国城市化率也仅为 36.22%。之后，伴随着户籍制度改革的深入推进，尤其是统计方式发生改变，我国城市化率进程开始加快，其中 2011 年城市化率达到 51.27%，城市人口首次超过农村人口，城乡结构发生深刻变化。之后，我国城市化率每年提升一个百分点以上，至 2016 年我国的城市化率达到了57.4%，超过 54.3% 的世界平均水平。[②] 但如果我国采用户籍人员而不是常住人口进行统计，则城市户籍人口占比只有 40% 左右，与世界城市化平均水平就有 14 个百分点的差距。

6. 工业化进程

从工业化程度看，发展不平衡不充分问题比较突出。改革开放 40 年来，我国抓住经济全球化背景下贸易投资、技术进步和产业转移的历史机遇，在工业化追赶上取得巨大成就，在较短时间内从一个农业经济大国转变为工业经济大国。但目前我国尚未完成工业化，工业化发展也不平衡不充分，如产品供需结构不平衡、地区之间发展不平衡，同时存在工业大而不强、系统集成能力不强、关键技术对外依存度较高等问题。另外，从衡量一个国家工业发展水平重要指标的第三产业发展情况看，2016 年我国第三产业在国内生产

①　中华人民共和国国家统计局编：《中国国情读本》，25 页，北京，新华出版社，2017。

②　中华人民共和国国家统计局编：《中国统计年鉴》，12 页，北京，中国统计出版社，2017。

总值中的比重为 51.6%，而 2015 年世界平均水平为 69%，两者差距超过 17 个百分点。① 我国工业化发展迫切需要抓住新一轮科技革命和产业变革的机遇，全面推进工业化与信息化的融合互动、技术创新与商业模式创新的融合互动、制造业与服务业的融合互动，努力推进中国制造向中国创造转变，中国速度向中国质量转变，制造大国向制造强国转变。

7. 生产力水平

从生产力现实状况看，我国走向社会主义现代化还有较长的路。经过改革开放 40 年的发展，我国不仅能够生产丰富多样的商品、较好满足人民物质文化需要，而且大量产品走出国门、走向世界。但我们也要清醒地看到，与当前世界上一些发达国家相比，我国的生产力发展水平还有差距。以科技第一生产力为例，我国在科技创新方面主要存在着总体科技创新能力仍然不强、原始创新数量少含金量不高、许多关键领域的核心技术依然受制于人等问题。世界银行公布的数据显示，2015 年，我国研发支出占 GDP 比重为 2.07，较 2.23 的世界平均水平低了 0.16 个百分点；每百万人中研究与开发人员 1177 人，不及韩国的 1/6 和日本的 1/4；每万人拥有的非居民专利申请量 0.97 件，低于 1.1 件的世界平均值，仅为美国的 1/10、韩国的 1/9 和日本的 1/6；每万人拥有的居民专利申请量 7 件，仅为韩国的 1/5 和日本的 1/4。此外，在产品供给上无效和低端供给数量不少，有效和中高端供给相对缺乏，等等。提升创新能力、扩大有效供给、提高生产能力，都需要通过持久的改革深化和体制创新。

总之，从我国当前的生产力水平、工业化和城市化水平、人民生活水平等诸要素分析，我国还没有摆脱社会主义初级阶段的基本特征，要建成富强民主文明和谐美丽的社会主义现代化强国，还需要走很长的路，需要进行长期艰苦的努力。正如习近平同志所指出的那样："我国仍处于并将长期处于社会主义初级阶段的基本国情没有变，我国是世界最大的发展中国家的国际地

---

① 中华人民共和国国家统计局编：《中国统计年鉴》，12 页，北京，中国统计出版社，2017。

位没有变。"①只有对我国基本国情有如此清醒的定位和科学的认识，才能确保在社会主义现代化建设进程中不会走弯路。

二、当代中国的历史方位

(一)正确认识和把握历史方位的重要意义

历史方位，是指一个国家、一个民族在历史发展进程中所处的位置。准确把握当代中国的历史方位，正确认识我国社会所处的发展阶段，是建设中国特色社会主义的首要问题。习近平总书记所作的党的十九大报告指出："经过长期努力，中国特色社会主义进入了新时代，这是我国发展新的历史方位。"这一重大政治判断，对我们全面把握我国发展的阶段性特征和实践要求，科学制定方针政策和决策部署，具有十分重大的指导意义。强调新的历史方位，就是表明，经过长期努力，在新中国成立特别是改革开放以来我国发展取得的巨大成就基础上，中国特色社会主义进入了新时代。这个新时代，本质上就是要实现把我国建成富强民主文明和谐美丽的社会主义现代化强国的时代，是要实现中华民族从站起来、富起来到强起来伟大飞跃的时代。

(二)中国特色社会主义进入新时代的基本依据

中国共产党是顺应时代潮流诞生的，也是在把握时代脉搏的历史进程中发展、壮大和成熟的。在当代中国，坚持和发展中国特色社会主义，必须把握时代特点、直面时代课题，在体现时代性、把握规律性、富于创造性中不断展现蓬勃的生机活力。中国特色社会主义进入了新时代这一重大政治判断，正是在准确把握我国发展所处新的历史方位基础上作出的，具有充分的时代依据、理论依据和实践依据。

1. 中国特色社会主义进入新的发展阶段

党的十八大以来，以习近平同志为核心的党中央科学把握国内外发展大势，顺应实践要求和人民愿望，以巨大的政治勇气和强烈的责任担当，举旗定向、谋篇布局、迎难而上、开拓进取，取得改革开放和社会主义现代化建

---

① 习近平：《决胜全面建成小康社会　夺取新时代中国特色社会主义伟大胜利》，12页，北京，人民出版社，2017。

设的历史性成就，推动党和国家事业发生历史性变革。这些变革力度之大、范围之广、效果之显著、影响之深远，在党的历史上、在新中国发展史上、在中华民族发展史上都具有开创性意义。这表明，在新中国成立以来特别是改革开放以来我国发展取得的重大成就基础上，我国发展站到新的历史起点上，中国特色社会主义进入新的发展阶段。这个新的发展阶段，既同改革开放40年来的发展一脉相承，又有很多与时俱进的新特征，比如党的理论创新实现了新飞跃，党的执政方式和执政方略有重大创新，党推动发展的理念和方式有重大转变，我国发展的环境和条件有重大变化，对发展水平和质量的要求比以往更高，等等。科学认识和全面把握中国特色社会主义新的发展阶段，需要从新的历史方位、新的时代坐标来思考来谋划。

2. 我国社会主要矛盾发生了新的变化

我国社会主要矛盾已经由人民日益增长的物质文化需要同落后的社会生产之间的矛盾，转化为人民日益增长的美好生活需要和不平衡不充分的发展之间的矛盾。这个论断，反映了我国发展的实际状况，揭示了制约我国发展的症结所在，指明了解决当代中国发展问题的根本着力点。经过改革开放40年努力，我国稳定解决了十几亿人的温饱问题，总体上实现了小康，不久将全面建成小康社会，人民美好生活需要日益广泛，不仅对物质文化生活提出了更高要求，而且在民主、法治、公平、正义、安全、环境等方面的要求日益增长。当前和今后面临的突出问题是发展不平衡不充分。发展不平衡，主要指各区域各领域各方面发展不够平衡，制约了全国水平的提升；发展不充分，主要指一些地区、一些领域、一些方面还存在发展不足的问题，发展的任务仍然很重。我国社会主要矛盾发生变化，对我国发展全局必将产生广泛而深刻的影响。科学认识和全面把握我国社会主要矛盾的变化，也需要从新的历史方位、新的时代坐标来思考来谋划。

3. 党的奋斗目标有了新的要求

从党的十九大到党的二十大，是"两个一百年"奋斗目标的历史交汇期，我们既要全面建成小康社会、实现第一个百年奋斗目标，又要乘势而上开启全面建设社会主义现代化国家新征程，向第二个百年奋斗目标进军，使命光荣、责任重大，有必要进一步进行顶层设计和精心谋划。党的十九大综合分析国际国内形势和我国发展条件，对决胜全面建成小康社会提出明确要求，将实现第二个百年奋斗目标分为两个阶段安排。从 2020 年到 2035 年，在全面建成小康社会基础上，再奋斗 15 年，基本实现社会主义现代化；在基本实现现代化的基础上再奋斗 15 年，到本世纪中叶把我国建成富强民主文明和谐美丽的社会主义现代化强国。这是新时代中国特色社会主义发展的战略安排，不仅使实现"两个一百年"奋斗目标的路线图、时间表更加清晰，而且意味着原定的我国基本实现现代化的目标将提前 15 年完成，第二个百年奋斗目标则被充实提升为把我国建成富强民主文明和谐美丽的社会主义现代化强国。科学认识和把握这一既鼓舞人心又切实可行的奋斗目标、宏伟新蓝图，同样需要从新的历史方位、新的时代坐标来思考来谋划。

4. 我国面临的国际环境发生了新的变化

世界正处于大发展大变革大调整时期，我国发展仍处于重要战略机遇期，前景十分光明，挑战也十分严峻。我国正处在从大国走向强国的关键时期，"树大招风"效应日益显现，外部环境更加复杂，一些国家和国际势力对我们的阻遏、忧惧、施压有所增大，这同样是需要面对的重大问题。现在，我国发展同外部世界的交融性、关联性、互动性不断增强，中国正日益走近世界舞台中央。作出中国特色社会主义进入新时代的判断，也充分考量了国际局势和周边环境的新变化。

总体来说，中国特色社会主义进入了新时代这一重大政治判断，是在科学把握时代趋势和国际局势重大变化，科学把握世情国情党情深刻变化，科学把握实现"两个一百年"奋斗目标历史交汇期已经遇到、将要遇到、可能遇到和难以预料的新情况新问题新矛盾基础上作出的。这一判断，符合中国特色社会主义实际，是改革开放以来我国社会发展进步的必然结果，是我国社会主要矛盾运动的必然结果，更是党的十八大之后五年来全党全国人民推进党和国家事业发生历史性变革的必然结果，也是我们党团结带领全国各族人民开创光明未来的必然要求。①

---

① 栗战书：《全面把握中国特色社会主义进入新时代》，见《党的十九大报告辅导读本》，79～82 页，北京，人民出版社，2017。

第二节　当代中国发展阶段性特征和重要战略机遇期

恩格斯指出："所谓'社会主义社会'不是一种一成不变的东西，而应当和任何其他社会制度一样，把它看成是经常变化和改革的社会。"[①]社会主义初级阶段是一个相当长的历史发展阶段，在发展中必然经历若干具体的发展阶段，每个阶段具有不同的特征。因此，既要看到我国社会主义初级阶段基本国情没有变，又要清醒认识和准确把握我国经济社会发展的阶段性特征，以及仍处于重要战略机遇期这一形势。

一、当前中国发展的阶段性特征

(一)认识和把握我国阶段性特征的重要意义

一个国家和社会的发展，由于所处的环境条件、所面临的矛盾问题、所确立的目标任务等的变化，必然会在不同历史时期形成不同的阶段性特征，划分为不同的发展阶段。当代中国发展的阶段性特征与世情密切相关，受世界发展大势的深刻影响；与国情密切相关，是国家发展进程的现实表现；与党情密切相关，是我们党治国理政实践的具体体现；与民情密切相关，是广大人民群众利益诉求的集中反映。社会发展的阶段性特征，是发展规律、客观趋势、主体作用等共同形成的社会历史现象，需要深入分析、科学认识、全面把握。

改革开放后，我们党正确分析国情，作出我国正处于并将长期处于社会主义初级阶段的科学论断，并且指出这个初级阶段从新中国成立起至少需要一百年时间，要经历一个相当长的历史过程。正是以社会主义初级阶段为总依据，我们党开创了中国特色社会主义道路。在社会主义初级阶段这样一个大的历史跨度之内，我们党深入认识中国特色社会主义发展进程的阶段性特征，在此基础上解决新问题，开创新局面，进入新阶段。可以说，阶段性特征标识新的发展阶段，新的发展阶段回应阶段性特征。及时认识和把握新的

[①] 《马克思恩格斯全集》第37卷，44页，北京，人民出版社，1971。

历史条件下我国社会发展的阶段性特征，制定好新的发展阶段的大政方针、战略部署，对于党和国家事业再创新局面、持续推进中国特色社会主义创新发展具有十分重要的意义。

党的十八大以来，以习近平同志为核心的党中央以巨大的政治勇气和强烈的责任担当，提出一系列新理念新思想新战略，出台一系列重大方针政策，推出一系列重大举措，推进一系列重大工作，解决了许多长期想解决而没有解决的难题，办成了许多过去想办而没有办成的大事，推动党和国家事业取得历史性成就、发生历史性变革。从生产力到生产关系、从经济基础到上层建筑都发生了意义深远的重大变化。当下社会主义初级阶段的基础、水平及其呈现的阶段性特点，与改革开放之初有很大不同，与提出全面建设小康社会奋斗目标的本世纪之初也有很大不同。我国发展站在了新的历史起点上，中国特色社会主义进入了新的发展阶段，我国发展呈现许多新的阶段性特征。在新的发展阶段，我国经济已由高速增长阶段转向高质量发展阶段，正处在转变发展方式、优化经济结构、转换增长动力的攻关期；国家治理体系和治理能力现代化稳步推进；等等。这些都表明，我国社会主义初级阶段已经进入质量水平提高期，进入实现新型工业化、信息化、城镇化、农业现代化的跃升期。"世异则事异，事异则备变。"我们要根据社会主义初级阶段发展变化的特点和要求，采取与时俱进的因应之策，推动发展实现从低水平到高水平、从量变到质变的跃升，最终越过初级阶段，进入社会主义的更高发展阶段。

(二)准确把握我国发展的阶段性特征

认识和把握我国社会发展的阶段性特征，首先要将其放在我国正处于社会主义初级阶段这个大前提下。现阶段呈现出的发展特征，都是从社会主义初级阶段这个总依据中派生出来的，都是社会主义初级阶段总特征的反映。认识和把握我国社会发展的阶段性特征，不能离开社会主义初级阶段这个总依据。但是，我国社会主义初级阶段不是永远停留在一个水平上，而是一个持续向前发展、步步向上攀登的过程，需要划分为若干个发展阶段，每个阶段具有不同的阶段性特征。当前中国特色社会主义进入新时代，呈现出了新的特征。

1. 综合国力跃居世界前列

改革开放40年来，我国经济持续快速发展，已从低收入国家进入中上等收入国家行列，正在向高收入国家迈进。经济总量从世界第十一位跃居世界第二位，成为世界第一制造大国、第一货物出口大国、重要对外投资国，对世界经济增长贡献率超过30％。供给侧结构性改革深入推进，经济结构不断优化，数字经济等新兴产业蓬勃发展，高铁、公路、桥梁、港口、机场等基础设施建设快速推进。农业现代化稳步推进，粮食生产能力达到1.2万亿斤。区域发展协调性增强，"一带一路"建设、京津冀协同发展、长江经济带发展成效显著。创新驱动发展战略大力实施，创新型国家建设成果丰硕，"天宫"、"蛟龙"、"天眼"、"悟空"、"墨子"、大飞机等重大科技成果相继问世。南海岛礁建设积极推进。开放型经济新体制逐步健全，2016年货物贸易进出口总值达到3.68万亿美元，利用外资1260亿美元，对外直接投资1701亿美元，出境旅游1.22亿人次，2016年年末外汇储备30105亿美元，对外贸易、对外投资、外汇储备稳居世界前列。[①] 我国国际地位和影响力大幅提升，日益走近世界舞台中央。我国倡导构建人类命运共同体，坚决维护以联合国宪章宗旨和原则为核心的国际秩序，坚持经济全球化和多边主义，积极倡导互利共赢的合作理念，得到国际社会广泛认同和支持。我国提出"一带一路"倡议，发起创办亚投行等新型多边金融机构，成功举办二十国集团领导人杭州峰会等一系列重大主场外交活动，彰显深度参与和引领塑造全球治理的实力和能力。今天的中国，已不再是处于世界体系边缘的旁观者，也不再是国际秩序的被动接受者，而是积极的参与者、建设者、引领者，为解决人类问题不断贡献中国智慧、中国方案。可见"强起来"是当前我国的阶段性特征之一，是谋划未来发展的基础和支撑。

2. 经济发展进入了新时代

在2017年年底召开的中央经济工作会议上，党中央明确提出"中国特色社会主义进入了新时代，我国经济发展也进入了新时代，基本特征就是我国经济已由高速增长阶段转向高质量发展阶段。"[②]在创造第二次世界大战后一国经济高速增长持续时间最长纪录后，我国经济发展进入了新时代。2013年

---

① 中华人民共和国国家统计局编：《中国统计年鉴》，342页，北京，中国统计出版社，2017。

② http：//cpc. people. com. cn/n1/2017/1220/c64094-29719664. html。

至 2016 年，国内生产总值年均增长 7.2％，增速位居世界主要国家前列，服务业比重从 46.7％提高到 51.6％，消费对经济增长的贡献率由 47％提高到 64.6％，高技术产业增加值占规模以上工业增加值比重由 9.9％提高到 12.4％，常住人口城镇化率由 53.7％上升到 57.4％。① 城乡、区域发展差距缩小。以科技创新为核心的全面创新深入推进，发展新动能加快积聚。经济发展进入新时代，由高速增长阶段转向高质量发展阶段。当前和今后一个时期，推动高质量发展是确定发展思路、制定经济政策、实施宏观调控的根本要求，必须加快形成推动高质量发展的指标体系、政策体系、标准体系、统计体系、绩效评价、政绩考核，创建和完善制度环境，推动我国经济在实现高质量发展上不断取得新进展。

3. 人民生活显著改善

人民对美好生活的向往，就是我们党的奋斗目标；当前和今后一段时期，人民对美好生活有着更多更高的向往和期盼，这些新向往新期盼是构成我国现阶段基本特征的基石。习近平总书记指出："经过改革开放 40 年的发展，我国社会生产力水平明显提高；人民生活显著改善，对美好生活的向往更加强烈，人民群众的需要呈现多样化多层次多方面的特点，期盼有更好的教育、更稳定的工作、更满意的收入、更可靠的社会保障、更高水平的医疗卫生服务、更舒适的居住条件、更优美的环境、更丰富的精神文化生活。"当前我国就业稳定增加，2013 年至 2016 年，城镇新增就业每年保持在每年 1300 万人以上，失业率保持在较低水平。城乡居民收入水平不断提高，全国居民收入年均实际增长 7.4％，超过经济增速，其中农村居民收入增长快于城镇居民，中等收入群体持续扩大。人均预期寿命由 2010 年的 74.83 岁提高到 2016 年的 76.5 岁。② 建立起覆盖全国 13 亿多人口的社会保障网。人民健康和医疗卫生水平大幅提高，保障性住房建设稳步推进。社会治理体系更加完善，社会大局保持稳定，国家安全全面加强。人民生活在实现从贫困到温饱再到总体

---

① 张高丽：《开启全面建设社会主义现代化国家新征程》，见《党的十九大报告辅导读本》，22～23 页，北京，人民出版社，2017。

② 张高丽：《开启全面建设社会主义现代化国家新征程》，见《党的十九大报告辅导读本》，23 页，北京，人民出版社，2017。

小康历史性跨越的基础上，正向更加美好的生活迈进。但是发展不平衡不充分的一些突出问题尚未解决，城乡发展不平衡、区域发展不平衡、经济社会发展不平衡、经济发展和生态环境保护不平衡等问题以及一些方面和领域发展不充分的问题，导致社会生产力水平还不能够均衡和充分满足人民日益增长的美好生活需要；民生领域还有不少短板，群众在就业、教育、医疗、居住、养老等方面面临不少难题。

4. 生态文明建设成效显著

我国制订并深入实施大气、水、土壤污染防治行动计划，74 个重点城市细颗粒物（PM$_{2.5}$）平均浓度由 2013 年的 72 微克/立方米下降至 2016 年的 50 微克/立方米，累计下降 30.6%。持续推进节能减排，2013—2016 年单位国内生产总值能耗累计下降 17.9%。[①] 主体功能区制度逐步健全，国家公园体制试点积极推进。全面节约资源有效推进，能源资源消耗强度大幅下降。重大生态保护和修复工程进展顺利，森林覆盖率持续提高。生态环境治理明显加强，环境状况得到改善。引导应对气候变化国际合作，成为全球生态文明建设的重要参与者、贡献者、引领者。但生态环境保护任重道远，资源约束趋紧、环境污染严重、生态系统退化的形势依然严峻，一些地方破坏生态环境的行为仍频频发生，人民群众对大气、水、土壤污染等问题的反映依然强烈。治理高消耗高污染行业、淘汰过剩落后产能需要长期艰苦努力，生态修复方面还有许多欠账，北方秋冬季重污染天气时有发生，与人民群众对优美生态环境的期待还有较大差距。

同时，民主法治建设迈出重大步伐，思想文化建设取得重大进展，强军兴军开创新局面，港澳台工作取得新进展，全方位外交布局深入展开，全面从严治党成效卓著。这些历史性成就和历史性变革，标志着我国发展站到了新的历史起点上，为如期实现全面建成小康社会奠定了具有决定意义的基础。但社会文明水平尚需提高，社会矛盾和问题交织叠加，全面依法治国任务依然繁重，国家治理体系和治理能力有待加强。意识形态领域斗争依然复杂，国家安全面临新情况。一些改革部署和重大政策措施需要进一步落实。准确

---

① 张高丽：《开启全面建设社会主义现代化国家新征程》，见《党的十九大报告辅导读本》，23 页，北京，人民出版社，2017。

地把握这些我国社会发展的新阶段性特征，就能坚定中国特色社会主义道路自信、理论自信、制度自信、文化自信，与时俱进地推进理论创新、实践创新、制度创新以及其他各方面创新，以新的思路、新的战略、新的举措决胜全面建成小康社会，进而踏上实现第二个百年奋斗目标的新征程，实现中华民族伟大复兴的中国梦。

二、紧紧抓住和用好重要战略机遇期

机遇是指有利于事物发展的时机、境遇和形势，具有客观性，不以人的意志为转移。机遇期是指机遇存在并能发挥作用的时期。重要战略机遇期是指能够为国家实现一定战略目标提供具有全局和战略意义的重大历史机遇的时期，具有全局趋势性、宏观战略性和紧迫重要性三大特性。

(一)准确判断并紧紧抓住战略机遇期事关国家建设大局

任何一国的发展都离不开世界，对国际环境的判断直接关系一国的发展战略。20 世纪 60 年代，毛泽东认为世界大战在即，晚打不如早打。因此，进行了全国范围的"三线"建设，工业布局"进山、分散、入洞"，优先发展国防工业。

"文化大革命"结束后，经过对国际环境的全面分析，以邓小平为核心的第二代领导集体认为，和平与发展是世界的主流，由此拉开了我国改革开放的大幕。

20 世纪 80 年代，由美国等西方国家在滞胀时期进行的改革带来的红利、冷战结束带来的和平红利、信息技术与互联网革命带来的技术红利，加之世界贸易组织成立带来的经济全球化的制度红利，多种因素相互叠加，带来了90 年代中期以来美国等发达经济体乃至全球经济的繁荣。这为中国出口导向型产业提供了外需的快速扩张，是中国劳动密集型出口产业快速发展的重大机遇。

党的十六大报告提出：21 世纪头 20 年，对我国来说，是一个必须紧紧抓住并且可以大有作为的重要战略机遇期。为此，我国着力推进经济建设、政治建设、文化建设、国防和军队建设，着力推进各领域改革，毫不放松地加强和改善党的领导，全面推进党的建设新的伟大工程。经过五年的奋斗，我国经济实力大幅提升，国内生产总值年均增长 10％以上；改革开放取得重大突破，市场体系不断健全，进出口总额大幅增加；人民生活显著改善，城乡居民收入较大增加，家庭财产普遍增多；民主法制建设取得新进步，文化建设开创新局面，社会建设全面展开，党风廉政建设和反腐败斗争成效明显。

党的十七大报告提出：当今世界正在发生广泛而深刻的变化，当代中国正在发生广泛而深刻的变革。机遇前所未有，挑战也前所未有，机遇大于挑战。全党必须坚定不移地高举中国特色社会主义伟大旗帜，带领人民从新的历史起点出发，抓住和用好重要战略机遇期。为适应国内外形势的新变化，我国全面把握科学发展观的科学内涵和精神实质，着力增强贯彻落实科学发展观的自觉性和坚定性，着力转变不适应不符合科学发展观的思想观念，着力解决影响和制约科学发展的突出问题，经过五年的努力，实现了经济平稳较快发展，改革开放取得重大进展，人民生活水平得到显著提高。

党的十八大报告提出：综观国际国内大势，我国发展仍处于可以大有作为的重要战略机遇期。为此，我国准确判断重要战略机遇期内涵和条件的变化，全面把握机遇，沉着应对挑战，赢得主动，赢得优势。

党的十九大报告提出：当前，国内外形势正在发生深刻复杂变化，我国发展仍处于重要战略机遇期，前景十分光明，挑战也十分严峻。有了党中央对国内外形势的正确判断，有了中国共产党的坚强领导和顽强奋斗，我们有充分的理由相信，我们一定能够夺取新时代中国特色社会主义伟大胜利。

(二)我国当前仍处于重要战略机遇期的判断依据

一方面，从国际背景分析，世界形势演进总体对我国有利。进入 21 世纪以来，特别是 2008 年国际金融危机之后，世界形势发生了深刻复杂的变化。总体格局上看，新兴市场与发展中国家在经济总量和对全球经济增长的贡献度上都超过了发达国家，使世界力量对比发生了根本性变化。政治上看，和平与发展仍将在比较长的时期继续是世界主旋律，而挑战和平与发展的因素出现了比较明显的变化，非传统安全和地缘政治摩擦问题突出，西方出现的"逆全球化"与民粹主义浪潮深刻改变了其政治与社会生态，也使西方国家参与全球事务的能力与意愿减退。经济上看，金融危机的影响持续存在，并向深层次发展，低增长、低通胀、低需求同高失业、高债务、高泡沫交织的局面可能将长期持续，其中一大核心原因在于西方世界的人口年龄结构与文化心理发生重大变化。科技创新上看，市场对创新的导向作用日益凸显，全球价值链深化发展使得分工日益复杂，每一种产品涉及的分工环节都在变多，因此协调多个部门、大量人才的大科学、大创新能力成为决胜全球产业链引领能力的关键。

世界形势演进的上述四个特点，都使得作为世界最大发展中国家，同时也是世界最大产品生产国和消费市场国的中国，在维护世界和平与促进共同发展方面被越来越多的国家所期待，而中国为世界提供公共物品的能力越来越强也将成为大势所趋。

另一方面，从国内条件分析。近年来，面对世界经济复苏乏力、局部冲突和动荡频发、全球性问题加剧的外部环境，面对国内经济发展进入新常态等一系列深刻变化，我国迎难而上，开拓进取，取得了社会主义现代化建设的历史性成就，为紧紧抓住重要战略机遇创造了良好条件。

经济建设成绩显著，国内生产总值稳步增长，稳居世界第二。开放型经济新体制逐步健全，对外贸易、对外投资、外汇储备稳居世界前列。深化改革全面发力、多点突破、纵深推进、进展顺利，重要领域和关键环节改革取得突破性进展，主要领域改革主体框架基本确立，中国特色社会主义制度更加完善，国家治理体系和治理能力现代化水平明显提高。推进全面依法治国，党的领导、人民当家作主、依法治国有机统一的制度建设全面加强，党的领导体制机制不断完善，社会主义民主不断发展，党内民主更加广泛，社会主义协商民主全面展开，爱国统一战线巩固发展，民族宗教工作创新推进。人民生活不断改善，人民获得感显著增强。生态文明建设成效显著，生态文明制度体系加快形成，主体功能区制度逐步健全，全面节约资源有效推进，能源资源消耗强度大幅下降。全方位外交布局深入展开，为我国发展营造了良好外部条件。全面从严治党成效卓著，管党治党宽松软状况明显改变，反腐败斗争压倒性态势已经形成并巩固发展。

当然，与以往相比，中国特色社会主义进入了新时代，我国发展所处的重要战略机遇期，其内涵已经发生了新的变化。主要表现为我国已从低收入国家进入中等收入国家，一是需求结构发生了变化，尤其是消费需求结构从衣、食、住、行为主转向以服务业为主；二是人口结构发生了变化，老年人口比例快速提高，而 0～14 岁人口快速减少；三是生产条件发生了变化，社会主要矛盾已经转化为人民日益增长的美好生活需要和不平衡不充分的发展之间的矛盾；四是资源环境发生了变化，资源硬约束有所增强，环境承载力在下降；五是社会心理发生了变化，人民美好生活需要日益广泛，不仅对物质文化生活提出了更高要求，而且在民主、法治、公平、正义、安全、环境等方面的要求日益增长。面对这些结构变化，党中央做出"我国经济发展也进入了新时代，基本特征就是我国经济已由高速增长阶段转向高质量发展阶段"的重大判断。推动高质量发展，是保持经济持续健康发展的必然要求，是适应我国社会主要矛盾变化和全面建成小康社会、全面建设社会主义现代化国家的必然要求，是遵循经济规律发展的必然要求。对于这一点，我们必须深刻认识和全面把握。

(三)抢抓重要战略机遇期需要多措并举

机遇前所未有，机遇也稍纵即逝。从历史上看，面对同样的机遇，多数国家坐失机遇，只有少数国家积极抢抓，才把机遇变成现实，实现跨越式发展。过去如此，未来亦如此。面对有利于我国结构升级的战略新机遇，我国必须牢固树立抢抓机遇的使命感和紧迫感，多措并举，才能在国际格局大变革大调整中，脱颖而出。

第一，抢抓重要战略机遇，就要进一步强化创新。紧抓新一轮科技革命和产业革命带来的机遇，深入实施创新驱动发展战略，抢占全球产业发展的制高点。加快创新型国家建设。瞄准世界科技前沿，强化基础研究，实现前瞻性基础研究、引领性原创成果重大突破。加强应用基础研究，拓展实施国家重大科技项目，突出关键共性技术、前沿引领技术、现代工程技术、颠覆性技术创新，为建设科技强国、质量强国、航天强国、网络强国、交通强国、数字中国、智慧社会提供有力支撑。加强国家创新体系建设，强化战略科技力量。倡导创新文化，强化知识产权创造、保护、运用。培养造就一大批具有国际水平的战略科技人才、科技领军人才、青年科技人才和高水平创新团队。

第二，抢抓重要战略机遇，就要全面深化改革。全面深化改革总目标是完善和发展中国特色社会主义制度、推进国家治理体系和治理能力现代化。

要坚决破除一切不合时宜的思想观念和体制机制弊端，突破利益固化的藩篱，吸收人类文明有益成果，构建系统完备、科学规范、运行有效的制度体系，充分发挥我国社会主义制度优越性。加快完善社会主义市场经济体制。完善各类国有资产管理体制，改革国有资本授权经营体制，加快国有经济布局优化、结构调整、战略性重组，促进国有资产保值增值，推动国有资本做强做优做大，有效防止国有资产流失。深化国有企业改革，发展混合所有制经济，培育具有全球竞争力的世界一流企业。全面实施市场准入负面清单制度，清理废除妨碍统一市场和公平竞争的各种规定和做法，支持民营企业发展，激发各类市场主体活力。深化商事制度改革，打破行政性垄断，防止市场垄断，加快要素价格市场化改革，放宽服务业准入限制，完善市场监管体制。创新和完善宏观调控，发挥国家发展规划的战略导向作用，健全财政、货币、产业、区域等经济政策协调机制。健全金融监管体系，守住不发生系统性金融风险的底线。深化供给侧结构性改革，加快建设制造强国，加快发展先进制造业，支持传统产业优化升级，加快发展现代服务业，坚持去产能、去库存、去杠杆、降成本、补短板，优化存量资源配置，扩大优质增量供给，实现供需动态平衡。深化农村集体产权制度改革，保障农民财产权益，壮大集体经济。

第三，抢抓重要战略机遇，就要推动全面开放。在经济全球化进程中趋利避害，以开放促改革促发展，是我国成功的重要经验。开放带来进步，封闭必然落后。我国要以"一带一路"建设为重点，坚持引进来和走出去并重，遵循共商共建共享原则，加强创新能力开放合作，形成陆海内外联动、东西双向互济的开放格局。拓展对外贸易，培育贸易新业态新模式，推进贸易强国建设。实行高水平的贸易和投资自由化便利化政策，全面实行准入前国民待遇加负面清单管理制度，大幅度放宽市场准入，扩大服务业对外开放，保护外商投资合法权益。凡是在我国境内注册的企业，都要一视同仁、平等对待。优化区域开放布局，加大西部开放力度。赋予自由贸易试验区更大改革自主权，探索建设自由贸易港。创新对外投资方式，促进国际产能合作，形成面向全球的贸易、投融资、生产、服务网络，加快培育国际经济合作和竞争新优势。

第三节　决胜全面建成小康社会

习近平总书记在党的十九大报告中指出："从现在到二〇二〇年，是全面建成小康社会决胜期。"①所谓决胜，就是举全党全国之力，为实现第一个百年奋斗目标而奋斗，确保如期全面建成小康社会。到 2020 年还有两年时间，如期完成全面建成小康社会这一目标，任务艰巨，时间紧迫，时不我待。全国上下必须统一思想、凝心聚力，拿出决胜的精神状态和实际行动，决胜全面建成小康社会，为实现中华民族伟大复兴的中国梦不懈奋斗。

一、全面建成小康社会具有重要里程碑意义

如期全面建成小康社会，对于中华民族、中国共产党和中国人民而言，都具有重要里程碑意义。

(一)中华民族迎来了从富起来到强起来的历史时刻

改革开放之后，我们党对我国社会主义现代化建设作出战略安排，提出"三步走"战略目标。解决人民温饱问题、人民生活总体上达到小康水平这两个目标已提前实现。在这个基础上，我们党提出，到建党一百年时建成全面小康社会，然后再奋斗三十年，到新中国成立一百年时，基本实现现代化，把我国建成社会主义现代化国家。党的十九大，综合分析国际国内形势和我国发展条件，提出了 2020 年全面建成小康社会；从 2020 年到 2035 年，再奋斗十五年，基本实现社会主义现代化；从 2035 年到本世纪中叶，再奋斗十五年，把我国建成富强民主文明和谐美丽的社会主义现代化强国。这表明，全面建成小康社会与全面建设社会主义现代化之间，在时间上紧密衔接，在各项事业发展上全面对接，是继往开来的关系。此外，小康一词虽是中国式现代化词语，但也与国际上现代化发展阶段紧密相连。2016 年，人均国民总收入超过 8000 美元，属于中等偏上收入国家，距离高收入国家门槛(2016 年划分标准为人均 12475 美元)还有约 34％的差距。如果按照保持近几年的经济增

---

① 习近平：《决胜全面建成小康社会　夺取新时代中国特色社会主义伟大胜利》，27页，北京，人民出版社，2017。

长预期测算，到 2020 年全面建成小康社会时，我国人均国民收入有望达到或超过 1 万美元，更加接近高收入国家标准。因此，如期实现全面建成小康社会目标，就能为我国全面建设社会主义现代化国家、实现中华民族从富起来到强起来伟大飞跃打下坚实的基础。

(二)中国共产党兑现了对中国人民作出的庄严承诺

"小康"，是中华民族自古以来追求的理想社会状态，是中国人民广泛认同的幸福生活愿景。邓小平在设计我国改革开放和社会主义现代化建设蓝图时，使用了"小康"概念。党的十二大明确提出把"小康"作为主要奋斗目标和经济社会发展的阶段性标志。党的十三大根据"三步走"的战略构想，把"人民生活达到小康水平"上升为国家战略。世纪之交，我国实现了国内生产总值翻两番，人民生活总体上达到小康水平。党的十六大提出"全面建设小康社会"的奋斗目标，并在新世纪第一个十年中取得一系列新的历史性成就，经济总量从世界第六位跃升到第二位，为全面建成小康社会打下了坚实基础。党的十八大在十六大、十七大确立的全面建设小康社会目标的基础上，提出了全面建成小康社会的更高要求。党的十八大以来，习近平围绕全面建成小康社会，提出一系列新思想新论断新要求，科学回答了全面建成小康社会面临的诸多重大问题，把全面建成小康社会的图景更具体更生动地呈现在全国人民面前。全面建成小康社会，表明自古以来中华民族孜孜以求的"小康"社会理想在当代中国变成了现实，这是中国共产党取得的光辉业绩，是中国共产党对于中华民族的伟大贡献。

(三)中国人民千年追求的"小康"生活梦想变成了现实

小康，源出《诗经·大雅》："民亦劳止，汔可小康。"意思是说，人们有劳有逸，日子就能好过。后来儒家把比大同社会较低级的一种社会称为小康。按《礼记》的描述，所谓大同社会就是"天下为公"，"人不独亲其亲，不独子其子。使老有所终，壮有所用，幼有所长，鳏寡孤独废疾者皆有所养"的理想社会。而所谓小康社会则是"天下为家，各亲其亲，各子其子，货力为己"，人们能维持中等生活水准的社会。通俗理解的话，小康生活就是一种介于温饱与富裕之间的生活状态，即温饱有余而富裕不足。然而，两千多年来，对于广大贫苦群众来说，要过上解决温饱有余生活的小康日子，就是一种美好却难以实现的梦想。直到 20 世纪 70 年代末 80 年代初，我国正式提出建设小康社会战略构想，并不断丰富和发展小康内涵，并在党的十九大报告中郑重宣告"我国稳定解决了十几亿人的温饱问题，总体上实现小康，不久将全面建成小康社会。"全面建设小康社会，不仅让广大人民群众过上了温饱有余的生活，而且还将在人的全面发展方面将得到更优保障，人民群众的获得感、幸福感、安全感将更加充实。从追求"小康"梦想到实现全面建成小康现实，这是作为当代中国人最值得骄傲和自豪的事。

二、全面建成小康社会的目标任务

党的十九大报告指出："要按照十六大、十七大、十八大提出的全面建成小康社会各项要求，紧扣我国社会主要矛盾变化，统筹推进经济建设、政治建设、文化建设、社会建设、生态文明建设。"①

一是经济持续健康发展。到 2020 年实现国内生产总值和城乡居民人均收入比 2010 年翻一番，基本实现工业化、信息化、城镇化和农业现代化，为到新中国成立 100 周年时建成富强民主文明和谐美丽社会主义现代化强国的目标，奠定坚实的经济基础。

二是人民民主不断扩大。中国特色社会主义民主制度更加完善，民主形式更加丰富，中国特色社会主义法治体系和法治国家的建设目标基本实现，法治国家、法治政府、法治社会一体建设大力推进，人权得到切实尊重和保障，国家治理体系和治理能力显著提高，人民群众的积极性、主动性、创造性进一步发挥，我国社会主义民主政治展现出更加旺盛的生命力。

三是国家文化软实力显著增强。社会主义核心价值体系深入人心，社会主义核心价值观广泛践行，公民文明素质和社会文明程度显著提高。文化产品丰富，文化服务健全，文化产业繁荣，文化影响增强，人民群众的精神文化生活更加健康丰富，国家文化软实力的根基更加坚实。

四是人民生活水平全面提高。在经济发展基础上全面提高人民物质文化生活水平，实现人民群众对更好的教育、更稳定的工作、更满意的收入、更

---

① 习近平：《决胜全面建成小康社会　夺取新时代中国特色社会主义伟大胜利》，27页，北京，人民出版社，2017。

可靠的社会保障、更高水平的医疗卫生服务、更舒适的居住条件、更优美的环境的期盼，实现孩子们对成长得更好、工作得更好、生活得更好的期盼，中国人民在共同富裕的道路上奋力前行。

五是资源节约型、环境友好型社会建设取得重大进展。建立资源循环利用体系，减少主要污染物排放量，提高森林覆盖率，增强生态系统稳定性，改善人居环境，形成人与自然和谐发展现代化建设新格局。

实现全面建成小康社会的奋斗目标，要深化重要领域改革，使各方面制度更加成熟更加定型。要加快完善社会主义市场经济体制，处理好政府和市场的关系，推动经济更有效率、更加公平、更可持续发展；加快推进社会主义民主政治制度化、规范化、程序化，全面依法治国，建设社会主义法治国家；加快发展文化事业和文化产业，建设社会主义文化强国；加快形成科学有效的社会治理体制，确保社会既充满活力又和谐有序；树立生态文明新理念，建立和完善生态文明制度，推动形成人与自然和谐发展的良好局面。

三、全面建成小康社会的重大进展与短板弱项

全面建成小康社会的规定时限为新世纪头 20 年，现在已经过去 18 年。进入新世纪以来，特别是党的十八大以来，在以习近平同志为核心的党中央坚强领导下，在新中国成立特别是改革开放以来我国发展取得的重大成就基础上，党和国家事业发生历史性变革，经济社会全方位发展，全面建成小康社会取得重大进展。

(一)全面建设小康社会的重大进展

从经济发展角度分析，国内生产总值仅需年均增长 6.3%，就可以实现党的十八大确定的 2020 年国内生产总值比 2010 年翻一番目标。2010 年，我国国内生产总值为 41.3 万亿元，按照翻一番的目标要求则 2020 年达到 82.6 万亿元。2017 年，我国国内生产总值已经达到 74.4 万亿元，与翻一番目标相差 8.2 万亿元。因此今后几年国内生产总值仅需年均增长 6.3%，就能实现翻一番目标。虽然近年来我国经济发展进入新常态，但经济增速仍保持了中高速增长，其中 2010 年至 2017 间经济增速分别为 10.6%、9.5%、7.9%、7.8%、7.3%、6.9%、6.7%和 6.9%。因此，今后几年实现年均增长 6.3%

并非难事。同样，从居民人均收入方面分析，如果今后几年能够保持年均增长 5.3％以上，就能实现翻一番目标。而近年来，我国居民人均收入增长基本与经济增长保持同步，因此，到 2020 年实现居民人均收入比 2010 年翻一番的目标有可能会提前实现。①

从民主政治角度看，我国人民民主不断扩大，民主制度更加完善、民主形式更加丰富。坚持党的领导、人民当家作主、依法治国有机统一，人民民主更加广泛和充分，人民积极性、主动性、创造性得到进一步发挥。依法治国基本方略全面落实，法治国家、法治政府、法治社会一体化建设深入推进。严格规范公正文明执法，司法公信力不断提高，人民群众合法权益得到更好保障。

从文化软实力角度看，文化强国建设基础更加坚实，国家文化软实力明显增强。中国特色社会主义和中国梦深入人心，国民素质和社会文明程度得到提高。文化产品丰富多彩，公共文化服务体系不断健全。文化产业快速发展，文化及相关产业增加值占国内生产总值比重由 2010 年的 2.75％提高到 2016 年的 4.14％，正在成为国民经济支柱性产业。中外文化交流成果丰硕，孔子学院、中国文化中心等平台建设得到加强，国家文化软实力和中华文化影响力大幅提升。

从社会保障角度看，全覆盖、保基本、多层次、可持续的社会保障体系已经建成。2016 年，全国参加养老保险人数达到 88776.8 万人，比上年末增加 2943.4 万人，增加的人数超过澳大利亚、朝鲜等国家的人口，其中城镇职工基本养老保险增加 2568.5 万人，城乡居民基本养老保险增加 374.9 万人；参加城镇基本医疗保险人数达到 74391.6 万人，比上年末增加 7809.9 万人，增加的人数与德国、伊朗、土耳其等国家的人口相当，其中城镇职工增加 638.4 万人，城镇居民增加 7171.5 万人。仅从这两项基本社会保险制度的扩面情况看，广大人民群众的民生福祉就有显著改善。②

----

① 中华人民共和国国家统计局编：《中国统计年鉴》，62 页，北京，中国统计出版社，2017。

② 中华人民共和国国家统计局编：《中国统计年鉴》，791、795 页，北京，中国统计出版社，2017。

从生态环境角度看，我国资源节约型、环境友好型社会建设初步形成。全国贯彻绿色发展理念的自觉性和主动性显著增强，忽视生态环境保护的状况明显改变。生态文明制度体系加快形成，主体功能区制度逐步健全。全面节约资源有效推进，能源资源消耗强度大幅下降。生态环境治理明显加强，生态环境恶化的状况正在得到改善。

(二)全面建设小康社会短板弱项

在认识到有利因素的同时也要清醒地看到，全面建成小康社会仍面临一些短板弱项，需要克服许多困难挑战。一是经济社会领域的重大风险隐患较多。金融风险仍在积累，非法集资等大案要案时有发生，地方政府债务风险特别是隐性债务风险不容忽视，信息安全风险和社会不稳定因素较多。如果重大风险隐患不能得到有效化解，甚至在特定环境下由隐性转为显性，就有可能影响全面建成小康社会进程，影响第一个百年奋斗目标顺利实现。二是脱贫攻坚任务艰巨。2016年全国还有4335万农村贫困人口，其中相当一部分居住在艰苦边远地区，处于深度贫困状态，属于脱贫攻坚要啃的硬骨头，剩余的脱贫任务量虽变小，但难度增大。三是生态环境保护任重道远。大气、水、土壤等污染问题仍较突出，垃圾围城、垃圾围村现象仍较普遍，人民日益增长的优美生态环境需要还不能得到有效满足。四是发展质量和效益还不够高。创新能力还不够强，新旧发展动能转换难度较大，经济发展方式转变还不到位，实体经济水平有待提高。下一步，我们必须按照全面建成小康社会的要求，认真查找差距，切实对症下药，为全面建成小康社会画上圆满句号。

四、夺取全面建成小康社会的伟大胜利

从现在到2020年，是全面建成小康社会决胜期，也是最后冲刺期，两年时间虽短，但收官之战十分重要。我们要深入贯彻习近平新时代中国特色社会主义思想和基本方略，紧扣社会主要矛盾的变化，统筹推进经济建设、政治建设、文化建设、社会建设、生态文明建设，坚定实施科教兴国战略、人才强国战略、创新驱动发展战略、乡村振兴战略、区域协调发展战略、可持续发展战略、军民融合发展战略，突出抓重点、补短板、强弱项，特别是要

坚决打好防范化解重大风险、精准脱贫、污染防治的攻坚战，使全面建成小康社会得到人民认可、经得起历史检验。

(一)坚决打好防范化解重大风险攻坚战

要增强忧患意识和底线思维，把防控风险放在更加突出的位置。要加强风险隐患排查，摸清风险底数，既要掌控地方政府显性债务风险，又要掌控隐性债务风险；既要掌控银行不良贷款变化情况，又要掌控影子银行、非法集资等隐性金融风险；既要严格控制增量风险，严防风险持续累积和发散，又要有效处置化解存量风险，努力使各类风险趋向收敛。要坚持标本兼治，注重以完善体制机制来防范化解风险。要加强风险监测、预警、应急处置能力，有效防范"黑天鹅"事件、"蝴蝶效应"和"灰犀牛"冲击，防止外部风险演化为内部风险，防止经济金融风险演化为政治社会风险，防止个体风险演化为系统性风险。

(二)坚决打好精准脱贫攻坚战

要坚持精准扶贫、精准脱贫基本方略，坚持专项扶贫、行业扶贫、社会扶贫"三位一体"大扶贫格局。加大对贫困地区和贫困人口的投入，健全公共服务、建设基础设施、发展特色优势产业，改善他们的生产生活条件。要发挥集中力量办大事的制度优势，重点解决好深度贫困问题，加强东西部扶贫协作和对口支援，做好中央单位定点帮扶。结合实际实施好"五个一批"工程，即发展生产脱贫一批、易地搬迁脱贫一批、生态补偿脱贫一批、发展教育脱贫一批、社会保障兜底一批。坚持中央统筹、省负总责、市县抓落实的工作机制，强化党政一把手负总责的责任制。注重把扶贫同扶志、扶智结合起来，提高贫困地区和贫困群众的自我发展能力和脱贫致富内在动力。实行最严格的考核评估，让脱贫成效真实可信，做到脱真贫、真脱贫。

(三)坚决打好污染防治攻坚战

要坚持绿水青山就是金山银山，牢固树立和全面贯彻绿色发展理念，坚持节约优先、保护优先、自然恢复为主，加快形成节约资源和保护环境的空间格局、产业结构、生产和生活方式。要加快产业结构优化升级，推动能源生产和消费革命，推进绿色低碳循环发展，转变资源利用方式，提高资源利用效率，从源头上降低污染排放。实施好主体功能区战略，优化国土空间开发格局，设定严格的生态保护红线，将各类开发活动限制在资源环境承载范围之内。强化大气、水、土壤等污染防治，着力解决损害群众健康、社会反映强烈的突出环境问题。深化生态文明体制改革，完善生态环境保护制度。加强环保督察，落实环保主体责任，健全环境损害赔偿和责任追究制度，形成全社会齐抓共管的生态环境保护格局和氛围。

(四)确保经济社会持续健康发展

坚持稳中求进工作总基调，深化供给侧结构性改革，促进"三去一降一补"重点任务取得更大成效，强化创新驱动，持续开展大众创业万众创新，加快新旧发展动能转换，加快经济发展方式转变，提高发展质量和效益。保持宏观政策连续性稳定性，实施好积极的财政政策和稳健的货币政策，适时适度预调微调，确保经济运行处在合理区间，推动经济高质量发展，推动发展平衡性、协调性、可持续性进一步增强。①

第四节　坚持全面深化改革

中国特色社会主义进入新时代，我国社会主要矛盾已经转化为人民日益增长的美好生活需要和不平衡不充分的发展之间的矛盾。在新的历史方位下，解决社会主要矛盾，全面深化改革仍是必由之路。党的十九大把坚持全面深化改革作为新时代坚持和发展中国特色社会主义的基本方略之一，强调必须坚持和完善中国特色社会主义制度，不断推进国家治理体系和治理能力现代化，坚决破除一切不合时宜的思想观念和体制机制弊端，突破利益固化的藩篱，吸收人类文明有益成果，构建系统完备、科学规范、运行有效的制度体系，充分发挥我国社会主义制度优越性。由此推断，今后一个时期，我国全面深化改革必将朝着领域更广、举措更多、力度更强的新阶段迈进。

---

① 韩文秀：《全面把握中国特色社会主义进入新时代》，见《党的十九大报告辅导读本》，167～174 页，北京，人民出版社，2017。

一、改革进入攻坚期和深水区

党的十九大报告指出，只有改革开放才能发展中国、发展社会主义、发展马克思主义。历史和现实充分说明，改革开放是决定当代中国命运的关键一招，也是决定实现"两个一百年"奋斗目标、实现中华民族伟大复兴的关键一招，是党和人民事业大踏步赶上时代的重要法宝。经过 40 年改革开放，我国社会容易的、皆大欢喜的改革基本完成，剩下的都是难啃的硬骨头，改革进入攻坚期和深水区。

首先，当代中国的改革在激烈的国际竞争中前行，处于迎接世界挑战、实现更大发展的重要时期。实现中国梦离不开和平的国际环境和稳定的国际秩序。当前，经济全球化快速发展，综合国力竞争更加激烈，国际形势复杂多变，各国都在加快推进变革。这就要求中国在更深层次和更广领域改革不适应国际竞争要求的体制机制，以全面改革适应全新国际形势。

其次，当前改革需要解决的问题格外艰巨。改革是一场深刻的革命，涉及重大利益关系调整，涉及各方面体制机制完善。经过 40 年的改革，可以说，容易的、皆大欢喜的改革已经完成了，好吃的肉都吃掉了，剩下的都是难啃的硬骨头。这表明，中国共产党面对的改革发展稳定任务之重前所未有，矛盾风险挑战之多前所未有。这就要求我们必须以更大的政治勇气和智慧，不失时机深化重要领域改革，敢于向多年的顽瘴痼疾开刀，敢于冲破思想观念的障碍，勇于突破利益固化的藩篱。

最后，实现全面建成小康社会的奋斗目标，对全面深化改革提出了更加迫切的要求。改革成就日益凸显，唤起人民群众对改革的更大期待。经济发展进入新常态，急需破解发展中不平衡、不协调、不可持续的问题。社会发展进入新时期，社会矛盾多发叠加，各种可以预见和难以预见的安全风险挑战前所未有。这就要求我们继续解放思想，加强改革的顶层设计，通过全面深化改革，为促进经济社会发展提供一整套更完备更稳定更管用的制度体系。

二、全面深化改革的目标和任务

党的十九大报告指出："全面深化改革总目标是完善和发展中国特色社会主义制度、推进国家治理体系和治理能力现代化。"

完善和发展中国特色社会主义制度。中国特色社会主义制度是当代中国发展进步的根本制度保障。中国特色社会主义制度的最大优势是中国共产党领导。完善和发展中国特色社会主义制度，就是要推动中国特色社会主义制度更加成熟更加定型，为党和国家事业发展、为人民幸福安康、为社会和谐稳定、为国家长治久安提供一整套更完备、更稳定、更管用的制度体系。国家治理体系和治理能力是一个国家制度和制度执行能力的集中体现。国家治理体系是在党的领导下管理国家的制度体系，是一整套紧密相连、相互协调的国家制度。国家治理能力是运用国家制度管理社会各方面事务的能力。推进国家治理体系和治理能力现代化，就是要使各方面制度更加科学、更加完善，实现党、国家、社会各项事务治理制度化、规范化、程序化，提高党科学执政、民主执政、依法执政的水平。

加快发展社会主义市场经济、民主政治、先进文化、和谐社会、生态文明，是全面深化改革的具体目标和工作任务。

要围绕使市场在资源配置中起决定性作用，更好发挥政府作用，深化经济体制改革，努力实现更高质量、更有效率、更加公平、更可持续的发展。围绕坚持党的领导、人民当家作主、依法治国有机统一积极稳妥推进政治体制改革，长期坚持、不断发展我国社会主义民主政治，推进社会主义民主政治制度化、规范化、法治化、程序化，保证人民依法通过各种途径和形式管理国家事务，管理经济文化事业，管理社会事务，巩固和发展生动活泼、安定团结的政治局面。围绕满足人民过上美好生活新期待深化文化体制改革，加快构建把社会效益放在首位、社会效益和经济效益相统一的体制机制，推动文化事业和文化产业发展，着力提高国家文化软实力。围绕提高保障和改善民生水平、促进社会公平正义深化社会体制改革，把人民利益摆在至高无上的地位，让改革发展成果更多更公平惠及全体人民，朝着实现全体人民共同富裕不断迈进。围绕建设美丽中国加快生态文明体制改革，坚持节约优先、保护优先、自然恢复为主的方针，形成节约资源和保护环境的空间格局、产业结构、生产方式、生活方式，还自然以宁静、和谐、美丽。围绕坚持和加强党的全面领导深化党的建设制度改革，不断提高党的建设质量，把党建设成为始终走在时代前列、人民衷心拥护、勇于自我革命、经得起各种风浪考验、朝气蓬勃的马克思主义执政党。

进一步解放思想、解放和发展社会生产力、解放和增强社会活力，是全面深化改革的根本任务。解放思想是前提，解放和发展社会生产力、解放和增强社会活力是解放思想的必然结果和重要基础，解放和发展社会生产力是最根本最紧迫的任务。为此，要让一切劳动、知识、技术、管理、资本的活力竞相迸发，让一切创造财富的源泉充分涌流，让发展成果更多更公平惠及全体人民。

三、全面深化改革的原则和方法

全面深化改革是一项宏大而复杂的系统工程，是各领域改革和改进的联动与集成，必须全面系统推进。坚持改革的正确方向，创新科学的改革思维，坚定攻坚克难的信心，增强狠抓落实的力度，是实现全面深化改革目标和任务的基本前提和重要保证。

全面深化改革必须坚持正确方向。全面深化改革是有方向、有立场、有原则的，是在中国特色社会主义道路上不断前进的改革，而不是对社会主义制度的改弦易辙。坚持社会主义市场经济改革方向，坚持和完善以公有制为主体、多种所有制经济共同发展的基本经济制度，毫不动摇巩固和发展公有制经济，毫不动摇鼓励、支持、引导非公有制经济发展，积极发展混合所有制经济。把握改革的领导权和主动权，确保党统领全局、协调各方的作用，增强政治定力，坚守政治原则和底线，决不能在根本性问题上出现颠覆性错误。

全面深化改革必须坚持问题导向。改革由问题倒逼而产生，又在不断解决问题中得以深化。要树立强烈的问题意识，以重大问题为导向，抓住关键问题进一步研究思考，着力推动解决我国发展面临的一系列突出矛盾和问题。

全面深化改革必须切实遵循改革内在规律。在改革中，正确处理好解放思想和实事求是的关系，正确处理好整体推进和重点突破的关系，正确处理好全局和局部的关系，正确处理好顶层设计和摸着石头过河的关系，正确处理好胆子要大和步子要稳的关系，正确处理好改革发展稳定的关系，积极稳妥、扎实有效地把全面深化改革推向前进。

全面深化改革必须紧紧依靠人民力量。人民是历史的创造者。我国的改革是以人民为中心的改革，改革为了人民，改革也必须依靠人民，没有人民支持和参与，任何改革都不过是空中楼阁，都不可能取得成功。坚持全面深化改革，就要坚持以人为本，紧紧依靠人民，尊重人民主体地位，发挥群众首创精神，让改革始终有坚实的民意支撑。

全面深化改革必须把改革举措落到实处。必须以更大的政治勇气和智慧、更有力的措施和办法推进改革。坚持先易后难，从最紧迫的事项改起，从人民群众最期盼的领域改起，从制约经济社会发展最突出的问题改起，从社会各界能够达成共识的环节改起，确保全面深化改革取得实效。

站在新的历史起点，面向"两个一百年"奋斗目标，在习近平新时代中国特色社会主义思想指引下，全面深化改革必将汇聚起磅礴之力，创造美好未来。

【思考题】

1. 怎样正确认识和把握当代中国基本国情和阶段性特征？

2. 如何把握中国特色社会主义进入新时代的历史方位和重要战略机遇期？

3. 如何确保如期实现全面建成小康社会这一战略目标？

4. 理解全面深化改革的紧迫性和基本要求。

【阅读书目】

1. 中共中央宣传部：《习近平总书记系列重要讲话读本》，人民出版社，2016。

2. 中华人民共和国国家统计局编：《中国统计年鉴》，中国统计出版社，2017。

3. 中华人民共和国年鉴社编：《中国国情读本》，新华出版社，2017。

4.《党的十九大报告辅导读本》，人民出版社，2017。

5.《党的十九大报告学习辅导百问》，党建读物出版社，学习出版社，2017。

第二章　中国特色社会主义经济建设

【本章概要】

　　发展是解决我国一切问题的基础和关键，解放和发展生产力是社会主义的本质要求。发展必须是科学发展，必须坚定不移地贯彻创新、协调、绿色、开放、共享的发展理念，必须坚持和完善中国特色社会主义基本经济制度、收入分配制度和市场经济体制。全面深化经济体制改革，必须毫不动摇巩固和发展公有制经济，毫不动摇鼓励、支持、引导非公有制经济发展，使市场在资源配置中起决定性作用和更好发挥政府作用，推动收入分配体制改革，形成合理有序的收入分配格局。在中国特色社会主义经济理论的指导下的改革和建设取得了举世瞩目的成就，也面临实体经济发展遇到困难，经济发展不平衡不充分，政府与市场关系还未处理好等问题。为推动经济持续健康发展，必须深化供给侧结构性改革、加快建设创新型国家、实施乡村振兴战略、实施区域协调发展战略、推动形成全面开放新格局。

【案例关注】

　　马云计划经济言论：2015年9月，在接受台湾"中央日报"专访时，马云曾表示"2030年计划经济将成为更优越的系统"；2016年11月19日，马云在上海市浙江商会成立30周年大会上的演讲中说："未来三十年会发生很大的变化，计划经济将会越来越大。"2017年5月，马云在贵阳数博会上再次提出，未来三十年，市场经济和计划经济将会被重新定义。

讨论：

人工智能和大数据能否代替市场，拯救计划经济？

【内容精讲】

第一节　中国特色社会主义经济制度和体制

经济制度是指一个国家在一定历史阶段占主要地位的生产关系的总和，经济体制是指在经济制度基础上经济运行的具体形式，经济体制优劣的评价标准，应当是资源是否得到了合理配置。从社会主义初级阶段的基本国情出发，探索和创建具有中国特色的社会主义经济制度和体制，这是我们能够不断解放和发展生产力的必要条件，也是进行中国特色社会主义经济建设的制度保障。经济制度包括生产资料的占有方式，产品的分配方式，人们在社会中的地位和相互关系；而经济体制包括国民经济各部门的组织管理形式，管理权限的划分，管理机构的设置等。

一、社会主义初级阶段的基本经济制度

基本经济制度是指一国的生产资料所有制形式与结构，它是生产关系的核心内容，构成了一国的经济基础，决定了一国经济的基本性质和发展方向。公有制为主体、多种所有制经济共同发展的基本经济制度，是中国特色社会主义制度的重要支柱，也是社会主义市场经济体制的根基，事关中国特色社会主义的前途命运。

坚持公有制主体地位，发挥国有经济主导作用，体现了我国经济的社会主义性质，符合社会化大生产的历史发展趋势，有利于增强我国经济实力、国防实力和民族凝聚力，巩固和发展社会主义制度。现阶段公有制经济包括国有经济和集体经济，以及混合所有制经济中的国有成分和集体成分。国有经济和混合所有制经济中的国有成分控制着国民经济命脉，对经济发展起主导作用。集体经济和混合所有制经济中的集体成分是公有制经济的重要组成部分，对实现共同富裕具有重要作用。

非公有制经济包括个体经济、私营经济、外商独资经济、混合所有制经济中的非公有经济成分等，它们是社会主义市场经济的重要组成部分。社会主义初级阶段生产力水平的多层次性和发展的不平衡性，给非公有制经济留下了广阔的空间。非公有制经济是促进经济社会发展的重要力量，在支撑增长、促进创新、扩大就业、增加税收等方面具有重要作用，是稳定经济的重要基础，是国家税收的重要来源，是技术创新的重要主体，是金融发展的重要依托，是经济持续健康发展的重要力量。多种所有制经济共同发展不是权宜之计。一切符合"三个有利于"标准的所有制形式，都可以而且应该用来为发展社会主义市场经济服务。

公有制经济和非公有制经济都是社会主义市场经济的重要组成部分，都是我国经济社会发展的重要基础，必须毫不动摇地巩固和发展公有制经济，毫不动摇地鼓励、支持、引导非公有制经济的发展。在功能定位上，明确公有制经济和非公有制经济都是社会主义市场经济的重要组成部分，都是我国经济社会发展的重要基础；在产权保护上，明确提出公有制经济财产权不可侵犯，非公有制经济财产权同样不可侵犯；在政策待遇上，强调坚持权利平等、机会平等、规则平等，实行统一的市场准入制度。推动各种所有制取长补短、共同发展，同时公有制主体地位不能动摇，国有经济主导作用不能动摇，这是保证我国各民族人民共享发展成果的制度性保证，也是巩固党的执政地位、坚持我国是社会主义制度的重要保证。

二、社会主义初级阶段的收入分配制度

收入分配制度是有关国民收入如何在不同经济主体和个人之间进行分配的制度总和，它是一国经济制度的重要组成内容。以按劳分配为主体、多种分配方式并存，是我国社会主义初级阶段的收入分配制度。

按劳分配为主体，符合公有制经济主体地位的客观要求，是保证我国经济社会主义方向的重要依托，是防止两极分化、最终实现共同富裕的重要保障。与马克思设想的按劳分配的具体实现形式相比较，现阶段的按劳分配是以市场经济为载体的，按劳分配的具体实现形式具有以下特点：

一是按劳分配要通过商品货币形式来实现。在市场经济条件下，每个人的劳动还不是直接的社会劳动，人们提供劳动的数量和质量还需要根据所生

产的商品在市场上经过交换才能实现其价值，交换是否成功直接影响劳动者的收入。

二是按劳分配还不能在全社会范围内按统一的标准实行，而主要是以企业为单位实行。在社会主义市场经济条件下，企业是相对独立的商品生产者和经营者，是自主经营、自负盈亏的经济实体。企业以自己的生产经营活动从市场上获得收入，这实际上是社会通过市场将收入分配给企业，然后再由企业将收入分配给个人。企业成为了按劳分配的主体，劳动者个人收入既同个人劳动好坏联系在一起，又同整个企业的经营好坏联系在一起。这正是社会主义市场经济条件下按劳分配的特点。

三是按劳分配的实现，要考虑到不同劳动的贡献。企业管理层的收入应与整个企业经营好坏适当挂钩，经营效益好，工资就应适当提高，反之，就应当适当降低；技术人员应该根据技术对企业收入的贡献来确定工资水平和奖励数额。不同劳动对生产经营的贡献成为衡量劳动数量和质量的主要尺度。因此，规定按劳分配的具体实现形式时，要确立各种属于劳动范围的生产要素（包括管理、技术等）按对使用价值生产的贡献参与分配的原则。

多种分配方式并存，允许劳动、资本、技术、管理等生产要素按贡献参与分配，符合多种所有制经济共同发展的客观要求，有利于调动各经济主体的积极性，从而推动经济发展和国民财富的增长。按生产要素分配有多种不同的形式，按内容不同可以分为三种类型：

一是以劳动作为生产要素参与分配。以劳动作为生产要素参与分配的主要是个体劳动者和被雇佣于非公有制经济的雇佣劳动者。个体劳动者的收入是凭借自己的劳动和占有的生产资料从事个体劳动和经营所得的收入；被雇于非公有制经济的雇佣劳动者取得的劳动收入，实质上是劳动者出卖劳动力商品，按劳动力价值得到的收入。

二是以劳动以外的生产要素所有者参与分配。主要包括资本所有者在生产经营活动中凭借资本所取得的利润，生产要素的所有者将自有的货币或资本借给他人经营或存入金融机构所取得的利息，以实物形态资本租借给他人经营或使用而取得的租金等。

三是以管理和知识产权类的生产要素，如科技发明、创造、信息、专利等参与分配。这类生产要素来自它们的所有者的劳动或劳动成果。

按生产要素分配会进一步拉大收入分配差距，政府应该高度关注公平与效率的平衡，把收入差距控制在社会能够承受的范围内，既有利于非公有制经济的发展，又可以满足构建社会主义和谐社会的需要。

坚持和完善社会主义初级阶段的分配制度，要处理好国民收入初次分配中的效率和公平关系，在提高劳动收入的同时，依法保障合法的按要素分配收入。初次分配注重效率，再分配注重公平；在国民收入再分配过程中要更重视公平问题。

三、社会主义市场经济体制

市场经济体制是指以市场为配置资源基本手段的一种经济体制，其本质是以社会化大生产为基础的高度发达的商品交换关系。改革开放以来，通过不断探索，我国已逐步建立起社会主义市场经济体制。

社会主义市场经济体制是社会主义与市场经济的有机结合。一方面，多种所有制经济的并存为商品交换关系的存在提供了基础，这要求我们遵循价值规律，发挥市场在资源配置中的决定性作用。另一方面，市场经济体制的社会主义性质为协调重大经济比例关系提供了可能，有助于克服市场经济的自发性和盲目性，这要求我们更好地发挥政府的宏观调控和经济治理功能。

作为一种经济体制，社会主义市场经济在本质上是法治经济。无论是市场配置资源的决定性作用，还是政府的调控和治理功能，都必须以保护产权、维护契约、统一市场、平等交换、公平竞争、有效监管为基本导向，都必须符合社会主义法律制度的基本要求。

社会主义市场经济体制将市场和计划视为两种不同的经济手段，市场在资源配置中起决定作用，可以最大限度地解放和发展生产力，最大限度地满足人民日益增长的美好生活需要。更好发挥政府作用，可以促进共同富裕。

社会主义与市场经济本质上是一致的。一是满足需要。商品首先必须有使用价值，如果商品没有用，就不会有人去买，其价值就不能实现。所以市场经济第一个本质要求是商品有用，其使用价值能满足社会需要。而社会主义的生产目的就是要满足人民日益增长的美好生活需要。二是发展生产力。市场经济是生产力发展的动力和形式。价值规律促进了社会生产力的提高。社会主义的根本任务是解放和发展生产力，市场经济成为实现社会主义的根本任务，大力发展生产力和满足人民需要的有效途径和可靠方法。

第二节 全面深化经济体制改革

经济体制改革是全面深化改革的重点，是社会主义经济制度和体制的自我完善，符合生产力不断发展的客观要求。当前经济体制改革主要包括基本经济制度实现形式、市场与政府的关系、国民收入分配制度等方面的改革和完善。

一、坚持和完善基本经济制度，积极发展混合所有制经济

坚持和完善公有制为主体、多种所有制经济共同发展的基本经济制度，关系巩固和发展中国特色社会主义制度的重要支柱。改革开放以来，我国所有制结构逐步调整，公有制经济和非公有制经济在发展经济、促进就业等方面的比重不断变化，增强了经济社会发展活力。但随之产生的矛盾也在积累和深化。只有通过有效的体制改革和创新来化解矛盾，才能真正坚持和完善基本经济制度。

坚持和完善基本经济制度，必须毫不动摇地巩固和发展公有制经济，坚持公有制主体地位，发挥国有经济主导作用，不断增强国有经济活力、控制力、影响力。完善各类国有资产管理体制，改革国有资本授权经营体制，加快国有经济布局优化、结构调整、战略性重组。促进国有资产保值增值，推动国有资本做强做优做大，有效防止国有资产流失。深化国有企业改革，发展混合所有制，培育具有全球竞争力的世界一流企业。

完善各类国有资产管理体制。建立健全各类国有资产监管法律法规体系，实现国有资产监管的制度化、规范化和系统化。改革国有资本授权经营体制，加快推进经营性国有资产集中统一监管。以管资本为主深化国有资产监管机构职能转变，准确把握依法履行出资人职责的定位，科学界定国有资本所有权和经营权边界，建立监管权力清单和责任清单。创新监管方式和手段，改变行政化监管方式，改进考核体系和办法，落实保值增值责任，提高监管的及时性、针对性、有效性。

加快国有经济布局优化、结构调整和战略性重组。围绕服务国家战略，

推动国有经济向关系国家安全、国民经济命脉和国计民生的重要行业和关键领域、重点基础设施集中，优化国有经济布局，有效发挥国有经济整体功能作用。推动国有资本形态转换和结构调整，支持创新发展前瞻性战略产业，加快处置低效无效资产，淘汰落后产能，剥离办社会职能，提高国有资本配置效率。推动国有企业战略性重组，聚焦发展实体经济，突出主业、做强主业，加快推进横向联合、纵向整合和专业化重组，提高国有企业核心竞争力，增强国有经济活力。

培育具有全球竞争力的世界一流企业。支持国有企业深入开展国际化经营，不断加大开放合作力度，在"一带一路"建设中推动优势产业走出去，带动中国装备制造、技术、标准和服务走向世界，充分利用国际国内两个市场、两种资源，培育一批国际化经营人才，形成一批在国际资源配置中占主导地位的领军企业。大力实施创新驱动发展战略，鼓励国有企业以市场为导向持续加大研发投入，突破和掌握一批关键核心技术，培育一批高附加值的尖端产品，打造一批国际知名的高端品牌，形成一批引领全球行业技术发展的领军企业。加快推进产业升级，在一些优势行业和领域向价值链高端迈进，努力在国际市场竞争中占据有利位置，形成一批在全球产业发展中具有话语权和影响力的领军企业。

坚持和完善基本经济制度，必须毫不动摇鼓励、支持、引导非公有制经济发展，激发非公有制经济活力和创造力。非公有制经济在支撑增长、促进创新、扩大就业、增加税收方面具有重要作用。要坚持权利平等、机会平等、规则平等，废除对非公有制各种形式的不合理规定，消除各种隐性壁垒，制定非公有制企业进入特许经营领域具体办法。

坚持和完善基本经济制度，积极发展混合所有制经济。国有资本、集体资本、非公有资本的交叉持股、相互融合的混合所有制经济，是基本经济制度的重要实现形式，有利于国有资本放大功能、保值增值、提高竞争力，有利于各种所有制资本取长补短、相互促进、共同发展。发展混合所有制经济，当前要重点推进国有企业改制改组工作，通过吸收投资、转让股（产）权、债权转股权等方式，实现投资主体多元化，形成混合所有制；同时要通过建立现代产权制度，使新企业归属清晰、权责明确、保护严格、流转顺畅。在混合所有制企业中，既可以是国企控股，也可以是民企控股，凡涉及国家安全、国民经济命脉的重要行业和关键领域由国企控股，而与民生相关的行业，国家应加大准入力度鼓励民企控股。深化国有企业改革，发展混合所有制，培育具有全球竞争力的世界一流企业。鼓励非公有制企业参与国有企业改革，鼓励发展非公有资本控股的混合所有制企业。

发展混合所有制经济的作用：一是为促进国民经济快速增长找到了有效的途径；二是为实现政企分开创造了产权条件；三是为资金大规模聚合运作及生产要素最优配置，拓展了广阔的空间；四是为企业加快做大做强提供了有效措施和渠道。

二、使市场在资源配置中起决定作用和更好发挥政府作用

全面深化经济体制改革，核心问题是处理好政府和市场的关系，使市场在资源配置中起决定性作用和更好发挥政府作用。

使市场在资源配置中起决定性作用。由市场决定价格是市场经济的基本要求和市场配置资源的基本途径。以完善产权制度和要素市场化配置为重点，实现产权有效激励、要素自由流动、价格反应灵活、竞争公平有序、企业优胜劣汰。深化资源性产品、垄断行业等领域要素价格形成机制改革，破除各种形式的行政垄断，根据水、石油、天然气、电力、交通、电信等不同行业的特点实行网运分开和公共资源市场化配置，放开竞争性业务和竞争性环节价格，真实反映市场供求关系、资源稀缺程度和环境损害成本。加快完善公平竞争的市场环境，实现统一开放、有序竞争。全面实施市场准入负面清单制度和公平竞争审查制度，清理废除妨碍统一市场和公平竞争的各种规定和做法，最大限度减少政府对企业经营的干预。

更好发挥政府作用。政府不是市场的对立物，而是市场经济稳定运行和健康发展的必要条件。一是政府职能细化。政府的职责和作用主要是保持宏观经济稳定，加强和优化公共服务，保障公平竞争，加强市场监管，维护市场秩序，推动可持续发展，促进共同富裕，弥补市场失灵。二是政府宏观调控要求机制化。宏观调控的主要任务是保持经济总量平衡，促进重大经济结构协调和生产力布局优化，减缓经济周期波动影响，防范区域性、系统性风险，稳定市场预期，实现经济持续健康发展。同时要求健全宏观调控体系，推进宏观调控目标制定和政策手段运用机制化。这既限制了政府宏观调控范

围，防止政府以宏观调控为名干预微观经济运行，也明确了调控手段和方式，用更具体的任务防止调控扩大化，用机制化防止调控随意化。三是政府定价范围受限。政府定价范围主要限定在重要公用事业、公益性服务、网络型自然垄断环节，提高透明度，接受社会监督。

政府与市场之间不是此消彼长而是共生互补的关系。现代市场经济中，不可能没有政府的作用。问题的关键是，政府发挥什么样的作用，以及如何发挥作用。有效的市场从一开始就离不开政府，从产权的界定和保护、公平竞争的市场秩序的维护，提供各种公共服务、缩小收入和发展差距、保护生态环境，到宏观调控和中长期发展规划等。更好发挥政府作用必须全面正确履行政府职能，进一步简政放权，凡是市场机制可以有效调节的事项以及社会组织可以替代的事项，凡是公民法人在法律范围内能够自主决定的事项，原则上都不应设立行政许可。

三、推动收入分配体制改革，建立合理有序的收入分配格局

党的十八大以来，我国持续深化收入分配改革，收入分配差距逐步缩小。党的十九大报告指出，坚持按劳分配原则，完善按要素分配的体制机制，促进收入分配更合理、更有序。鼓励勤劳守法致富，扩大中等收入群体，增加低收入者收入，调节过高收入，取缔非法收入。坚持在经济增长的同时实现居民收入同步增长、在劳动生产率提高的同时实现劳动报酬同步提高。拓宽居民劳动收入和财产性收入渠道。履行好政府再分配调节职能，加快推进基本公共服务均等化，缩小收入分配差距。

完善按要素分配的体制机制。贯彻落实以增加知识价值为导向的分配政策，让各类专业技术人员、技能工人、经营管理人才等在做出更大贡献的基础上获得相匹配的报酬。同时，要继续千方百计增加农民的收入。让科学技术、资金等在收入分配中得到更充分的体现，将激发全社会创新创业的热情。

扩大中等收入群体。中等收入群体被称作社会的"稳定器"、分配的"晴雨表"。中等收入群体的比例越大，社会的稳定性就越强，收入分配的公平性也越高，产生矛盾的概率就越小。中等收入群体持续扩大，可以释放消费潜力、扩大内需，拉升消费质量，促进经济发展质量的提高，倒逼供给体系加快改革，形成经济增长与居民增收互促共进的良性循环。

坚持在经济增长的同时实现居民收入同步增长、在劳动生产率提高的同时实现劳动报酬同步提高。"两个同步"增长，其目的就是要把经济发展水平的提高和个体收入水平有机结合起来，让劳动生产率的提高能有效造福劳动者。

拓宽居民劳动收入和财产性收入渠道。居民劳动收入，主体是工资性收入。拓宽劳动收入渠道，主要是考虑到当前新型劳动就业模式、新业态迅速发展，为增加劳动收入创造了更多新的空间。今后，应大力支持新业态的发展，为劳动者增加收入提供更多可能。财产性收入包括股票、债券、理财、房屋租赁、技术转让等收入。财产性收入的占比，是衡量一国富裕程度的重要指标。要进一步健全资本、知识、技术、管理等由要素市场决定的报酬机制。扩展投资和租赁服务等途径，优化上市公司投资者回报机制，保护投资者尤其是中小投资者合法权益。拓宽财产性收入渠道，要依法加强对公民财产权的保护，更加重视规范金融、资本市场秩序和完善相关制度建设，拓展金融产品投资、实业投资及租赁服务等增收空间。

履行好政府调节职能。注重解决初次分配中的劳资矛盾，完善政府、工会、企业共同参与的协商协调机制，构建和谐劳动关系；在再分配中加快推进基本公共服务均等化，缩小收入分配差距。着力强化三方面工作。其一，加大财税调节力度，发挥个人所得税等税收和财政转移支付等政策在缩小收入分配差距方面的作用；其二，健全社会保险安全网，随着经济发展逐步提高社保待遇水平，消除劳动者和居民的养老、医疗、失业等后顾之忧并共享经济社会发展成果；其三，完善政策体系，发展社会福利、社会救济、优抚安置、社会互助等各项事业，发挥好"兜底线"的作用。

2017年深化收入分配制度改革重点工作安排中明确了四个方面工作。一是完善初次分配制度。重点是组织开展城乡居民增收综合配套政策试点，完善技术工人激励政策，实行以增加知识价值为导向的分配政策，完善机关事业单位工作人员激励制度，深化国有企业薪酬制度和混合所有制改革，增加农民收入，加大财产性收入开源清障力度。二是加大再分配调节力度。重点是推进所得税制改革，完善社会保险制度，增强兜底保障能力，做好扶贫攻坚工作。三是营造良好环境和氛围。重点是强化教育机会公平，保障就业机会公平，抑制投机稳定预期。四是夯实收入分配制度改革基础。重点是充分发挥深化收入分配制度改革部际联席会议的统筹协调作用，完善收入分配统计与核算，做好支付结算管理工作，建立收入分配政策评估体系以及研究制定个人收入和财产信息系统建设总体方案。

第三节　中国特色社会主义经济发展的现实问题

改革开放以来，我国经济建设取得了举世瞩目的辉煌成就，但发展中还存在许多矛盾和问题，面临不少困难和挑战。如何正确认识这些矛盾和问题并采取积极有效的措施，直接关系到我国社社会主义现代化建设目标的实现。

一、实体经济发展方式问题

(一)实体经济发展面临的问题

实体经济始终是人类社会赖以生存和发展的基础。我国的经济发展取得了辉煌的成就，说明实体经济作出了突出的贡献，为发展创造了很好的基础和条件。近年来，我国实体经济面临很多压力，也遇到了很多困难。

1. 供给质量体系相对低端

"中国制造"尽管物美价廉，遍布全球。但从设计、原材料、制造工艺、制造设备、环境、劳动者素质等方面还存在着一定的不足，部分企业缺乏市场观念和诚信意识。服务体系缺失或者发育不全。不少地区商贸服务的网点还没有覆盖，缺少产品售后服务、维护检修，问题产品也没有召回赔偿机制。标准规范落后，不能反映当今科技进步的水平。有的产品根本没有标准，甚至是半标准生产，所谓"三无"产品，没有产地、没有标准、没有商标。这样的产品用于消费就会引发质量问题，危害消费者的健康甚至生命，用作生产资料就埋下了隐患，引发安全生产事故。

2. 总体产能过剩

产能是现有生产能力、在建生产能力和拟建生产能力的总和，生产能力的总和大于消费能力的总和，即可称为产能过剩。我国供给体系产能虽然十分强大，但大多数只能满足中低端、低质量、低价格的需求。2016年发生在重点产能过剩的8个领域，包括钢铁、水泥、电解铝、纺织、电力、煤化工、汽车、船舶。中国汽车总产能目前比实际销量高出一倍，利用率只有50%。

我国的产能过剩也出现在光伏、新能源车和工业机器人等领域。2017年全国有20多个省市把机器人作为重点产业来培育，全国已建成和在建的机器人园区有40多个。初步统计，我国涉足机器人的企业已有800多家，其中超过200家是机器人本土制造企业，大部分从事的是组装和代加工，企业规模小、产业集中度低。电动车领域，目前全国电动车生产企业达到100多家。为了推动新能源汽车产业的发展，中央政府推出新能源补贴机制，地方政府更是推出其他优惠措施。国内当前的新能源汽车市场主要是由政策驱动带来的结果，除了整车，铅酸电池、塑件、控制器、充电器和车架等主要零部件也是产能过剩的。

从传统的钢铁、水泥等行业，到光伏、机器人电动车等代表未来新兴产业发展方向的高科技产业，中国的产能过剩是普遍的、全方位的。

3. 核心竞争力不强

从全球产业链角度看，近年来，在产业链前端的产品研发、工业设计、高端研发装备、高端生产装备、新材料、核心关键零部件、工业自动化软件等领域，我国的手机芯片、高性能计算、高端显示等虽已取得了突破，但从整体看与世界先进水平的差距还很大，我国每年进口芯片花的美元超过了石油。我国在核心技术、关键技术上对外依存度高达50%，高端产品开发70%技术要靠外援技术，重要的零部件80%需要进口，一些关键的芯片甚至是100%进口。

我国制造业整体自主研发设计能力薄弱，先进制造技术的研究和应用水平低，几乎所有工业行业的关键核心技术都掌握在国外厂商手中，依赖于发达国家的跨国公司提供的关键技术，受制于人。比如，中国的制药工业有90%以上的产品几乎完全依靠仿制国外产品；我国汽车产销稳居全球产销第一，但是，仍然需要用高价从国外购买发动机等关键部件的核心技术和专利；中国现在已经是全球最大的空调生产国，压缩机和制冷剂等核心技术掌握在国外发达国家手中；IT产业的产量虽然处在全球前列，可是芯片技术、操作系统等也依赖于国外。

(二)发展实体经济的有效措施

党的十九大报告指出："建设现代化经济体系，必须把发展经济的着力点放在实体经济上，把提高供给体系质量作为主攻方向，显著增强我国经济质量优势。"①

1. 加快转型升级，提高供给体系质量

提高供给体系质量，是一个系统工程。总体上来说，从企业角度来看，必须转变观念，适应新时代消费需求的新变化，与时俱进地创新技术与商业模式，从而提供更高质量的产品和服务；从政府角度来看，要与时俱进地提高对行业企业的生产和管理标准，尤其是质量标准、技术标准，同时加强质量监管。通过加强标准制定和监管，防止"劣币驱逐良币"的现象发生，保持市场公平竞争。加强品牌建设。品牌也是产品供给质量很重要的组成部分。

推动深度融合促进产业优化升级。实体企业引入互联网、大数据、人工智能等新技术进行生产流程、管理模式和商业模式再造，与互联网、大数据技术融合，企业提升生产的质量和效率，智能化生产制造和服务很大程度上能够满足消费者对产品和服务差异化的需求。

2. 化解过剩产能

坚持执行更加严格的环保、能耗、技术、质量和安全等法规和标准，更多运用市场机制化解过剩产能去产能是供给侧结构性改革五大任务之首。

把好投资审批关。对于钢铁、煤炭等绝对过剩行业，要坚决把住源头，严格执行规划，坚决淘汰落后，提高门槛，用差别水价电价、提高环保标准倒逼其退出市场。对于玻璃、造船等结构性过剩行业，要通过技术创新加快产品结构升级，集中力量研发高端产品。停止审批新增产能和禁止"未批先建"。加快修订过剩产能行业的环保、节能标准。

减少过剩产能处置中非市场因素影响。依法清理"僵尸企业"，充分发挥企业清算程序和破产程序在淘汰落后企业和落后产能方面的法律功能，依法审理破产清算案件，引导和督促市场主体有序退出。

规范政府行为。取消政府对市场的不当干预和各种形式的保护，特别是坚决取消各地政府对产能过剩企业在土地使用、银行资金使用等方面的隐形补贴和优惠，推动各类企业公平参与市场竞争；强化依照法律解决兼并重组、

---

① 习近平：《决胜全面建成小康社会　夺取新时代中国特色社会主义伟大胜利》，30页，北京，人民出版社，2017。

产能退出的资产债务处置和职工安置等工作。

3. 以创新引领实体经济转型升级

实体经济从来都是我国发展的根基，当务之急是加快转型升级。中国发展先进制造业关键是掌握核心技术。

要深入实施创新驱动发展战略，推动实体经济优化结构，不断提高质量、效益和竞争力。

加快培育壮大新兴产业。全面实施战略性新兴产业发展规划，加快新材料、人工智能、集成电路、生物制药、第五代移动通信等技术研发和转化，做大做强产业集群。支持和引导分享经济发展，提高社会资源利用效率，便利人民群众生活。推动"互联网＋"深入发展、促进数字经济加快成长，让企业广泛受益、群众普遍受惠。

大力改造提升传统产业。加快大数据、云计算、物联网应用，以新技术新业态新模式，推动传统产业生产、管理和营销模式变革。用物联网服务互联网，把制造业的物理生命单元联系起来，然后与传感器、终端系统、智能控制系统、通信设施结合起来，从而实现制造者、机器、物料、环境以及用户的紧密联系。把发展智能制造作为主攻方向，推进国家智能制造示范区、制造业创新中心建设，深入实施工业强基、重大装备专项工程，大力发展先进制造业，推动中国制造向中高端迈进。

持续推进大众创业、万众创新。"双创"是以创业创新带动就业的有效方式，是推动新旧动能转换和经济结构升级的重要力量，是促进机会公平和社会纵向流动的现实渠道。

全面提升质量水平。广泛开展质量提升行动，加强全面质量管理，健全优胜劣汰质量竞争机制。要大力弘扬工匠精神，厚植工匠文化，恪尽职业操守，崇尚精益求精，培育众多"中国工匠"，打造更多享誉世界的"中国品牌"，推动中国经济发展进入质量时代。

当前发展实体经济，就是要做好"加减乘除"。做"加法"，需要补齐短板，扩大有效供给，提高生产力。做"减法"则要进一步简政放权，降低企业成本，给企业松绑、减负。做"乘法"需要创新发展理念，挖掘经济发展新动力，培育经济增长的"乘数因子"。做"除法"则要有效化解过剩产能，清除经济发展路上的"拦路虎"。

二、经济发展不平衡不充分问题

习近平同志在党的十九大报告明确指出："中国特色社会主义进入新时代，我国社会主要矛盾已经转化为人民日益增长的美好生活需要和不平衡不充分的发展之间的矛盾。"①发展不平衡不充分是满足人民美好生活需要的主要制约因素。

(一)经济发展不平衡不充分的主要表现

1. 经济发展不平衡的主要表现

经济发展不平衡问题是指我国经济发展过程中的各种不平衡问题，主要体现在城乡发展不平衡、区域发展不平衡、产业发展不平衡等方面。

城乡发展不平衡。虽然我国城镇化水平逐年提高，城乡一体化发展全面推进，但是城乡经济发展差距仍然较大，主要表现为城乡之间的基础设施发展不平衡，医疗卫生、教育服务等社会服务和福利的不平衡，城市之间政府公共投入的不平衡，城乡之间居民收入不平衡等。

区域发展不平衡。随着各项区域发展战略的实施，我国区域发展差距有所缩小，但区域发展差距依然较大。东部地区凭借政策优势率先开放发展，中、西部发展相对滞后，东北衰退。尽管陆续实施西部大开发战略、东北地区老工业基地振兴战略、中部崛起战略，但没有根本改变东部与其他地区之间的差距，欠发达地区与发达地区在经济总量指标和人均指标上均存在差距。

产业发展不平衡。一是金融发展过快，没有反哺实体经济，反倒是拥堵在市场中，形成了巨大的金融风险；二是产业结构不合理，高耗能高污染企业结构体量过大，高科技企业体量和发展速度远远没有跟上。

收入分配结构不平衡、不合理问题。劳动报酬在初次分配中的比重仍需提高，初次分配中的不合理不合法现象亟待规范；城乡、地区、行业之间收入差距较大等问题仍然存在，公平、合理的收入分配格局亟待健全；低收入群体长期存在，中等收入群体仍需扩大，脱贫攻坚任务艰巨，跨越"中等收入陷阱"任重道远。

---

① 习近平：《决胜全面建成小康社会　夺取新时代中国特色社会主义伟大胜利》，11页，北京，人民出版社，2017。

2. 经济发展不充分的主要表现

经济发展不充分是指我国经济社会发展过程中亟待解决的问题，主要体现在社会生产力发展不充分、创新能力发展不充分、市场化改革不充分、开放不充分、民生领域发展不充分等。

社会生产力发展不充分，仍无法满足人民日益增长的美好生活需求。中国的劳动生产率逐步提高，已经由绝对落后水平转变为相对落后水平，社会生产能力在很多方面都进入了世界前列。社会生产力的发展使人民生活水平有了很大的提高，但仍不能满足人民对不同产品结构和质量的需求，不能满足人民对各种服务的需求，也不能满足人民对社会公平、民主法治和生态环境等方面的需求。

创新不充分。中国制造业整体的优势仍以数量和成本为主，中国制造业的整体素质、产品质量和技术水平，与发达经济体相比还有一定差距，在高端和先进制造业上的研发能力、生产效率、品牌建设等方面仍需拼搏追赶。目前我国自主创新能力整体上还不强，原创成果还比较缺乏，尤其是核心技术、关键共性技术和前沿引领技术创新不足，对国外先进技术的依赖较大；创新成果转化应用和产业化发展水平还不高，科学技术加快转化为现实生产的能力不强，在产业发展中的应用程度不高，产学研用融合发展还不充分；创新政策体系还不完善，企业等创新主体动力不足，充分调动各类主体积极性的技术创新体系亟待建立。

市场化改革不充分。在社会主义市场经济体制建立与发展过程中，劳动力、土地、技术和资本等生产要素市场体系还不完善，市场秩序还需规范，公平竞争的市场环境还需营造；产权制度还需完善，国有企业改革还需进一步推进，民营企业发展环境还需改善，市场主体活力还需充分激发；政府宏观调控能力还需提高，职能缺位和越位等问题仍然存在，宏观政策还需进一步优化。

开放不充分。开放是提升国际影响力和竞争力的必然选择。在全球治理体系和贸易规则面临调整的重要时期，发达国家仍然掌握过大的话语权和控制权，我国参与国际规则、标准制定和修改的能力还不强，引进来和走出去所面临的外部风险和经济安全压力还很大；我国劳动力成本较低的比较优势正在下降，参与全球价值链分工和抢占全球产业发展制高点的能力亟待提高；

我国市场准人的限制还比较多，服务业开放发展的程度还比较低，仍存在进一步开放的空间。

民生领域发展不充分。生态环境保护任重道远；民生领域还有不少短板，群众在就业、教育、医疗、居住、养老等方面面临不少难题。脱贫攻坚任务艰巨，城乡区域发展和收入分配差距依然较大。

(二)解决不平衡不充分问题的基本思路

造成发展不平衡不充分问题的原因，既有发展的要素、禀赋不同的自然因素，也有经济发展惯性所致，还有发展政策与发展战略的制度与政策原因。为破解发展不平衡不充分难题，基本思路如下：

1. 发展是解决我国一切问题的基础和关键

必须坚定不移贯彻创新、协调、绿色、开放、共享的新发展理念。坚持解放和发展各种生产力，包括发展经济生产力满足人民的经济需求；发展社会生产力满足人民的民生需求；发展文化生产力满足人民的文化需求；发展生态生产力满足人民的生态需求。激发全社会创造力和发展活力，努力实现更高质量、更有效率、更加公平、更可持续的发展。

2. 创新是引领发展的第一动力

必须把创新摆在国家发展全局的核心位置，不断推进理论创新、制度创新、科技创新、文化创新、管理创新、商业模式创新、业态创新等各方面创新，让创新贯穿党和国家一切工作，让创新在全社会蔚然成风。抓创新就是抓发展，谋创新就是谋未来。要用创新的手段解决发展过程中出现的各种不平衡不充分问题。当前我国正处在转变发展方式、优化经济结构、转换增长动力的攻关期。跨越关口，实现我国发展的战略目标，必须依靠创新发展，加快构建科技含量高、资源消耗低、环境污染少的现代产业体系，加强产业链与创新链有机融合，培育新的增长动力和竞争优势，加快形成以创新为主要引领和支撑的经济体系和发展模式。

3. 着力增强发展的整体性协调性

我国正处于由中等收入国家向高收入国家迈进的阶段，这个阶段是各种矛盾集中爆发的时期，发展不协调、存在诸多短板也是难免的。解决好发展不平衡不充分问题，各级领导干部要努力成为善于"弹钢琴"者，正确处理好局部和全局、当前和长远、重点和非重点的关系，着力推动区域协调发展、城乡协调发展、物质文明和精神文明协调发展。要在增强国家硬实力的同时注重提升国家软实力，不断增强发展整体性、协调性和可持续性，努力在加强薄弱领域中增强发展后劲，尽快形成协调发展、平衡发展的新格局。

4. 把增进民生福祉作为发展的根本目的

坚持以人民为中心的发展思想，体现的是逐步实现共同富裕的要求。牢固树立和贯彻共享发展理念，要切实把人民对美好生活的向往作为奋斗目标，坚持人民主体地位，紧紧依靠人民推动发展。切实保障人民在经济、政治、文化、社会、生态等各方面的合法权益，不断增强获得感。既要把"蛋糕"做大，还要把做大的"蛋糕"分好。

发展的不平衡不充分问题具有逻辑必然性。发展的不平衡问题是绝对的，平衡是相对的。解决发展的不平衡问题并不是搞平均主义，而是解决严重的不平衡即不协调和失衡问题。发展的不充分问题是长期存在的，不充分是绝对的，充分只是相对的。相对于一定历史阶段和人民的需要而言，可以通过充分发展来解决发展和需要之间的矛盾，但相对于更高的历史阶段和人民更高更丰富的需要，发展的不充分问题又会凸显和呈现出来。实践发展永无止境，矛盾运动永无止境，旧的问题解决了，又会产生新的问题。人类认识世界、改造世界的过程，就是一个发现问题、解决问题的过程。

三、政府与市场关系问题

政府与市场的关系是指在资源配置中政府与市场谁起决定性作用的问题。中国改革开放的历程，实际上始终是围绕着处理好政府与市场的关系这个核心问题展开的。

政府与市场关系是当代各国经济发展中的一个十分重要的问题。在一些国家或者一个国家的某个阶段，政府是推动经济增长的关键因素，然而在另一些国家或某个国家的另一个阶段，政府又成为了导致经济人为衰退的重要根源。作为资源配置的两种制度安排，政府与市场的关系问题一直是经济理论关注的焦点问题。

(一)政府与市场关系存在的主要问题

1. 政府职能存在越位缺位

所谓越位，是指政府承担了许多本不该由政府承担的功能，即政府干了不该干的，管了不该管的。表现在直接干预市场主体的决策权，剥夺市场主体的财产权，限制市场主体的权利范围。政府对于市场主体过多干涉，限制了民间投资的活力和空间。如政府手中拥有极大的审批权力，在缺乏足够的监督时，会在一定程度上替代市场机制的功能，阻碍市场机制作用的正常发挥，造成社会资源配置的低效率和严重浪费，还容易产生权力寻租及腐败。

改革开放以来，市场扮演越来越重要的角色，但经济发展的背后，依然有一个"全能型家长"的影子。尤其是基层政府，几乎主导经济增长，扮演着决策者、投资者、招商者、管理者、监督者等多重角色。

所谓缺位，是指政府往往在一些本该由政府承担责任的领域，完全不见踪影。如在保障民生等基本公共服务、监管违法行为、环境保护等方面，政府没有充分的尽职尽责。政府在这些领域和环节上的缺位，会造成市场与政府之间的"真空地带"，由此产生大量的危害社会经济的问题。

"种了别人的田，荒了自己的园"和"有利可图抢着做、无利可图踢皮球"的现象时有存在，政府这只"看得见的手"变成"闲不住的手"，取代了市场这只"看不见的手"，压抑了人们的创业热情，干扰了正常的市场配置机制，阻滞了市场和社会的创造力，成为我国经济社会转型发展的体制机制障碍。

2. 市场体制存在的缺陷

因为政府在资源配置中仍然起主导作用或决定作用，现有的市场体制仍存在缺陷：第一，市场缺乏统一性。因为条块分割，有行业和地区保护，现有市场不是一体化而是碎片化的。第二，对不同市场主体存在歧视性待遇。市场不是对所有市场主体开放，市场主体分成三六九等，国有企业与民营企业，大企业小企业待遇不同。第三，市场的竞争性不足。因为各种行政规定、行政垄断和地区保护，市场不能通过竞争反映稀缺程度、供求价格，从而不能有效配置资源。第四，市场存在无序性。有各种行政规定和批示主导市场行为，使得各种不公正竞争手段流行，恶性竞争泛滥。第五，市场发育不平衡。商品市场发育较好，资本市场等要素市场发育不良。因为要素市场发育不良，直接影响资源配置效率。

(二)处理政府和市场的关系的基本思路

市场经济是法制经济，法制是社会主义市场经济的内在要求。现代市场经济中，不可能没有政府的作用，问题的关键是，如何处理好政府和市场的关系，使市场在资源配置中起决定性作用和更好发挥政府作用。

市场经济首先需要借助政府的权威力量界定和保护产权，建立并维护公平竞争的市场秩序，扩展市场体系，履行市场合约，反对垄断和其他不正当竞争行为。没有这些条件，市场不可能正常运转。从提供各种公共服务、缩小收入和发展差距、保护生态环境，到宏观调控和中长期发展规划，政府职能可以列出相当长的清单。不论这个清单的内容如何变化，其立足点都应是维护和促进市场更好地发挥作用。如果偏离这个方向，政府这只手伸得过长，越位、错位很多，试图替代市场的作用，甚至搞大一统的集中计划体制，表面看起来政府很强，但市场必定受到严重伤害。所以，问题不在于政府是否强势，而在于是否强而有道。弱政府难以支撑强市场；强而无道的政府，也不可能支撑起强的、好的市场。一个强的、好的市场经济的背后，一定有一个强的、好的政府。有效政府加有效市场，理应成为我们追求的目标。

有效的政府，同时受监督；有效的权力，同时受制衡；把权力关进笼子，要有规矩，要有法制。我们必须探索找到一个"既发挥政府的作用，同时又让这个权力不出这个轨道"的边界。凡属市场能解决的，政府要简政放权、松绑支持，不要干预；凡属市场不能有效解决的，政府应当主动补位，该管的要坚决管、管到位、管出水平，避免出问题。三张清单就是一次尝试。

三张清单不仅指出了核心问题是处理好政府和市场的关系，更回答了如何处理好这种关系，具体明确了能够抓在手中的具体办法，也就是把这三张清单列清楚、理顺畅、落下去。

三张清单：拿出"权力清单"，明确政府该做什么，做到"法无授权不可为"；给出"负面清单"，明确企业不该做什么，做到"法无禁止即可为"；理出"责任清单"，明确政府该怎么管市场，做到"法定责任必须为"。"三张清单"三位一体，具有清晰的改革逻辑，可以说是经济体制改革的"路线图"。"负面清单"从经济改革切入，瞄准政府与市场关系，打破许可制，扩大了企业创新空间。"权力清单"和"责任清单"从行政体制改革切入，瞄准规范政府权力，做出明细界定，是自上而下的削权。

三张清单，首先在于法制环境。无论是"权力清单"的"法无授权不可为"，还是"负面清单"的"法无禁止即可为"，抑或是"责任清单"的"法定责任必须为"，都可以清楚地看出是围绕"法"来具体操作的。因此，处理好政府与市场的关系，把三张清单落到实处，首要任务是以法定责任治理权力缺位，以法治精神处理政府和市场的关系。

第四节　推动经济持续健康发展

实现高质量发展是保持经济社会持续健康发展的必然要求。摆脱围绕速度判断经济发展的范畴，从发展的本质出发，引导政策重心转向追求质量和效益，推动经济实现质量变革、效率变革和动力变革，实现"两个一百年"奋斗目标、实现中华民族伟大复兴的中国梦，不断提高人民生活水平，必须坚定不移把发展作为党执政兴国的第一要务，坚持解放和发展社会生产力，坚持社会主义市场经济改革方向，推动经济持续健康发展。

一、深化供给侧结构性改革

供给侧结构性改革是实现高质量发展的根本性措施。供给侧结构性改革，即从提高供给质量出发，用改革的办法推进结构调整，矫正要素配置扭曲，扩大有效供给，提高供给结构对需求变化的适应性和灵活性，提高全要素生产率，更好满足广大人民群众的需要，促进经济社会持续健康发展。供给侧结构性改革的根本目的是提高社会生产力水平，落实好以人民为中心的发展思想。要在适度扩大总需求的同时，去产能、去库存、去杠杆、降成本、补短板，从生产领域加强优质供给，减少无效供给。

深化供给侧结构性改革，必须把发展经济的着力点放在实体经济上，把提高供给体系质量作为主攻方向，显著增强我国经济质量优势。普遍的供给约束、供给抑制和供给结构老化是中国经济当前的主要矛盾，抓住了这个主要矛盾，就可以恢复中国经济增长的新动力，开启中国经济增长的新周期。加强供给侧结构性改革，要求我们继续降低融资成本，加大减税力度，取消更多行政管制，放松供给约束。

加快建设制造强国。智能制造是我国制造业紧跟世界发展趋势，增强发展优势的关键所在。大力发展智能制造，是加快制造强国建设步伐，加速推动经济发展由数量和规模扩张向质量和效益提升转变的重要途径。工业互联网作为新一代网络信息技术与现代工业融合发展催生的新事物，是实现生产制造领域全要素、全产业链、全价值链连接的关键支撑，是工业经济数字化、网络化、智能化的重要基础设施，是互联网从消费领域向生产领域、从虚拟经济向实体经济拓展的核心载体。工业互联网作为新一代信息技术与制造业深度融合的新兴产物，正在成为新工业革命的关键支撑和深化"互联网＋先进制造业"的重要基石，对未来工业经济发展将产生全方位、深层次、革命性的影响。加快发展工业互联网，促进新一代信息技术与制造业深度融合，是顺应技术、产业变革趋势，加快制造强国、网络强国建设的客观要求，也是深化供给侧结构性改革、促进实体经济转型升级、建设现代化经济体系的重要举措。加快发展先进制造业，推动互联网、大数据、人工智能和实体经济的深度融合，培育新增长点，形成新动能。

支持传统产业优化升级。通过提高产业集群发展水平，加快构筑产业链垂直分工协作体系，实现传统产业由块状经济向现代产业集群转型升级。通过技术改造、技术创新、信息化融合，推动传统产业由成本优势和比较优势向技术优势和创新优势转型升级。通过节能降耗、发展循环经济、淘汰落后产能，推动传统产业由资源消耗型向生态环保型转型升级。通过开拓国内市场，扩大产品内销比例，推动传统产业由出口主导向内需和出口并重转型升级。通过品牌建设、工业设计、营销模式创新，提升产业价值，推动传统产业由加工制造向设计创造升级，由单纯制造向研发、生产、营销服务复合发展转型升级。

激发和保护企业家精神。市场活力来自于人，特别是来自于企业家，来自于企业家精神。激发市场活力，就是要把该放的权放到位，该营造的环境营造好，该制定的规则制定好，让企业家有用武之地。激发和保护企业家精神，使企业家安心经营、放心投资。建设知识型、技能型、创新型劳动者大军，弘扬劳模精神和工匠精神，营造劳动光荣的社会风尚和精益求精的的敬业风气。

二、实施创新驱动发展战略

创新驱动发展战略是落实创新发展理念的具体行动，是一个立足全局、面向全球、聚焦关键、带动整体的国家战略，这是党中央在我国发展关键时期作出的重大决策，契合我国发展的历史逻辑和现实逻辑。创新是引领发展的第一动力，是建设现代化经济体系的战略支撑。加快建设创新型国家，最迫切的是要进一步强化科技创新、依靠科技创新解决经济发展中遇到的诸多问题。

加强应用基础研究。拓展实施国家重大科技项目，突出关键共性技术、前沿引领技术、现代工程技术、颠覆性技术创新。过去我国追踪、模仿式的研究多，有核心竞争力的技术成果少，而要成为科技强国，就需要有标志性的突破，引领全球的技术创新。新的科技革命和产业变革，往往源于前沿、颠覆性技术的突破。当前世界科技正处于革命性变革的前夜，加强对科技与产业前沿的研究，对未来在科技经济竞争中占据主动至关重要。应用基础研究是面向国家战略需求、产业重大应用场景的基础研究，是技术创新之源、产业发展之本。加强基础研究，增加重大引领性原创成果的产出，一是要对基础研究保持持续稳定的投入；二是要继续深化科技体制改革；三是要重视对基础研究人才的培养。

加强国家创新体系建设，强化战略科技力量。国家创新体系是决定国家发展水平的基础，战略科技力量是国家科技创新体系的中坚力量，国家竞争很大程度上是科技创新能力体系的比拼。发展壮大国家战略科技力量，核心是国家战略科技力量的布局和载体建设。国家战略科技力量布局必须聚焦空天海洋、能源资源、信息安全、交通运输等国家战略重点领域，能够有效支撑科技强国、质量强国、航天强国、网络强国、交通强国、制造强国建设，有效保障国家安全和可持续发展。国家战略科技力量的载体是国家实验室和世界一流科研机构，包括依托国家实验室和世界一流科研机构建设的重大科技基础设施条件平台、综合科学中心和集中国家科研优势力量协同攻关的综合集成科研平台。

深化科技体制改革，建立以企业为主体、市场为导向、产学研深度融合的技术创新体系，加强对中小企业创新的支持，促进科技成果转化。将国家的战略需求、人民的美好生活需要和创新发展的突出问题持续转化为科技创新任务，将科技创新成果持续转化为经济社会发展的驱动力，实现科研与经济社会发展无缝对接。建设创新型国家，企业的创新能力最为关键。一个国家能否在国际市场上创造财富、形成更有竞争力的产品和服务，主要是靠企业来实现的。作为市场的主体，企业天然也有创新的本能。要让市场真正成为配置创新资源的力量，让企业真正成为技术创新的主体，不能政府指挥企业创新，要让市场来引导、竞争来倒逼企业创新。

倡导创新文化，强化知识产权创造、保护、运用。创新驱动发展是时代大潮流、世界大趋势、本土大战略。创新文化是指与创新活动相关的文化形态，是社会共有的关于创新的价值观念和制度设计。它反映了社会对创新的态度，这种态度体现为一种价值取向，映现了社会是否对新思想、新变革容许、欢迎乃至积极鼓励。激发创造力是创新文化建设的目的。就科技创新而言，创新文化是影响创造性科研活动最深刻的因素，是科学家创造力最持久的内在源泉。鼓励创新的价值观念是创新文化的核心，而相应的制度设计是创新得以广泛开展和持续进行的保证。知识产权是创新发展的战略配置、制度支撑和法律保障。系统谋划知识产权的创造、保护、运用各项工作，努力推动实现根本性转变。一要推动前沿科技领域创新，深入实施专利质量提升工程，努力推动知识产权创造由多向优、由大到强转变。二要统筹推进知识产权严保护、大保护、快保护、同保护各项工作，构建依法严格保护知识产权的良好环境，推动知识产权保护从不断加强向全面从严转变。三要从深化知识产权权益分配改革、建立健全知识产权运营平台体系等方面着手，努力推动知识产权转化运用从单一效益向综合效益转变，助推实体经济发展，提高产品供给水平，满足人民日益增长的美好生活需要。

三、实施乡村振兴战略

农业农村农民问题始终是关系到国计民生的根本性问题。中国要强，农业必须强；中国要美，农村必须美；中国要富，农民必须富。当前我国最大的发展不平衡是城乡发展不平衡，最大的发展不充分是农村发展不充分。按照"产业兴旺、生态宜居、乡风文明、治理有效、生活富裕"的总要求，建立健全城乡融合发展体制机制和政策体系，实施乡村振兴战略，这是解决好中国特色社会主义新时代"三农"问题的重大战略，也是解决新时代社会主要矛盾的重大战略举措。

构建现代农业三大体系。产业体系、生产体系、经营体系是现代农业的"三大支柱"。产业体系是指结构问题和资源的有效利用问题。构建现代农业产业体系，从农业产业体系整体谋划，着眼推进产业链、价值链建设，推动一二三产业融合发展，实现一产强、二产优、三产活，提高农业产业的综合效益和整体竞争力，让农民分享农业产业链条各环节的利益。生产体系是指运用什么样的手段去从事生产。构建现代农业生产体系，就是用现代物质装备武装农业，用现代科学技术服务农业，用现代生产方式改造农业，提升农业科技和装备应用水平，大力推进农业科技创新和成果应用，大力推进农业生产经营机械化和信息化，增强农业综合生产能力和抗风险能力。构建现代农业经营体系，就是让资源、资金、技术、劳动力等要素被优化利用。大力发展多种形式的规模适度经营，积极培育新型农业经营主体，引导和支持种养大户、家庭农场、农民合作社、龙头企业等发展壮大，并使其逐步成为发展现代农业的主导力量。

发展多种形式适度规模经营。培育新型农业经营主体，健全农业社会化服务体系，实现小农户和现代农业发展有机衔接。加快发展多种形式适度规模经营，一是完善承包地"三权"分置制度，保持土地承包关系稳定并长久不变；二是抓紧抓实承包地确权登记颁证工作；三是加快构建培育新型经营主体政策体系；四是健全土地流转规范管理制度；五是大力发展农业生产托管服务。大力培育家庭农场、农民合作社、农业产业化企业等各类新型经营主体，完善土地流转管理服务机制，健全农业社会化服务体系，通过土地流转、生产托管等多种方式，加快发展土地流转型、服务带动型等多种形式规模经营，着力带动小农户走上现代农业发展轨道，为推进农业农村现代化、实现乡村振兴提供有力支撑。

完善农业支持保护制度。国家在财税、信贷保险、用地用电、项目支持等方面，都有向新型经营主体、农业适度规模经营倾斜的相关政策。进行农产品定价机制和收售价格制度改革，既要让市场发挥作用，又不能亏待农民。完善各种大宗农产品的定价机制、补贴政策、收储制度。

培养造就一支懂农业、爱农村、爱农民的"三农"工作队伍。推进实施乡村振兴战略，关键在人才。为实现乡村振兴提供强大的政治、组织和人才保障。爱农村、爱农民，才能深深扎根农村，对农民的需要感同身受；懂农业，才能深刻把握当前农业的发展方向，把握农业与其他产业的契合点，在产业融合中将农业的优势资源最充分地发挥出来。乡村振兴战略，实施的主体是农民，受益的主体也是农民。因此，实施乡村振兴战略的一个重要着力点，就是要加快培养和造就一大批符合时代要求的、具有引领和带动作用的农业农村人才，充分发挥好人才在乡村振兴进程中的支撑作用。

四、实施区域协调发展战略

区域协调发展是我国长期以来指导地区经济发展的基本方针，是新时代影响人民日益增长的美好生活需要和不平衡不充分的发展之间矛盾的重要因素，也是 2020 年决胜全面建成小康社会，2035 年基本实现社会主义现代化，本世纪中叶建成富强民主文明和谐美丽的社会主义现代化强国进程中坚持不懈的奋斗任务。实施区域协调发展战略是今后一个时期推进区域发展的行动指南。

实施区域协调发展战略，要加大力度支持革命老区、民族地区、边疆地区、贫困地区的发展。目前弱势地区的发展已经成为影响区域协调发展的关键短板。实施区域协调发展战略，要坚定不移实施精准脱贫，不断增强落后地区的自我发展能力；拓展灵活多样的资金、项目、技术、智力等扶持方式，创新政府部门、企业、社会组织等多元化主体对口帮扶的模式；要加大投资力度，加大财力转移力度，支持老少边穷地区提高基本公共服务能力、改善基础设施条件、加强生态环境建设、培育发展优势特色产业，创造老少边穷地区加快发展的内外条件，促使老少边穷等特殊困难地区经济较快增长。要建立对欠发达地区资源开发和生态破坏的补偿机制。要采取特殊措施，推进新疆等少数民族区域、边疆区域实现跨越式发展，确保边疆巩固、边境安全、长治久安。

实施区域协调发展战略，优化调整东、中、西、东北四大地区发展战略的重点任务。要强化举措推进西部大开发形成新格局，深化改革加快东北等老工业基地振兴，发挥优势推动中部地区崛起，创新引领率先实现东部地区优化发展。这一针对不同板块的区域发展方针，考虑了不同板块的不同发展条件、发展基础和发展潜力，进一步加强分类指导，统筹我国东部、中部、西部、东北四大综合区域的空间竞争与合作，深入推进西部大开发，全面振兴东北地区等老工业基地，大力促进中部地区崛起，积极支持东部地区率先发展，引领各个区域从整体上把握功能定位和发展方向，促进区域优势互补和良性互动，使区域协调发展战略的内容更加具体、更具操作性，推动四大区域空间实现协调发展。

实施区域协调发展战略，强化城市群在推进新型城镇化中的主体地位。要以城市群为主体构建大中小城市和小城镇协调发展的城镇格局，加快农业转移人口市民化。要构建大中小城市和小城镇协调发展的城市群，强化大城市对中小城市的辐射和带动作用，加快城际快速交通体系建设，推动大中小城市和小城镇之间基础设施、生态保护和产业分工等联动协调发展，形成城市群内功能分工清晰、产业定位互补、基础设施互联、人员往来便捷的整体性城市网络。合理控制超大特大城市规模，加快培育新生中小城市，推进特色小镇多样化建设；理性引导城市群的规划和建设。

实施区域协调发展战略，要支持资源型地区经济转型发展。资源型地区经济转型是关系到国计民生、社会稳定与发展的重要问题，推动资源型地区经济转型，以深化供给侧结构性改革为主线，培育壮大接续替代产业，加强生态环境保护和治理，保障和改善民生，建立健全可持续发展长效机制；坚持统筹协调、分类指导，努力化解历史遗留问题；加快资源枯竭型城市转型发展，有序开发综合利用资源，提升城市综合服务功能，促进资源富集地区协调发展，走出一条有中国特色的资源型地区可持续发展之路。

坚定实施区域协调发展战略，要坚持陆海统筹，加快建设海洋强国。海洋占地球表面积的71％。海洋是生命的摇篮、资源的宝库、强盛的依靠，与人类生存和发展息息相关。海洋是人类可持续发展的重要战略空间，也是当今世界各国赢得竞争优势的战略制高点，是彰显国家实力、维护国家安全的战略要冲。近年来，中国的舰队奔赴世界多个国家和主要海区执行远洋护航、海上维权、远海训练、联合军演、人道主义医疗服务等使命任务，"出镜率"越来越高，"颜值"越来越高。陆海统筹有利于增强我国应对海上争议问题的实力与能力，更好地维护领土主权与海洋权益；有利于我国拓宽资源来源，增加资源供给，破解我国可持续发展的资源瓶颈；有助于我国增强对海上通道的保护，更好地维护海上通道安全。科学实施陆海发展战略，优化空间布局，在经济、军事、科技等领域加强陆海一体化建设，助推陆地大国向陆海强国迈进。

五、推动形成全面开放新格局

开放是国家繁荣发展的必由之路。以开放促改革、促发展，是我国现代化建设不断取得新成就的重要法宝。

扎实推进"一带一路"建设。"一带一路"建设是我国扩大对外开放的重大战略举措，它集中体现了中国开放发展新理念，是形成全面开放新格局的重要引领，同时也是中国以自身发展造福全球的重要载体。以政策沟通、设施联通、贸易畅通、资金融通、民心相通为核心，打造国际合作新平台，增添共同发展新动力；以国际产能和装备制造合作为支撑，坚持引进来和走出去并重，深入推进与沿线国家的全方位合作，加强创新能力开放合作，从而更加充分地利用国际市场和国际资源、加快中西部和沿边地区开放型经济发展、带动国内资本和产能走出去、助推人民币国际化进程，形成陆海内外联动、东西双向互济的开放格局。

推进贸易强国建设。我国已经是第一大货物贸易国和第一大出口国，商品消费、对外投资、货物进口、服务贸易稳居全球第二、利用外资稳居世界前三。这是新时代我国经贸在全世界版图中的"新坐标"。中国货物贸易规模很大，但基本上处于全球价值链的中低端，质量和效益有待提升，同时服务贸易发展相对滞后。推动贸易强国建设，主要是力争推动五个转变，即推动出口由货物为主，向货物、服务、技术、资本输出相结合转变；推动竞争优势由价格优势为主，向技术、标准、品牌、质量、服务为核心的综合竞争优势转变；推动增长动力由要素驱动为主，向创新驱动转变；推动营商环境由政策引导为主，向制度规范和法治化国际化转变；推动我国在全球经济治理的地位由遵守、跟随国际经贸规则为主，向主动参与国际经贸规则制定转变。具体而言，包括加快推进外贸转型升级基地、高水平的贸易平台等建设；加快培育跨境电商、市场采购、综合服务平台等外贸新业态；促进加工贸易创新发展；继续实施积极的进口政策；大力推进贸易便利化，营造法治化、国际化、便利化的营商环境等举措。

优化区域开放布局。我国对外开放从沿海起步，由东向西渐次推进。随着"一带一路"建设加快推进，中西部地区逐步从开放末梢走向开放前沿，但西部地区整体占我国国际贸易和跨境双向投资比重依然偏低。优化区域开放布局的重要举措：一是加大西部开放力度。大力推进西部地区经济技术开发区、高新技术产业开发区、海关特殊监管区域、边境经济合作区、跨境经济合作等开放载体建设，加强口岸和基础设施建设，培育发展外向型产业集群，加快西部地区开发开放，在西部地区形成若干开放型经济新增长极。二是赋予自贸试验区更大改革自主权。三是探索建设自由贸易港。自由港是设在一国（地区）境内关外、货物资金人员进出自由、绝大多数商品免征关税的特定区域，是目前全球开放水平最高的特殊经济功能区。香港、新加坡、鹿特丹、迪拜都是比较典型的自由港。我国海岸线长，离岛资源丰富。探索建设中国特色的自由贸易港，打造开放层次更高、营商环境更优、辐射作用更强的开放新高地，对于促进开放型经济创新发展具有重要意义。

创新对外投资合作方式。企业走出去不仅对中国企业自身发展和国内产业升级具有重要意义，也将带动投资东道国经济和就业增长，有利于形成互利共赢的国际合作基础。近年来，中国对外直接投资取得显著成绩，但也存在风险高、层次低、服务促进体系不健全等问题。创新对外投资合作方式有：一是促进国际产能合作，带动我国装备、技术、标准、服务走出去。二是加强对海外并购的引导，重在扩大市场渠道、提高创新能力、打造国际品牌，增强企业核心竞争力。三是规范海外经营行为，引导企业遵守东道国法律法规、保护环境、履行社会责任，遏制恶性竞争。四是健全服务保障，加强和改善信息、法律、领事保护等服务，保障海外人员安全，维护海外利益。

改善外商投资环境。营造公平竞争的市场环境，凡是在中国境内注册的企业，都要一视同仁、平等对待。全面实行准入前国民待遇加负面清单管理制度，特别是要缩短负面清单、进一步简化程序，从而促进开放型经济向更高水平发展。在放开一般制造业市场准入基础上，着力扩大服务业对外开放，重点推进金融、教育、文化、医疗等服务业领域有序开放，放开育幼养老、建筑设计、会计审计、商贸物流、电子商务等服务业领域外资准入限制。推进电信、互联网、交通运输等领域有序开放，保护外商投资合法权益。

【思考题】

1. 现阶段我国发展社会主义市场经济为什么应坚持"让大猫小猫都有路走"？

2. 社会主义要搞按劳分配，市场经济要实行按要素分配，二者能否结合？

3. 如何解决经济发展中不平衡不充分问题？

【阅读书目】

1. 厉以宁、林毅夫著：《读懂中国改革 5　如何应对未来十年》，中信出版社，2017。

2. 吴晓波：《激荡十年，水大鱼大　中国企业 2008—2018》，中信出版社，2017。

3. ［英］罗纳德·哈里·科斯、王宁著；徐尧、李哲民译：《变革中国：市场经济的中国之路》，中信出版社，2013。

第三章　中国特色社会主义政治建设

【本章概要】

　　坚定不移地走中国特色社会主义政治发展道路，关键是要坚持党的领导、人民当家作主、依法治国的有机统一。党的领导是人民当家作主和依法治国的根本保证，人民当家作主是社会主义民主政治的本质特征，依法治国是党领导人民治理国家的基本方式，三者统一于我国社会主义民主政治伟大实践。社会主义民主离不开社会主义法治，为了保障人民当家作主落实到国家政治生活和社会生活之中，必须建设中国特色社会主义法治体系，建设社会主义法治国家，坚持全面依法治国。中国的政治体制改革，必须坚定正确的政治方向，以保证人民当家作主为根本，以增强党和国家活力、调动人民积极性为目标，推进社会主义民主政治制度化、规范化、程序化。绝对不能生搬硬套外国政治制度模式，绝对不能放弃我国社会主义制度的根本。

【案例关注】

　　2013 年 3 月 23 日，中国国家主席习近平在莫斯科国际关系学院发表题为《顺应时代前进潮流　促进世界和平发展》的重要演讲。习近平主席在演讲时指出："我们主张，各国和各国人民应该共同享受尊严。要坚持国家不分大小、强弱、贫富一律平等，尊重各国人民自主选择发展道路的权利，反对干涉别国内政，维护国际公平正义。'鞋子合不合脚，自己穿了才知道'。一个国家的发展道路合不合适，只有这个国家的人民才最有发言权。"

请结合总书记的"鞋子论"，讨论与思考：

1. 当代中国社会存在的"西方民主迷思"现象，为什么是错误的？

2. 中国特色社会主义政治建设应该选择什么样的发展道路？

【内容精讲】

第一节　中国特色社会主义政治建设概述

发展社会主义民主政治，建设社会主义政治文明，是中国特色社会主义伟大事业的有机组成部分。改革开放以来，中国共产党坚持从中国国情出发，不断深化对发展中国特色社会主义政治的认识，坚定不移地把社会主义民主政治建设推向前进。

一、政治和政治建设

政治是人类历史发展到一定阶段出现的社会现象，是建立在一定经济基础之上的社会上层建筑的核心部分，是以一定的阶级关系为基本内容，围绕国家政权而展开的各种社会活动和社会关系的总和。政治主要包括政治法律制度、以国家政权机构为主体的各类政治组织形态和设施以及政治意识形态等。政治的性质和状况由经济基础的性质和状况决定，政治反过来也对经济基础及社会生活的方方面面产生深刻而广泛的影响。社会经济发展方向和发展道路的选择、社会经济关系和体制的重大变革、经济利益格局的重大调整等一系列重大经济社会问题，都需要通过相应的政治活动、政治过程来实现。恰如列宁所言："政治同经济相比，不能不占首位。不肯定这一点，就是忘记了马克思主义的最起码的常识。"①随着社会生产力的发展，人们参与政治生活的深度和广度也在不断向前发展。

政治的根本问题是国家政权问题。任何阶级要取得并保持自己的政治统治，实现本阶级的利益和目标，都必须掌握国家政权，控制和运用国家机器。

---

① 《列宁专题文集·论辩证唯物主义和历史唯物主义》，302页，北京，人民出版社，2009。

政治的阶级属性及其利益要求，不可避免地集中到国家政权问题上。国家政权问题的范围非常广泛，不仅包括国家政权本身的一系列问题，而且包括通过国家政权对社会生活各方面所实施的各项管理活动。政治作为一种特定的社会现象，有其自身运行和发展的规律。政治规律是寓于政治生活中的一种必然趋势，不像政治生活本身那样显而易见，需要通过人们运用科学的理论和方法，对政治生活及其矛盾运动反复进行观察和研究，才能总结和概括出来。政治作为一种社会关系，总是在一定的历史条件下，与一定的阶级、国家联系在一起，具有特定内容与表现形式。在社会主义社会，政治的主要内容和表现形式已不再是阶级对抗，而是人民内部各阶级、各阶层之间的关系。

政治建设指执政党为加强自身建设而在政治方面所进行的工作，即指用一定的理论和方法，正确制定党的纲领和党在一定历史阶段的政治路线，正确制定与此相适应的各项工作方针政策，并用党的纲领、路线、方针和政策统一全党的思想和行为，通过正确处理党内矛盾，确保全党思想上政治上的高度一致，使全党步调一致地沿着正确的政治方向前进。对于一个政党来说，政治建设是党的根本性建设，决定党的建设方向和效果。党的十九大报告明确提出，要把党的政治建设摆在首位。作为建设中国特色社会主义事业的重要组成部分，政治建设是中国特色社会主义"五位一体"建设总体布局中的起关键保障的环节。

二、中国特色社会主义政治理论

中国共产党把马克思主义政治观运用于中国特色社会主义政治实践，形成了中国特色社会主义政治理论。这一理论深刻反映了当代中国政治发展的客观规律，是马克思主义政治学说与中国实际相结合取得的成果，是认识中国政治现象、推动中国政治改革和发展的根本思想武器。其基本点主要包括以下八个方面：

一是关于国家政权性质的理论。我国是工人阶级领导的、以工农联盟为基础的人民民主专政的社会主义国家，国家一切权力属于人民。社会主义制度是中国的根本制度。人民代表大会制度是中国的根本政治制度，是国家政权组织形式。民主集中制是国家机构的组织活动原则。中国的国家结构形式是单一制,民族问题上实行民族区域自治制度。对香港、澳门实行"一国两制"和特别行政区制度。

二是关于政治发展道路的理论。中国的政治发展坚持党的领导、人民当家作主和依法治国的有机统一,走中国特色社会主义政治发展道路。发展社会主义民主政治,需要借鉴人类政治文明的有益成果,但绝不能生搬硬套外国政治制度模式,绝不能放弃社会主义政治制度。要从发展中国特色社会主义全局出发,积极推进社会主义民主政治建设,使中国特色社会主义政治发展道路越走越宽广。

三是关于人民民主的理论。民主作为一种国家形态,属于上层建筑,它归根结底是由社会的经济基础决定的,并最终服务于经济基础。民主具有鲜明的阶级性。中国的民主是人民民主,其实质是人民当家作主。人民民主是社会主义的生命,没有民主就没有社会主义,就没有社会主义现代化。要健全民主制度,丰富民主形式,拓宽民主渠道,保证人民依法实行民主选举、民主决策、民主管理、民主监督,将人民当家作主落实到国家政治生活和社会生活之中。人民代表大会制度、中国共产党领导的多党合作和政治协商制度、民族区域自治制度和基层群众自治制度等,是我国民主制度的基本架构,集中体现了我国社会主义民主政治的特点和优势。

四是关于社会主义法治的理论。社会主义民主和社会主义法治是不可分割的统一整体。民主是法治的基础和前提,法治是民主的体现和保障。法治是治国理政的基本方式。必须坚持依法治国、建设社会主义法治国家。依法治国是社会主义民主政治的基本要求,是党领导人民治理国家的基本方略,必须坚持厉行法治,推进科学立法、严格执法、公正司法、全民守法。宪法和法律是党的主张和人民意志相统一的体现,任何组织和个人都不允许有超越宪法和法律的特权。必须加强宪法实施和监督,推进合宪性审查工作,维护宪法权威。加大全民普法力度,建设社会主义法治文化,树立宪法法律至上、法律面前人人平等的法治理念。

五是关于政治体制改革的理论。政治体制改革是社会主义政治制度的自我完善,是发展社会主义民主政治的必然要求。要适应经济基础深刻变化和人民民主意识不断增强的客观要求,积极稳妥地推进政治体制改革。坚持正确的政治方向,以保证人民当家作主为根本,以增强党和国家活力、调动人民积极性为目标，扩大社会主义民主，建设社会主义法治国家，发展社会主义政治文明。着重加强制度建设，实现社会主义民主政治的制度化、规范化和程序化。

六是新时期爱国统一战线的理论。统一战线是凝聚各方面力量，促进政党关系、民族关系、宗教关系、阶层关系、海内外同胞关系的和谐，夺取新时代中国特色社会主义伟大胜利的重要法宝。要高举爱国主义、社会主义旗帜，牢牢把握大团结大联合的主题，坚持一致性和多样性统一，找到最大公约数，画出最大同心圆。坚持长期共存、互相监督、肝胆相照、荣辱与共的方针，加强同民主党派和无党派人士团结合作，促进思想上同心同德、目标上同心同向、行动上同心同行，加强党外代表人士队伍建设，选拔和推荐更多优秀党外人士担任各级国家机关领导职务。全面正确贯彻落实党的民族政策，坚持和完善民族区域自治制度，深化民族团结进步教育，铸牢中华民族共同体意识，加强各民族交往交流交融，促进各民族像石榴籽一样紧紧抱在一起，共同团结奋斗、共同繁荣发展。全面贯彻党的宗教工作基本方针，坚持我国宗教的中国化方向，积极引导宗教与社会主义社会相适应。加强党外知识分子工作，做好新的社会阶层人士工作，发挥他们在中国特色社会主义事业中的重要作用。构建"亲""清"新型政商关系，促进非公有制经济健康发展和非公有制经济人士健康成长。广泛团结联系海外侨胞和归侨侨眷，共同致力于中华民族伟大复兴。

七是关于尊重和保障人权的理论。尊重和保障人权是发展社会主义民主政治、建设社会主义政治文明的内在要求。中国共产党始终高度重视人权问题，不断通过革命、建设和改革来实现和保障全体人民享有切实的、真正的政治、经济和文化权利。人权是具体的、相对的，不是抽象的、绝对的，与一个国家的政治状况、经济发展、历史传统、文化结构和整个社会的发展水平有很大关系。实现人权的根本途径是经济发展和社会进步。中国尊重国际社会关于人权的普遍性原则，同时根据中国国情，切实加强人权法治保障，保证人民依法享有广泛权利和自由。

八是关于国防和军队建设的理论。建设与我国国际地位相称、与国家安全和发展利益相适应的巩固国防和强大军队，实现中国梦强军梦，是我国现代化建设的战略任务。建设一支听党指挥、能打胜仗、作风优良的人民军队，把人民军队建设成为世界一流军队，是党在新时代的强军目标。要确立新时代党的强军思想在国防和军队建设中的指导地位，坚持政治建军、改革强军、科技兴军、依法治军，全面提高国防和军队现代化水平。贯彻总体国家安全观，贯彻新形势下军事战略方针，积极担当起党和人民赋予的新时代使命任务，建设强大的现代化陆军、海军、空军、火箭军和战略支援部队，打造坚强高效的战区联合作战指挥机构，构建中国特色现代作战体系。巩固和发展军政军民团结。增强全民国防观念，提高国防动员和后备力量建设质量。坚持走中国特色军民融合式发展路子，坚持富国和强军相统一，强化统一领导、顶层设计、改革创新和重大项目落实，深化国防科技工业改革，形成军民融合深度发展格局，构建一体化的国家战略体系和能力。中国奉行防御性的国防政策，加强国防建设的目的是维护国家主权、安全、领土完整，保障国家和平发展。

第二节　坚持中国特色社会主义政治发展道路

中国特色社会主义政治发展道路，是近代以来中国人民长期奋斗的历史逻辑、理论逻辑、实践逻辑的必然结果，是坚持党的本质属性、践行党的根本宗旨的必然要求。世界上没有完全相同的政治制度模式，政治制度不能脱离特定社会政治条件和历史文化传统来抽象评判，不能定于一尊，不能生搬硬套外国政治制度模式。中国特色社会主义政治发展道路，就是高举人民民主旗帜，从中国国情出发，坚持党的领导、人民当家作主、依法治国的有机统一，以保证人民当家作主为根本，以增强党和国家活力、调动人民积极性为目标，扩大社会主义民主，加快建设社会主义法治国家，发展社会主义政治文明。实践证明，中国特色社会主义民主政治具有强大生命力，中国特色社会主义政治发展道路是符合中国国情、保证人民当家作主的正确道路。

一、始终高举人民民主的旗帜

实现和发展人民民主是中国特色社会主义政治发展的根本目标。发展社会主义民主政治的关键，就是不断扩大人民民主，保障人民权益，最大限度地发挥人民的积极性、主动性、创造性。恩格斯早就明确指出，无产阶级政党"完全有权把'民主'一词写在自己的旗帜上"①。中国共产党作为中国工人阶级的先锋队，同时是中国人民和中华民族的先锋队，自成立起就以实现和发展人民民主为己任。中国共产党领导人民进行革命、建设和改革的目的就是要实现大多数人的民主。中国共产党创造性地把马克思主义普遍原理与中国具体实际相结合，不断丰富和发展马克思主义的民主政治理论，并创造了适合中国国情、能够保证人民当家作主的民主政治实现形式。

某些西方国家不得不承认我国在经济建设上的成就，但却一直在民主政治上诋毁我国，一个重要方面就是说中国共产党搞一党制、不民主。国内也有极少数人在这个问题上存在模糊认识。这种认识其实是极端错误的。在发展民主政治方面，中国共产党从来都是主动而不是被动的，是积极而不是消极的。早在新民主主义革命时期，我们党便进行了可贵的民主实践，在江西创建的中华苏维埃共和国，在陕甘宁边区按照"三三制"建立的民主政权，以及后来在各解放区建立的民主政府，均贯彻了人民民主原则。正是中国共产党带领人民经过28年艰苦卓绝的斗争，才实现了民族独立和人民解放，建立了人民当家作主的国家政权。

1949年中华人民共和国成立，起临时宪法作用的《中国人民政治协商会议共同纲领》明确规定，中华人民共和国的国家权力属于人民；人民行使国家政权的机关为各级人民代表大会和各级人民政府；国家最高政权机关为全国人民代表大会。中国共产党领导人民建立人民当家作主的国家政权，实现了几千年来中国政治由封建专制向人民民主的伟大跨越，中国人民的政治地位发生了根本性变化，中国人从此站立起来了。的确，在"文化大革命"期间，我国的民主政治建设也出现过失误，走了一些弯路，社会主义民主法制遭到严重破坏。

党的十一届三中全会以来，中国共产党把建设民主政治的任务提到战略高度，并将其确定为我国社会主义现代化建设的重要目标。1979年，邓小平在党的理论工作务虚会上提出"没有民主就没有社会主义，就没有社会主义的现代化"②的著名论断。改革开放40年来，中国共产党人带领中国人民不懈探

---

① 《马克思恩格斯全集》第2卷，664页，北京，人民出版社，1957。
② 《邓小平文选》第二卷，168页，北京，人民出版社，1994。

索，积极实践，不断将中国特色社会主义民主政治建设推向深入。党的十九大报告强调，要健全人民当家作主制度体系，发展社会主义民主政治，并对发展社会主义民主政治的内涵作出了具体规定：体现人民意志、保障人民权益、激发人民创造活力，用制度体系保证人民当家作主。

总之，中国共产党是中国民主政治建设的倡导者、发起者和组织者。中国共产党领导人民进行革命、建设和改革的目的是要实现大多数人的民主。人民当家作主是中国社会主义民主的本质。人民民主是社会主义的生命，实现和发展人民民主是中国特色社会主义政治发展的根本目标。人民民主具有鲜明的特色和优势。

人民民主是最广泛的民主。人民当家作主是我国社会主义民主的本质。人民民主要求真正意义上的政治民主权利，社会主义制度从根本上保证了中国的民主不受资本的操纵，不是少数人的民主，是最广大人民的民主。在中国，享有民主权利的人民范围包括一切不被法律剥夺政治权利的人。

人民民主是民主和专政相统一的民主。毛泽东同志曾经说过："对人民内部的民主方面和对反动派的专政方面，互相结合起来，就是人民民主专政。"①也就是说，人民民主专政，一方面要求在人民内部实行最广泛的民主，尊重和保障人权，保证国家权力掌握在人民手中，为人民服务；另一方面要求对破坏社会主义制度、危害国家安全和公共安全、侵犯公民人身权利和民主权利、贪污贿赂和渎职等各种犯罪行为，依法使用专政手段予以制裁，以保障最广大人民的根本利益，保证人民民主的有效实行。在人民内部实行民主是实现对敌人专政的前提和基础，而对敌人实行专政又是对人民民主的有力保障。

人民民主是以民主集中制为根本组织原则和活动方式的民主。民主集中制是中国国家政权的根本组织原则和领导原则。实行民主集中制，要求充分发扬民主，集体议事，使人民的意愿和要求得到充分表达和反映，在此基础上集中正确意见、进行集体决策，使人民的意愿和要求得以落实和满足。实行民主集中制，还要求"尊重多数，保护少数"，反对无政府主义的"大民主"，反对把个人意志凌驾于集体之上。

---

① 《毛泽东选集》第四卷，1475 页，北京，人民出版社，1991。

人民民主是全面民主。人民民主不仅要求实现政治上的民主权利，而且要求实现人民在经济、文化和社会生活方面的民主权利。在中国共产党领导下，中国政治生活中的民主化、经济管理中的民主化和社会生活中的民主化逐步得到落实，人民依法享有各种政治权利和基本自由，人民对国家事务的民主参与、民主决策、民主管理和民主监督更加广泛，人民享有的各项社会权利得到越来越有效的保障，从而使人民民主权利逐步落实到经济、政治、文化和社会生活等各个领域。

二、坚持党的领导、人民当家作主、依法治国三者的有机统一

发展中国特色的社会主义民主政治，关键是要坚定不移地坚持中国共产党的领导、人民当家作主和依法治国的有机统一。这体现了社会主义国家政权的性质和中国民主的性质，是坚持中国特色社会主义政治发展道路的根本要求。党的领导是人民当家作主和依法治国的根本保证，人民当家作主是社会主义民主政治的本质特征，依法治国是党领导人民治理国家的基本方式，三者统一于我国社会主义民主政治伟大实践。

第一，中国共产党的领导是实现社会主义民主政治的根本保证。"中国特色社会主义最本质的特征是中国共产党领导，中国特色社会主义制度的最大优势是中国共产党领导，党是最高政治领导力量。"[1]习近平总书记的这一重大判断，深刻揭示了中国共产党和中国特色社会主义之间的内在统一性，是对改革开放以来历史经验的精辟概括。中国共产党是全心全意为人民服务的政党，坚持和加强党的全面领导，是党和国家的根本所在、命脉所在，是全国各族人民的利益所在、幸福所在。在中国这样一个人口众多、经济文化比较落后且发展很不平衡的大国，人民利益具有广泛性和多样性，实现人民利益具有空前的复杂性、艰巨性。这就要求一个能够代表广大人民利益、集中反映和有效体现人民意愿的政治核心，来实现和保障人民当家作主，来团结、凝聚和带领人民把革命、建设和改革事业不断推向前进。邓小平早就指出：

---

① 习近平：《决胜全面建成小康社会　夺取新时代中国特色社会主义伟大胜利》，20页，北京，人民出版社，2017。

"我们人民的团结，社会的安定，民主的发展，国家的统一，都要靠党的领导。"①只有坚持中国共产党的领导，才能坚持中国民主发展的社会主义方向，使民主与集中相统一、民主与科学相统一，使社会发展既满足人民的愿望和要求，又合乎客观规律。人民当家作主和依法治国才能有可靠的保证。

第二，人民当家作主是社会主义民主政治的本质和核心。人民是历史的创造者，是决定党和国家前途命运的根本力量，人民当家作主是社会主义的本质特征和内在要求。必须坚持人民主体地位，坚持立党为公、执政为民，践行全心全意为人民服务的根本宗旨，把党的群众路线贯彻到治国理政全部活动之中，把人民对美好生活的向往作为奋斗目标，依靠人民创造历史伟业。人民当家作主保证了国家各项事业发展符合人民的利益和意愿，离开人民当家作主，不受人民监督，党的领导和依法治国就会脱离正确方向，就会变质。中国共产党只有领导人民创造各种有效的当家作主的民主形式，坚持依法治国，才能充分实现人民当家作主的权利，才能巩固党的执政地位。共产党执政的实质，就是领导、支持和保证人民当家作主。

第三，依法治国是社会主义民主的有效路径和可靠保障。社会主义民主离不开社会主义法治。依法治国是党领导人民治理国家的基本方式。依法治国不仅从制度上、法律上保证人民当家作主，而且也从制度上、法律上保证党的执政地位。为了保障人民民主，必须加强法制，实现社会主义民主的制度化、法律化。依法治国，就是广大人民群众在中国共产党的领导下，依照宪法和法律规定，通过各种途径和形式管理国家事务、管理经济文化事业、管理社会事务，保证国家各项工作都依法进行。中国共产党领导人民通过国家权力机关制定宪法和各项法律，并带头严格遵守和维护宪法和法律，加快建设社会主义法治国家。

三、坚持中国特色社会主义政治制度

政治制度是指在特定的社会中，统治阶级通过组织政权以实现其政治统治的原则和规则的总和。它包括国家政权的组织形式、国家结构形式、政党制度、选举制度等。中国实行工人阶级领导的、以工农联盟为基础的人民民

---

① 《邓小平文选》第二卷，342 页，北京，人民出版社，1994。

主专政的国体，实行人民代表大会制度的政体，实行中国共产党领导的多党合作和政治协商制度，实行民族区域自治制度，实行基层群众自治制度，具有鲜明的中国特色。中国特色社会主义的政治制度本质是实现最广大人民群众的根本利益，保障人民当家作主，保持国家长期稳定和发展。坚持和完善中国特色社会主义政治制度，是走中国特色社会主义政治发展道路，发展社会主义民主政治的基本路径。

(一)坚持人民民主专政

人民民主专政是中国的国体。国体即国家的阶级属性，主要指社会各阶级在国家中的地位，还有国家赖以建立的社会经济基础。《中华人民共和国宪法》规定，中华人民共和国是工人阶级领导的以工农联盟为基础的人民民主专政的社会主义国家。人民民主专政，是中国共产党把马克思主义无产阶级专政学说同中国具体实际相结合的伟大创造，奠定了当代中国社会发展进步的根本政治前提和制度基础。我国现阶段的人民民主专政实质上就是无产阶级专政，是新型民主和新型专政的结合。新型民主，因为这种民主最广泛、最真实、最管用，是绝大多数人享有的民主。现阶段我们在重视人民民主专政民主职能的同时，绝不能忽视其专政的职能。因为在社会主义社会，剥削阶级作为一个阶级虽然已经消灭，但仍有极少数危害社会主义事业的敌对势力和敌对分子将长期存在。新型专政，因为它是最广大人民对极少数敌对分子实行专政。人民民主是社会主义的生命，人民民主专政是国家统一、民族团结、社会进步、人民安居乐业的重要保障。

(二)坚持和完善人民代表大会制度

人民代表大会制度是我国的根本政治制度，是支撑中国国家治理体系和治理能力的根本政治制度，是人民当家作主的政权组织形式。民主集中制是人民代表大会的组织原则。人民行使权力的机关是全国人民代表大会和地方各级人民代表大会，它们都由民主选举产生，对人民负责，受人民监督；国家行政机关、审判机关、检察机关都由人民代表大会产生，对它负责，受它监督。当今世界上的政体类型是多种多样，为什么中国要确立和坚持人民代表大会制度这种政体呢？国体决定政体，政体表现国体、适应国体。我国的国体是工人阶级领导的，以工农联盟为基础的人民民主专政的社会主义国家。

这一国体决定了我们国家的一切权力属于人民，与其相适应的最好政体就是人民代表大会制度。在中国实行人民代表大会制度，是中国人民在人类政治制度史上的伟大创造，是深刻总结近代以后中国政治生活惨痛教训得出的基本结论，是中国社会100多年激越变革、激荡发展的历史结果，是中国人民翻身作主、掌握自己命运的必然选择。实践充分证明，人民代表大会制度是符合中国国情和实际、体现社会主义国家性质、保证人民当家作主、保障实现中华民族伟大复兴的好制度。它植根于人民群众，具有强大的生命力。中国各族人民通过这一根本政治制度牢牢地把国家和民族的前途命运掌握在自己手里。

当然，我们也必须看到，我国社会主义尚处于初级阶段，目前人民代表大会的工作也存在一些问题，国家权力机关的作用还没有充分发挥出来。新时代新形势下，我们在毫不动摇坚持人民代表大会制度，支持和保证人民通过人民代表大会行使国家权力的同时，也要与时俱进完善人民代表大会制度。

一是要加强和改进立法工作。要加强重要领域立法，确保国家发展、重大改革于法有据，把发展改革决策同立法决策更好结合起来。要坚持问题导向，提高立法的针对性、及时性、系统性、可操作性，发挥立法引领和推动作用。要抓住提高立法质量这个关键，深入推进科学立法、民主立法，完善立法体制和程序，努力使每一项立法都符合宪法精神、反映人民意愿、得到人民拥护。

二是要加强和改进法律实施工作。要全面落实依法治国基本方略，坚持法律面前人人平等，加快建设社会主义法治国家，不断推进科学立法、严格执法、公正司法、全民守法进程。要深入推进依法行政，加快建设法治政府。各级行政机关必须依法履行职责，坚持法定职责必须为、法无授权不可为，决不允许任何组织或者个人有超越法律的特权。要深入推进公正司法，深化司法体制改革，加快建设公正高效权威的司法制度，完善人权司法保障制度，严肃惩治司法腐败，让人民群众在每一个司法案件中都感受到公平正义。

三是要加强和改进监督工作。各级人大及其常委会要担负起宪法法律赋予的监督职责，维护国家法制统一、尊严、权威，加强对"一府两院"执法、司法工作的监督，确保法律法规得到有效实施，确保行政权、审判权、检察权得到正确行使。要加强党纪监督、行政监察、审计监督、司法监督和国家机关内部各种形式的纪律监督。要健全申诉控告检举机制，加强检察监督，切实做到有权必有责、用权受监督、侵权要赔偿、违法必追究。

四是加强同人大代表和人民群众的联系。各级国家机关及其工作人员一定要为人民用权、为人民履职、为人民服务，把加强同人大代表和人民群众的联系作为对人民负责、受人民监督的重要内容，虚心听取人大代表、人民群众意见和建议，积极回应社会关切，自觉接受人民监督，认真改正工作中的缺点和错误。

五是加强和改进人大工作。各级人大及其常委会要坚持正确政治方向，增强代表人民行使管理国家权力的政治责任感，履行宪法法律赋予的职责。要健全人大常委会组成人员联系本级人大代表机制，畅通社情民意反映和表达渠道，支持和保证人大代表依法履职，优化人大常委会、专门委员会组成人员结构，完善人大组织制度、工作制度、议事程序。各级党委要加强和改善党对人大工作的领导，支持和保证人大及其常委会依法行使职权、开展工作。

(三)坚持和完善中国共产党领导的多党合作和政治协商制度

中国共产党领导的多党合作和政治协商制度是中国特色社会主义的政党制度，是我国政治制度中的一个特点和优点，同时也是中国的一项基本政治制度。中国共产党的领导是前提和基础，多党合作是核心内容，政治协商是中国民主政治的重要形式，宪法和法律是各政党活动的基本准则。中国人民政治协商会议是中国共产党领导的多党合作和政治协商机构，是中国人民爱国统一战线组织。各民主党派通过中国人民政治协商会议参政议政，行使民主权利。这一制度的政治优势在于：既能实现广泛的民主参与，集中各民主党派、各人民团体和各界人士的智慧，促进执政党和各级政府决策的科学化、民主化，又能实现集中统一，统筹兼顾各方面的利益要求。通过充分协商，求同存异，使不同阶级阶层、不同地区、不同民族和不同群体的利益得到最大限度的整合，使社会整体利益得到最大限度的实现。

中国共产党领导的多党合作和政治协商制度是马克思主义政党理论和统一战线学说同我国实际相结合的产物，是中国共产党同各民主党派、人民团体和各族各界人士风雨同舟、团结奋斗的伟大成果，既是我国的政党制度，也是我国的一项基本政治制度。这一制度既不同于许多资本主义国家的多党制或两党制，也不同于一些国家的一党制，而是根据中国实际做出的创造，具有鲜明的中国特色。中国共产党的领导既是各民主党派的自觉选择，也是我国政党制度的基本前提。各民主党派和无党派人士与中国共产党长期共存、互相监督、肝胆相照、荣辱与共，共同致力于中国特色社会主义事业。共产党领导的多党合作和政治协商制度的显著特征是：中国共产党领导，多党派合作；中国共产党执政，多党派参政。各民主党派是中国共产党团结合作的亲密友党和参政党，而不是反对党或在野党。

中国共产党与各民主党派互相监督，有利于强化体制内的监督功能，避免由于缺乏监督而导致的种种弊端。各民主党派反映和代表着各自所联系群众的具体利益和要求，能够反映社会上多方面的意见和建议，能够提供一种中国共产党自身监督之外更多方面的监督，有利于执政党决策的科学化、民主化，克服官僚主义和各种消极腐败现象。

新时代，坚持和完善中国共产党领导的多党合作和政治协商制度，实现最广泛的有序政治参与，要充分发挥社会主义协商民主重要作用，推动协商民主广泛、多层、制度化发展，统筹推进政党协商、人大协商、政府协商、政协协商、人民团体协商、基层协商以及社会组织协商。加强协商民主制度建设，形成完整的制度程序和参与实践，保证人民在日常政治生活中有广泛持续深入参与的权利。同时，支持人民政协聚焦党和国家中心任务，围绕团结和民主两大主题，把协商民主贯穿政治协商、民主监督、参政议政全过程，完善协商议政内容和形式，着力增进共识、促进团结。加强人民政协民主监督，重点监督党和国家重大方针政策和重要决策部署的贯彻落实。增强人民政协界别的代表性，加强委员队伍建设。

(四)坚持和完善民族区域自治制度

民族区域自治制度是中国的一项基本政治制度。民族区域自治是指在国家的统一领导下，以少数民族聚居区为基础，划分相应的民族自治地方，设置民族自治机关，行使宪法和法律规定的自治权的制度。它使中国少数民族依法自主地管理本民族事务，民主地参与国家和社会事务的管理，保证了中国各民族不论大小都享有平等的经济、政治、社会和文化权利，共同维护国家统一和民族团结，建设相互支持、相互帮助、共同团结奋斗、共同繁荣发展的和谐民族关系，促进各民族共同繁荣进步。

中国采用民族区域自治的办法解决民族问题，是根据本国的历史发展、文化特点、民族关系和民族分布等具体情况作出的制度安排，符合各民族人民的共同利益和发展要求。其一，统一的多民族国家的长期存在和发展，是我国实行民族区域自治的历史依据。其二，近代以来在反抗外来侵略斗争中形成的爱国主义精神，是实行民族区域自治的政治基础。其三，各民族大杂居、小聚居的人口分布格局，各地区资源条件和发展的差异，是实行民族区域自治的现实条件。经过新中国成立 60 多年特别是改革开放 40 年的努力，在我国民族自治地方，各族人民的生存和生活环境明显改善，经济和各项社会事业迅速发展。经济快速增长，人民生活水平显著提高；基础设施明显改善，传统文化得到保护和弘扬；教育水平显著提高，医疗卫生事业持续进步。

(五)坚持和完善基层群众自治制度

基层群众自治制度是中国的一项基本政治制度。基层群众自治制度是依照宪法和法律的规定，由居民(村民)选举的成员组成居民(村民)委员会，实行自我管理、自我教育、自我服务、自我监督的制度。基层群众自治是人民依法直接行使民主权利的制度保障，是人民当家作主最有效、最广泛的途径。基层群众自治制度的成功实践，是中国共产党领导亿万基层群众发展中国特色社会主义民主政治的伟大创举。实施这一制度，扩大基层民主，实行基层群众自治，有助于激发人民群众当家作主的积极性、创造性和责任感。

坚持和完善基层群众自治制度，发展基层民主，保障人民依法直接行使民主权利，切实防止出现人民形式上有权、实际上无权的现象。关键是要健全基层党组织领导的充满活力的基层群众自治机制，以扩大有序参与、推进信息公开、加强议事协商、强化权力监督为重点，拓宽范围和途径，丰富内容和形式，保障人民享有更多更切实的民主权利。全心全意依靠工人阶级，健全以职工代表大会为基本形式的企事业单位民主管理制度，保障职工参与管理和监督的民主权利。发挥基层各类组织协同作用，实现政府管理和基层民主的有机结合。

第三节　健全人民当家作主制度体系

发展社会主义民主政治，是推进国家治理体系和治理能力现代化的题中应有之义。党的十八届四中全会通过的《中共中央关于全面推进依法治国若干重大问题的决定》，明确提出："制度化、规范化、程序化是社会主义民主政治的根本保障。以保障人民当家作主为核心，坚持和完善人民代表大会制度，坚持和完善中国共产党领导的多党合作和政治协商制度、民族区域自治制度以及基层群众自治制度，推进社会主义民主政治法治化。"①这一规定，对于新时代如何发展社会主义民主政治，建设社会主义法治国家，具有重要的指导意义。

一、坚持和发展人民民主

我国社会主义民主是人民根本利益的最广泛、最真实、最管用的民主。发展社会主义民主政治的关键，就是要体现人民意志、保障人民权益、激发人民创造力，用制度体系保证人民当家作主。

(一)健全民主制度，丰富民主形式

发展社会主义民主，必须从我国国情出发，充分考虑我国的社会历史背景、经济发展状况、文化发展水平等重要因素，在发展中国特色社会主义的进程中不断加以推动和发展。要更加注重健全民主制度、丰富民主形式，保证人民依法实行民主选举、民主协商、民主决策、民主管理、民主监督。

一是健全民主制度。加强民主制度建设是发展社会主义民主的重要路径。要推进社会主义民主政治制度化、规范化、程序化，进一步把社会主义政治制度的优越性发挥出来，为党和国家兴旺发达、长治久安提供政治和法律制度保障。人民代表大会制度是保证人民当家作主的根本政治制度。要善于使党的主张通过法定程序成为国家意志，支持人大及其常委会充分发挥国家权力机关作用，依法行使立法、监督、决定、任免等职权，加强立法工作组织

---

① 《中共中央关于全面推进依法治国若干重大问题的决定》，载《人民日报》，2014-10-29。

协调，加强对"一府两院"的监督，加强对政府全口径预算决算的审查和监督。发挥人大及其常委会在立法工作中的主导作用，健全人大组织制度和工作制度，使各级人大及其常委会成为全面担负起宪法法律赋予的各项职责的工作机关，成为同人民群众保持密切联系的代表机关。提高基层人大代表特别是一线工人、农民、知识分子代表比例，降低党政领导干部代表比例。在人大设立代表联络机构，完善代表联系群众制度。健全国家权力机关组织制度，优化常委会、专委会组成人员知识和年龄结构，提高专职委员比例，增强依法履职能力。

二是丰富民主形式。人民民主不仅体现在国家的政治制度上，而且是通过各种各样的民主形式体现出来的。要探索多种实现人民民主的形式和扩大公民有序参与政治的方式，从各个层次、各个领域扩大公民有序政治参与，保证人民依法实行民主选举、民主协商、民主决策、民主管理、民主监督。

三是拓宽民主渠道。要通过民主选举、信息公开、社会公示、听证制度、协商对话、舆论监督等途径保障人民的民主权利，使广大人民群众依照宪法和法律规定，积极参与管理国家事务。特别是在互联网高速发达的时代，要充分运用新媒体，拓宽信息发布渠道，广泛听取群众意见和建议。

四是保障人民的知情权、参与权、表达权、监督权。发展民主就是要尊重人民基本权利。保障人民群众各方面的民主权利，是人民民主在社会政治生活中的具体体现，是保证人民赋予政府的权力始终用来为人民谋利益的前提。新时代，健全权力运行制约和监督体系是保障人民民主的重中之重。要坚持用制度管权管事管人，确保决策权、执行权、监督权既相互制约又相互协调，确保国家机关按照法定权限和程序行使权力。坚持科学决策、民主决策、依法决策，健全决策机制和程序，建立健全决策问责和纠错制度。凡是涉及群众切身利益的决策都要充分听取群众意见，凡是损害群众利益的做法都要坚决防止和纠正。要加强对权力运行的制约和监督，强化自上而下的组织监督，改进自下而上的民主监督，发挥同级相互监督作用，完善党务公开、政务公开、司法公开和各领域办事公开制度，健全质询、问责、经济责任审计、引咎辞职、罢免等制度，把党内监督同国家机关监督、民主监督、司法监督、群众监督、舆论监督贯通起来，让人民监督权力，让权力在阳光下运行，把权力关进制度的笼子。

五是以党内民主带动人民民主。要更加注重改进党的领导方式和执政方式，保证党领导人民有效治理国家。党内民主是增强中国共产党的创新活力、巩固党的团结统一的重要保证。党内民主不仅关系到党的领导水平与执政能力，而且关系到人民民主的实践和发展。要通过加强党内民主制度建设，使党内民主意识普遍增强、党内民主制度不断健全、党的创新活力充分发挥，同时推动和发展人民民主。

(二)发挥社会主义协商民主重要作用

有事好商量，众人的事情由众人商量，是人民民主的真谛。协商民主是实现党的领导的重要方式，是我国社会主义民主政治的特有形式和独特优势。坚持中国特色社会主义政治发展道路，一个重要方面就是大力发展社会主义协商民主。协商民主，从党的十八大首次提出、十八届三中全会全面部署，到习近平总书记在庆祝中国人民政治协商会议成立 65 周年大会上的重要讲话中着重论述，再到中共中央办公厅印发《关于加强人民政协协商民主建设的实施意见》，内容不断丰富和拓展。协商民主是在中国共产党领导下，人民内部各方面围绕改革发展稳定重大问题和涉及群众切身利益的实际问题，在决策之前和决策实施之中开展广泛协商，努力形成共识的重要民主形式。社会主义协商民主是中国特色社会主义民主政治的特有形式和独特优势，是中国共产党的群众路线在政治领域的重要体现。

中国民主政治的丰富性和当代社会的差异性，决定了我国社会主义协商民主形式和类型的多样性，主要由以下几种形式：

一是政党协商。发挥中国特色社会主义政党制度的优势，坚持长期共存、互相监督、肝胆相照、荣辱与共，加强中国共产党同民主党派的政治协商，搞好合作共事，巩固和发展和谐政党关系。

二是人大协商。人民代表大会制度是保证人民当家作主的根本政治制度。各级人大要依法行使职权，同时在重大决策之前根据需要进行充分协商，更好汇聚民智、听取民意，支持和保证人民代表大会行使国家权力。

三是政府协商。围绕有效推进科学、民主、依法决策，加强政府协商，增强决策透明度和公众参与度，解决好人民最关心最直接最现实的利益问题，推进政府职能转变，提高政府治理能力和水平。

四是政协协商。人民政协是具有中国特色的制度安排，是社会主义协商民主的重要渠道和专门机构。要坚持团结和民主两大主题，推进政治协商、民主监督、参政议政制度建设，不断提高人民政协协商民主制度化、规范化、程序化水平。

五是人民团体协商。围绕做好新时代党的群众工作开展协商，更好组织和代表所联系群众参与公共事务，有效反映群众意愿和利益诉求，发挥人民团体作为党和政府联系人民的桥梁和纽带作用。

六是基层协商。涉及人民群众利益的大量决策和工作，主要发生在基层。要按照协商于民、协商为民的要求，建立健全基层协商民主。建设协调联动机制，稳步开展基层协商，更好解决人民群众的实际困难和问题，及时化解矛盾纠纷，促进社会和谐稳定。

七是社会组织协商。充分发挥社会组织作为协商民主重要主体和社会基础的作用。坚持党的领导和政府依法管理，健全与相关社会组织联系的工作机制和沟通渠道，更好地解决政府、企业与社会组织之间的关系，引导社会组织有序开展协商，更好为社会服务。

社会主义协商民主具有鲜明特点和独特优势，既坚持社会主义制度，又继承和发扬中国优秀政治文化传统；既坚持民主集中制的组织原则和领导制度，又肯定广大人民群众的民主地位；既坚持中国共产党的领导，又充分发挥各党派团体、各族各界人士的作用。健全社会主义协商民主制度，对于建设中国特色社会主义民主政治具有重大而深远的意义。

第一，协商民主是社会主义民主政治独特优势的重要体现。社会主义民主的本质是人民当家作主，协商民主充分体现了社会主义民主的真实性、广泛性、包容性。协商民主以社会主义制度为政治基础，集中反映了广大人民群众的根本利益。协商民主的主体涵盖社会各界、各方面人士，既反映多数人的普遍愿望，又吸纳少数人的合理主张，可以最大程度地实现最广大人民的民主权利。

第二，协商民主是党和政府科学民主决策的重要途径。协商民主注重民主的实质，承认利益多样，在平等、宽松的氛围中，对经济社会发展中的重要问题和人民群众关心的热点难点问题进行协商讨论，在协商中深化认识、消除误解、增进理解、形成共识。通过协商，能够广开言路、广集众智、广求良策，把社会各方面分散的意见、愿望和要求进行系统、综合的反映，听到各种真知灼见、各种真招实招，使党和政府决策更加符合实际、顺应民意。

第三，协商民主是实现党的领导的重要方式。中国共产党领导的显著特点之一就是寓领导于协商之中。协商的过程既是广泛听取各种不同声音、充分吸收有益意见建议的过程，同时也是让社会各方面了解和接受党的政治主张和路线方针政策的过程。大力发展社会主义协商民主，体现了执政党对人民意愿和人民权利的尊重，有利于密切党与人民群众的联系，推动改进党的领导方式和执政方式，保证党领导人民有效治理国家。

健全社会主义协商民主制度，是推进社会主义民主政治建设的重大课题，需要不断完善各种协商形式，扩大民主的范围，丰富民主的形式，提升民主的层次，推进协商民主广泛、多层、制度化发展。

一是完善协商制度，强化规范性。协商民主要想得到长期发展，必须以制度化来保障。坚持把政治协商纳入决策程序，坚持协商于决策之前和决策之中，针对不同层次、不同领域的协商，进一步明确协商什么、与谁协商、怎样协商、协商成果如何运用等具体要求，不断提高协商民主的制度化水平。

二是丰富协商形式，扩大包容性。积极发挥人民政协的重要渠道作用，深入推进双周协商、专题协商、对口协商、界别协商、提案办理协商，充分反映各党派团体、各族各界人士的意见建议。总结新中国成立特别是改革开放以来的实践经验，丰富和完善党与民主党派、无党派人士的政治协商形式。适应广大人民群众民主意识不断增强的新形势，探索和创新在基层群众自治、社会管理等领域符合实际的民主协商方式。

三是提升协商质量，增强实效性。党委和政府及有关部门要主动就重大问题开展协商，为搞好协商创造知情、反馈等有利条件，真正起到发扬民主、优化决策、推动执行的多重效果。要引导参与协商的各方面树立大局观念，提升自身素质，真正深入实际、认真思考，理性地表达诉求，负责任地提出建议。同时，还要深入研究和推进选举民主与协商民主的协调配合，使两种民主形式更好地优势互补、形成合力，为人民当家作主提供更加广阔的平台。

二、深化依法治国实践

全面依法治国是中国特色社会主义的本质要求和重要保障，是实现国家治理体系和治理能力现代化的必然要求，事关党执政兴国，事关人民幸福安康，事关党和国家长治久安。全面依法治国，总目标是建设中国特色社会主义法治体系，建设社会主义法治国家。

(一)中国特色社会主义法治道路和体系

中国特色社会主义法治道路，本质上是中国特色社会主义道路在法治领域的具体体现。每个国家的法治道路，都与本国历史文化传统、社会条件等因素密切相关。中国是一个有着五千年历史的文明古国，又是发展中的社会主义大国，具有独特的法治传统、独特的国情和现实问题，这就决定了我们的法治道路必定要走自己的路。中国特色社会主义法治道路，是社会主义法治建设成就和经验的集中体现，是建设社会主义法治国家的唯一正确道路。

中国特色社会主义法治道路的核心要义是，坚持党的领导，坚持中国特色社会主义制度，贯彻中国特色社会主义法治理论。

坚持党的领导是社会主义法治道路的根本要求。中国共产党的领导是中国特色社会主义最本质的特征，是社会主义法治最根本的保证。坚持党的领导是社会主义法治的根本要求。在现实生活中，一讲到党和法治的关系，经常会有人问党大还是法大，从理论上说，这个问题是一个伪命题。因为党的本质是政治组织，法的本质是行为规范，两者不存在谁比谁大的问题，否则就会陷入语言陷阱。但对各级党政组织、各级领导干部来说，权大还是法大则是一个真命题。纵观人类政治文明史，权力是一把双刃剑，在法治轨道上行使可以造福人民，在法律之外行使则必然祸害国家和人民。坚持人民主体地位、保证人民当家作主、维护人民合法权益，既体现中国共产党的根本宗旨，也是社会主义法治建设的根本目的；党领导人民实现现代化，包括实现国家治理体系和治理能力现代化，而法治建设也是实现国家治理体系和治理能力现代化的重要内容。所以党的领导和依法治国是根本一致、内在统一的。

中国特色社会主义制度是全面依法治国的根本制度保障。法律制度与政治制度紧密相连、互相促进。有什么样的政治制度，就必须实行与之相适应的法律制度。中国特色社会主义制度是中国特色社会主义法治体系的根本制度，是全面推进依法治国的根本制度保障。只有适应巩固和发展中国特色社会主义制度的要求，法治才能发挥应有作用，才能走稳走好法治道路。

中国特色社会主义法治理论是全面依法治国的行动指南。中国特色社会主义法治理论，科学回答了中国要不要搞法治、搞什么样的法治、怎么搞法治等一系列基本问题，是中国特色社会主义法治体系的理论指导和学理支撑，是指引我国法治建设始终沿着正确方向前进的指南针和导航仪。

党的领导、中国特色社会主义制度和中国特色社会主义法治理论，三者紧密联系，构成一个有机整体，指明了全面依法治国的领导力量、制度基础和理论指导。这三个方面的核心要义，规定和确保了中国特色社会主义法治道路与其他国家法治道路的本质区别。

全面依法治国涉及很多方面，在实际工作中必须有一个总揽全局、牵引各个方面的总抓手，这个总抓手就是建设中国特色社会主义法治体系。这个体系具体包括"五大体系"：完备的法律法规体系、高效的法治实施体系、严密的法治监督体系、有力的法治保障体系和完善的党内法规体系。这五大体系体现在立法、执法、司法、守法以及从严治党等各个层面、各个环节中，是中国特色社会主义法治体系的有力支撑。

(二)科学立法、严格执法、公正司法、全民守法

全面依法治国是国家治理的一场深刻革命，必须从目前法治工作基本格局出发，加强宪法实施，坚持厉行法治，扎实有序推进科学立法、严格执法、公正司法、全民守法。成立中央全面依法治国领导小组，加强对法治中国建设的统一领导。

宪法是党和人民意志的集中体现，是通过科学民主程序形成的根本法。坚持依法治国首先要坚持依宪治国，坚持依法执政关键要坚持依宪执政。党的十八届四中全会决定，完善全国人大及其常委会宪法监督制度，健全宪法解释程序机制；加强备案审查制度和能力建设，依法撤销和纠正违宪违法的规范性文件；将每年的 12 月 4 日定为国家宪法日；在全社会普遍开展宪法教育，弘扬宪法精神；建立宪法宣誓制度等。党的十九大强调，加强宪法实施和监督，推进合宪性审查工作，维护宪法权威。推进这些措施有利于强化宪法权威，增强全社会的宪法观念和意识。

推进科学立法，关键是完善立法体制，深入推进科学立法、民主立法、依法立法，以良法促进发展、保障善治。要优化立法职权配置，发挥人大及

其常委会在立法工作中的主导作用，健全立法起草、论证、协调、审议机制，完善法律草案表决程序，增强法律法规的及时性、系统性、针对性、有效性，提高法律法规的可执行性、可操作性。要明确立法权力边界，从体制机制和工作程序上有效防止部门利益和地方保护主义法律化。要加强重点领域立法，及时反映党和国家事业发展要求、人民群众关切期待，对涉及全面深化改革、推动经济发展、完善社会治理、保障人民生活、维护国家安全的法律抓紧制定、及时修改。

法律的生命力在于实施，法律的权威也在于实施。推进严格执法，重点是解决执法不规范、不严格、不透明、不文明以及不作为、乱作为等突出问题。要以建设法治政府为目标，建立行政机关内部重大决策合法性审查机制，积极推行政府法律顾问制度，推进机构、职能、权限、程序、责任法定化，推进各级政府事权规范化、法律化。要全面推进政务公开，强化对行政权力的制约和监督，建立权责统一、权威高效的依法行政体制。要严格执法资质、完善执法程序、建立健全行政裁量权基准制度，确保法律公正、有效实施。

司法是维护社会公平正义的最后一道防线。公平公正是法治的生命线，也是司法的灵魂。司法公正对社会公正具有重要引领作用，司法不公对社会公正具有致命性的破坏作用。推进司法公正，要以优化司法职权配置为重点，健全司法权力分工负责、相互配合、相互制约的制度安排。要深化司法体制综合配套改革，全面落实司法责任制，努力让人民群众在每一个司法案件中感受到公平正义。

法律权威源自人民的内心拥护和真诚信仰。人民权益要靠法律保障，法律权威要靠人民维护。要坚持把全民普法和守法作为依法治国的长期基础性工作，采取有力措施加强法制宣传教育。要坚持法治教育从娃娃抓起，把法治教育纳入国民教育体系和精神文明创建内容，由易到难，循序渐进，不断增强青少年的规则意识。要健全公民和组织守法信用记录，完善守法诚信褒奖机制和违法失信行为惩戒机制，形成守法光荣、违法可耻的社会氛围，使遵法守法成为全体人民的共同追求和自觉行动，提高全民族法治素养和道德素质。

在全面依法治国的进程中，一定要坚持依法治国、依法执政、依法行政的共同推进，坚持法治国家、法治政府、法治社会一体建设，坚持依法治国和以德治国相结合，促进国家治理体系和治理能力现代化。

第四节　积极稳妥推进政治体制改革

政治体制改革是全面深化改革的重要组成部分。不断推进政治体制改革，是中国共产党总结历史经验做出的重要决策，是立足中国特色社会主义全局做出的重大部署。党的十九大报告明确要求，要"积极稳妥推进政治体制改革，推进社会主义民主政治制度化、规范化、程序化，保证人民依法通过各种途径和形式管理国家事务，管理经济文化事业，管理社会事务，巩固和发展生动活泼、安定团结的政治局面。"[①]

一、政治体制和政治体制改革

政治体制是一个国家政治制度得以运行和发挥功能的体制安排，涉及政治制度运行的组织体系、功能结构、工作机制和程序安排。政治体制改革是为了健全和完善国家政治制度而对其运行机制进行的调整和变革，它不是要根本改变政治制度，而是要通过优化政治制度的运行机制和实际功能，健全和完善国家政治制度，增强国家政治制度组织国家、治理社会、推动发展的能力。政治体制改革是政治发展的重要途径，也是政治发展的推动力量。政治发展的基本任务就是创立和完善政治体系，使政治成为推动经济与社会发展的积极途径。

政治体制改革的必要性体现在两个方面。其一，这是政治制度完善和发展的必然要求。任何国家的政治制度的确立、运行和巩固都是一个发展变化的过程，都有赖于不断改革和完善政治体制。其二，这是推动经济与社会发展的必然要求。经济与社会的发展必然对政治制度的功能和运行提出新的、更高的要求，政治制度必须不断适应这些要求而进行改革和完善。政治体制只有不断进行适时的改革，才能在推进经济和社会发展过程中更好的发挥作用。

[①]　习近平：《决胜全面建成小康社会　夺取新时代中国特色社会主义伟大胜利》，36页，北京，人民出版社，2017。

推进政治体制改革，就是要在坚持基本政治制度的前提下，对政治制度、体制机制不适应、不完善的部分进行改革，使政治体制机制更好地适应经济社会发展的需要，使基本政治制度更加巩固，更有利于发挥其制度优势。

二、中国政治体制改革的成就和主要任务

中国政治体制改革始终贯穿于政治发展的历史进程中，是同经济体制、文化体制和社会体制以及其他方面的体制改革相辅相成、相互促进、不断深化的。党的十二大首次明确提出政治体制改革的概念，将政治制度和政治体制区别开来，从理论上破除了对社会主义的僵化理解，为政治体制改革提供了理论依据。此后，政治体制改革围绕着经济体制改革逐步全面展开。中国共产党明确提出了建设有中国特色的社会主义民主政治，依法治国、建设社会主义法治国家，发展社会主义民主政治，把坚持党的领导、人民当家作主和依法治国有机统一起来，走中国特色社会主义民主政治发展道路等一系列重大战略方针，使政治体制改革稳步推进。改革开放40年来，中国的政治体制改革取得了重大成就。

一是民主政治的制度化水平大大提高。选举制度、政治协商、民主监督、参政议政等制度逐步发展和完善，农村村民委员会、城镇居民委员会、企业职工代表大会等民主制度逐步发展，人民直接监督、人民代表大会监督、舆论监督等制度和机制更加健全。

二是社会主义法治更加完善。中国用40年的时间完成了西方一些国家用几百年才建成法律体系的任务，基本形成了中国特色社会主义法律体系。党的十八届四中全会对全面依法治国进行部署，提出190项改革举措。到2017年5月底，我国已制定现行有效法律共260部，以宪法为核心的中国特色社会主义法律体系不断完善。

三是行政管理体制与机构改革成效明显。中国分别在1982年、1988年、1993年、1998年、2003年、2008年、2013年、2018年进行了8次大的机构改革，政府职能转变迈出重要步伐，社会管理和公共服务得到加强，政府组织机构逐步优化，科学民主决策水平不断提高，初步形成了中国特色的行政管理体制。

四是干部人事制度改革成果丰硕。废除了事实上存在的领导干部职务终

身制，全面推行领导干部退休制，健全和完善了党的总书记同时兼任国家主席和中央军委主席的"三位一体"领导体制，建立了国家公务员制度，建立了比较完备的干部选拔任用和监督管理机制。

五是人权得到更加全面、真实和充分的尊重和保障。以宪法为依据，制定了一系列保障人权的法律，建立了较为完备的保障人权的法律制度，人民的生存权和发展权，公民权利和政治权利，经济、社会、文化权利，妇女、老年人、未成年人等特殊群体和残疾人等弱势群体的合法权利，少数民族权利等均得到更好的保障。

中国政治体制改革虽然取得了重大成就，但今后改革的任务依然艰巨，今后一个时期的主要任务有以下几个方面：

一是坚持党的领导、人民当家作主、依法治国的有机统一。在我国政治生活中，党是居于领导地位的，加强党的集中统一领导，支持人大、政府、政协和法院、检察院、监察委员会依法依章程履行职能、开展工作、发挥作用，这两个方面是统一的。坚持"三者的有机统一"，最根本的是坚持党的领导。现在有些人热衷于奢谈西方"宪政民主"，这是一个极大的陷阱。"宪政民主"的实质就是要把坚持党的领导和维护人民主体地位及依法治国对立起来。坚持"三者的有机统一"要改进党的领导方式和执政方式，保证党领导人民有效治理国家；各级领导干部要增强民主意识，发扬民主作风，接受人民监督，当好人民公仆。

二是加强人民当家作主制度保障。长期坚持、不断完善人民代表大会制度，支持和保证人民通过人民代表大会行使国家权力，发挥人大及其常委会在立法工作中的主导作用，健全人大组织制度和工作制度，支持和保证人大依法行使立法权、监督权、决定权、任免权，使各级人大及其常委会成为全面担负起宪法法律赋予的各项职责的工作机关，成为同人民群众保持密切联系的代表机关，善于使中国共产党的主张通过法定程序成为国家意志。

三是发挥社会主义协商民主重要作用。要推动协商民主广泛、多层、制度化发展，统筹推进政党协商、人大协商、政府协商、政协协商、人民团体协商、基层协商以及社会组织协商。加强协商民主制度建设，形成完整的制度程序和参与实践，保证人民在日常政治生活中有广泛持续深入参与的权利。加强人民政协民主监督，重点监督党和国家重大方针政策和重要决策部署的贯彻落实。

四是深化机构和行政体制改革。统筹考虑各类机构设置，形成科学合理的管理体制，完善国家机构组织法。转变政府职能，深化简政放权，创新监管方式，增强政府公信力和执行力，建设人民满意的服务型政府。赋予省级及以下政府更多自主权。在省市县对职能相近的党政机关探索合并设立或合署办公。深化事业单位改革，强化公益属性，推进政事分开、事企分开、管办分离。

五是巩固和发展爱国统一战线。坚持长期共存、互相监督、肝胆相照、荣辱与共，支持民主党派按照中国特色社会主义参政党要求更好履行职能。全面贯彻党的民族政策，铸牢中华民族共同体意识，促进各民族像石榴籽一样紧紧抱在一起，共同团结奋斗、共同繁荣发展。全面贯彻党的宗教工作基本方针，坚持我国宗教的中国化方向，积极引导宗教与社会主义社会相适应。加强党外知识分子工作，做好新的社会阶层人士工作，发挥他们在中国特色社会主义事业中的重要作用。构建亲清新型政商关系，促进非公有制经济健康发展和非公有制经济人士健康成长。广泛团结联系海外侨胞和归侨侨眷，共同致力于中华民族伟大复兴。

三、不能生搬硬套外国政治制度模式

世界上没有完全相同的政治制度模式，没有也不可能有一种放之四海而皆准的政治发展道路。一个国家实行什么样的政治制度，走什么样的政治发展道路，不能脱离特定社会政治条件和历史文化传统来抽象评判。人类政治制度的发挥在哪儿都有其规律性，西方政治制度是在一定社会发展阶段和特定历史条件下解决特定政治问题的产物，既不是人类政治发展的终点，也不构成其他国家政治制度发展变迁的唯一标杆。

"鞋子合不合脚，自己穿了才知道。"一个国家的政治体制合不合适，只有这个国家的人民才最有发言权。对于我们这样一个人口众多的发展中国家来说，始终坚持正确的政治发展道路，更是关系根本、关系全局的重大问题。

设计和发展国家政治制度，必须注重历史和现实、理论和实践、形式和内容的有机统一。改革开放以来，中国共产党和中国人民从实际出发，成功开辟和坚持了中国特色社会主义政治制度，为实现最广泛的人民民主确立了正确方向，拓展了发展中国家走向现代化的途径，给世界上那些既希望加快发展又希望保持自身独立性的国家和民族提供了全新选择。发展和完善我国社会主义政治制度，需要借鉴国外政治文明有益成果，但绝不能放弃中国政治制度的根本。不能看到我们有而别的国家没有就简单认为是多余的，就要去除掉；或者看到别的国家有而我们没有就简单认为有欠缺，就要搬过来。中国的国情决定了我们不能照搬西方政治制度模式，也不能搞"三权鼎立"和多党轮流执政制度。

"三权鼎立"主要是指立法权、行政权和司法权分别由不同的国家机关掌握，相互独立、互相制衡。"三权鼎立"这种制度相对于封建专制统治与个人独裁是一种进步，是同资本主义经济和政治特征相适应的精巧设计。它已经成为西方资本主义国家政治制度的建制原则，在一定程度上可以避免某一集团独揽权力，便于资产阶级统治集团内部实现"民主"，但并不代表全体人民的利益，实际上是不同利益集团之间的博弈和制衡，是实行资产阶级专政、维护资本主义统治的工具。中国作为社会主义国家，国体是人民民主专政，国家的一切权力属于人民，人民的权利具有至上性、不可分割性；中国坚持以公有制为主体、多种所有制经济共同发展的基本经济制度，广大人民的根本利益是一致的，不存在根本利益不同的利益集团。因此，在建设中国特色社会主义的过程中，我们必须毫不动摇地坚持人民代表大会制度，而不能照搬西方的"三权鼎立"。主要原因有以下几个方面：

第一，国家的政治制度和民主形式是历史发展的产物，"三权鼎立"在中国行不通，人民代表大会制度是历史的选择、人民的选择。

政治制度和民主形式对一个国家来说是极其重要的。但是，民主的实现形式，在不同的国度、不同的民族、不同的历史阶段并没有统一的模式。一个国家实行什么样的政治制度，归根结底是由这个国家的国情和历史发展决定的，而且与其阶级特性密切相关。世界上从来没有抽象的、纯粹的民主，而只有具体的、一定历史条件下的民主。西方国家的政治体制是国家的上层建筑，是维护资产阶级利益的机器。资产阶级为与封建阶级分权发展而来的"三权鼎立"，其实也是西方各国独特的政治、经济、历史、文化的产物，具体形式也是各有特点，并不完全相同。西方国家的基本政治体制形式可以分为两种，一种是总统制，一种是议会制。这两种政治体制最关键的区别在于行政首脑产生的方式不同。在议会制下，选民选出议会，议会推选出总理（首相），总理（首相）挑选内阁成员而形成政府（行政当局）。在总统制下，选民一方面要选议会，另一方面要选总统，然后由总统来挑选他的内阁成员。美国实行总统制，是相对较为典型的"三权鼎立"。英国实行议会制，实行"议会至上"，立法权与行政权并不是分立的。法国则采用半议会制半总统制，行政权占主导。在西方国家，不可能强迫某一国家实行某一制度，比如英国要强迫美国采取议会制的政体或美国强迫法国完全按照美国的总统制运行，那都是匪夷所思之事。

实行人民代表大会制度，是近代以来中国社会历史发展的必然选择。在近代史上，我国曾经几次模仿西方的政治制度，搞"三权鼎立"，都失败了。历史证明，在中国照搬西方政治体制的模式是一条走不通的路。新中国成立后，人民代表大会制度被确定为我国的根本政治制度。历史和实践得出这样的结论：人民代表大会制度是马克思主义国家学说和我国政治实践相结合的伟大创造，是近代以来中国政治发展的必然结果，是中国共产党带领各族人民长期奋斗的重要成果。

第二，人民代表大会制度是符合中国国情、体现中国社会主义国家性质、能够保证中国人民当家作主的政治制度，"三权鼎立"不适合中国国情。

任何国家都是国体和政体的统一。实行人民代表大会制度的政体，是同我国的国体相适应的。我国是人民民主专政国家，与这种国家性质相适应的只能是人民代表大会制度。我国坚持以公有制为主体、多种所有制经济共同发展的基本经济制度，从根本上否定了"金钱民主"和资本统治。我国的社会主义国家性质保障了广大人民的根本利益，由此也决定了人民可以统一行使自己的国家权力，我们人民民主专政的国家只能实行"议行合一"的民主集中制。人民通过民主选举产生自己的代表，组成各级人民代表大会。各级人大都由民主选举产生，代表人民行使国家权力，保证了把国家、民族的前途和命运牢牢地掌握在人民手中。资本主义国家虽然标榜"主权在民"，但实质上是"金钱民主"和资本统治。在资本主义国家，少数人凭借资本的强势可以左右弱势的社会中下层的民主诉求，金钱的魔力足以强制多数人对资本的专制保持沉默。显然，在中国搞"三权鼎立"，既无政治基础和社会基础，更无经济基础和阶级基础。

第三，"三权鼎立"存在难以克服的缺陷，并不是所有国家治理和防止腐败的最佳政体。

作为一种政治制度，"三权鼎立"在分权和制衡权力方面有积极意义，对于防止公共权力的滥用和权力腐败有一定的监督作用。但是，它也存在严重的弊端，主要是导致相当一部分权力在相互牵制中抵消，常常是议而不决、决而不行，以致造成大量的人力、物力、财力和时间的浪费。从实行"三权鼎立"国家的实际来看，由于"三权鼎立"带来的权力中心之间的相互掣肘和拆台，往往造成几个权力机关各说一套、各行其是。在这种"民主"形式下，一些简单的事情常常被复杂化。相反，一些重大问题，却因为政客们为维护各自所代表的利益，互不相让而一再拖延、议而不决。"三权鼎立"并不是防止腐败的唯一途径，实行"三权鼎立"的国家并没有有效地防止腐败。比如，苏联解体、东欧剧变后，一些国家照搬西方的政治制度，但并没有带来人们想象中的国家发展、政治清明和社会稳定。相反，一些国家社会动荡不止，腐败严重，甚至战乱频仍，教训是深刻的。如果不顾我国国情，违背人民的根本利益，照搬资本主义国家的"三权鼎立"政治制度，必然会从根本上动摇人民当家作主的政治地位，导致民主倒退，社会动荡。

当然，我们说中国不能搞"三权鼎立"，并不是说拒绝一切关于权力制衡和权力监督的举措，实际上对一切有利于发扬民主和加强监督的有效措施，我们是应该大胆学习和借鉴的，这里要强调的是不能盲目照搬，更不能上西方敌对势力的当。

政党制度是国家政治制度的重要组成部分。一个国家采取什么样的政党制度，是由该国的经济、政治、社会、历史发展等多种因素所决定的。西方多党制是资产阶级在政治实践中形成和发展的政党制度。它虽然在反对封建专制的过程中发挥过积极作用，但这种政党制度有一些难以克服的弱点，并不适合所有国家。我们必须坚持中国特色的政党制度，不能搞西方多党制。

首先，我国不存在多党轮流执政的经济基础和政治基础，人民的根本利益和国家的长治久安也不容许实行多党轮流执政。我国实行社会主义公有制，工人阶级和全体人民对国有生产资料的共同占有具有不可分割性，这就决定了代表工人阶级和中国最广大人民群众根本利益的政党只能有一个，并且只能是一个统一的无产阶级政党。当然，我国还存在着个体经济、私营经济、外资经济等非公有制经济，但这些都是社会主义初级阶段基本经济制度的重要组成部分。在我国社会变革中出现的个体户、私营企业主、民营科技企业的创业人员和技术人员、受聘于外资企业的管理技术人员等社会阶层，都是中国特色社会主义事业的建设者，他们虽然有着不同的利益需求，对国家某些方面的具体方针政策可能有不同见解，但这种差距不是政治方向、政治原则的差距，而是人民内部矛盾，没有根本利益上的背离，可以通过民主协商、统筹兼顾等方法解决，因而不存在搞西方政党制度的经济基础和阶级基础。那种在我国实行西方多党制的主张，实质上是要取消共产党的领导和执政地位。

其次，西方多党制在实际运行中暴露出很多弊端，不能盲目照搬。西方多党制是资产阶级在政治实践中形成和发展起来的，虽然在反对封建专制的过程中发挥过积极作用，但这种政党制度有一些难以克服的弱点。其一是具有短期行为，强调竞争，强调选票，执政党只做对自己政党选举有利的事，这样就必然缺乏政策的连贯性和长期性。其二是多党竞选要耗费大量的金钱，政治深受利益集团的操纵和控制。显然，没有大资本集团的资金支持，各党派不可能进行权力角逐。俗话说"拿了人家的手软"，政治家的行为不可避免地要受利益集团的影响和控制。其三是容易激化社会矛盾，导致社会动荡。为了拼选举，各政党相互攻击对方，引起拥护各自政党的民众对立，其结果是人为地扩大和深化了社会分歧，并导致政局不稳，影响经济发展，人民群众深受其害。其四是党派间的竞争导致社会改革困难重重。任何一种变革都会导致利益的调整，从短期来讲，肯定会有得利较多的一方，也会有失去利益比较多或者得利较少的一方，这种变革自然会引起后者的反对，而这种反对的力量必然会被反对党所利用，从而加大变革的难度。一些政党通过选举上台，轮流执政，表面上看非常热闹，非常民主，实质上无论谁在台上，实行的政策大同小异，都不会改变资产阶级专政的实质。近年来，西方民众选举热情淡漠，投票率连年下降，就是因为人们逐渐看到了这种"民主游戏"的实质。

最后，西方多党制被移植到一些发展中国家后带来了灾难性后果。西方多党制是资产阶级在反对封建专制的斗争中逐渐形成并不断完善的，是与各国的经济社会状况和文化传统相适应的。尽管有许多弊端，但由于一些发达国家在经济上有一定的实力，法制也比较健全，使人们逐渐适应了这样的制度，因而其弊端也就在大众的容忍范围之内了。这样具有明显缺陷的制度，虽然在西方一些发达国家能够运行，但是在一些民主制度不够健全、大众民主意识比较欠缺、缺乏实行民主的文化传统和习惯的发展中国家就很难行得通。这也是美国等西方发达国家在发展中国家推行西方多党制屡屡受挫的重要原因之一。冷战结束后，非洲许多部落众多的国家在西方的压力和影响下，宣布实行多党制，结果导致政党林立、竞争激烈，社会矛盾激化，经济停滞、政治动荡，国家陷入了长期纷乱之中。一些原社会主义国家的历史教训证明，放弃党的领导，社会主义社会的性质就会改变，人民当家作主的地位就会改变。苏联解体后，政党林立，国家陷入混乱，社会冲突不断。事实告诉我们，不能盲目照搬别国的政党制度，否则就会给国家和民族带来灾难性后果。

总之，各个国家的国情不同，民主发展的道路和由此形成的民主模式自然也应该是多样化的，这也是人类文明发展多样性的具体体现。中国共产党领导的多党合作和政治协商制度是近代以来中国历史发展的必然结果，体现了社会主义的本质要求，同中国经济、政治、文化、社会状况相符合，也同中国疆域广大、人口众多、民族众多等实际状况相适应，是符合中国国情的新型政党制度。在发展社会主义民主政治的进程中，我们绝不会生搬硬套外国政治制度模式，我们完全有信心、有能力把我国社会主义民主政治的优势和特点充分发挥出来，为人类政治文明进步作出充满中国智慧的贡献！

【思考题】

1. 结合中国共产党领导的多党合作和政治协商制度发展的历史进程，谈谈你对健全社会主义协商民主制度意义的认识？

2. 为什么说中国既没有搞"三权鼎立"的政治基础，也没有搞"三权鼎立"的经济基础？

3. 有人认为，"40年来，中国经济的改革和发展取得了巨大发展，而政治体制的改革和发展却相对滞后，乏善可陈。"请谈谈你对这一观点的认识。

【阅读书目】

1. 中共中央宣传部：《习近平总书记系列重要讲话读本》，学习出版社，人民出版社，2016。

2.《习近平谈治国理政》第一卷，外文出版社，2014。

3. 鄢一龙等著：《大道之行：中国共产党与中国社会主义》，中国人民大学出版社，2016。

4. 张维为：《中国三部曲：中国触动·中国震撼·中国超越》，上海人民出版社，2015。

第四章　中国特色社会主义文化建设

【本章概要】

　　文化是民族的血脉，是一个国家、一个民族的灵魂，是民族生存和发展的重要力量。习近平总书记在党的十九大报告中指出，中国特色社会主义文化，源自于中华民族五千多年文明历史所孕育的中华优秀传统文化，熔铸于党领导人民在革命、建设、改革中创造的革命文化和社会主义先进文化，植根于中国特色社会主义伟大实践。发展中国特色社会主义文化，就是以马克思主义为指导，坚守中华文化立场，立足当代中国现实，结合当今时代条件，发展面向现代化、面向世界、面向未来的，民族的科学的大众的社会主义文化，推动社会主义精神文明和物质文明协调发展。要坚持中国特色社会主义文化发展道路，激发全民族文化创新创造活力，建设社会主义文化强国。

【案例关注】

　　《中国诗词大会》节目为何火爆？

　　《中国诗词大会》是中央电视台继《中国汉字听写大会》《中国成语大会》《中国谜语大会》之后，为贯彻落实习近平总书记关于弘扬中华优秀传统文化的指示精神，为让古代经典诗词，深深印在国民大众的脑子里，成为"中华民族文化基因"，而由央视科教频道推出的一档全民参与的大型文化类诗词节目。节目以"赏中华诗词、寻文化基因、品生活之美"为基本宗旨，力求通过对诗词知识的比拼及赏析，带动全民重温那些曾经学过的古诗词，分享诗词之美，

感受诗词之趣，从古人的智慧和情怀中汲取营养，涵养心灵。

讨论：

2017年春节过后第一周，由中央电视台推出的《中国诗词大会》第二季这一文化类综艺节目彻底火了。在微信上，人民日报、人民网、新华社等各大媒体账号，都在发布有关节目台前幕后的消息。在新浪微博上，"中国诗词大会"的话题关注量超过1亿人次。特别是在2017年2月7日节目总决赛播出后，关注热度达到了顶峰，参与节目的众多选手，也都成为了新"正能量网红"的代表。究竟这档节目有何魅力，其在网络上引发的讨论热潮又给社会带来了何种影响呢？

【内容精讲】

第一节　中国特色社会主义文化建设概述

一个民族的复兴需要强大的物质力量，也需要强大的精神力量。没有先进文化的积极引领，没有人民精神世界的极大丰富，没有民族精神力量的不断增强，一个国家、一个民族不可能屹立于世界民族之林。实现中国梦，是物质文明和精神文明均衡发展、相互促进的结果，是两个文明比翼双飞的发展过程。没有文明的继承和发展，没有文化的弘扬和繁荣，就没有中国梦的实现。文化的影响力首先是价值观念的影响力。要把社会主义核心价值观日常化、具体化、形象化、生活化，使每个人都能感知它、领悟它。要通过教育引导、舆论宣传、文化熏陶、实践养成、制度保障等，使社会主义核心价值观内化为人们的精神追求，外化为人们的自觉行动。

一、文化和文化建设

（一）文化的内涵

文化是一个非常广泛和最具人文意味的概念。简单来说，文化就是一个地区人类的生活要素形态的统称，即衣、冠、文、物、食、住、行等。给文化下一个准确或精确的定义，的确是一件非常困难的事情。对文化这个概念的解读，人们也一直众说不一。《辞海》(1989年版)解释说，狭义的文化是指社会的意识形态，以及与之相适应的制度和组织机构。对"文化"(culture)一词的解释，早在1871年，英国文化学家泰勒在《原始文化》一书中，把文化定义为："文化，或文明，就其广泛的民族学意义来说，是包括全部的知识、信仰、艺术、道德、法律、风俗以及作为社会成员的人所掌握和接受的任何其他的才能和习惯的复合体。"①美国学者奥格本(W. F. Ogburn)称，"文化可以被认为是人类社会产品的积累，包括物质对象的使用、社会制度和行为方式。"②日本学者岩崎允胤认为，"文化是人作为主体作用于客体，将自己对象化于客体，从而将现实作为我的东西来占有的这种活动，同时也是活动的成果；而且是包含着这种活动成果的过程。"③因此，笼统地说，文化是一种社会现象，是人们长期创造形成的产物，同时又是一种历史现象，是社会历史的积淀物。在东西方的辞书或百科中对文化有一个较为共同的解释和理解：文化是人类所创造的物质财富与精神财富的总和。确切地说，文化是凝结在物质之中又游离于物质之外，是能够被传承的国家或民族的历史、地理、风土人情、传统习俗、生活方式、文学艺术、行为规范、思维方式、价值观念等，是人类之间进行交流的普遍认可的一种能够传承的意识形态。

马克思认为，文化起源于人类劳动。马克思虽然没有直接给文化下定义，但他从分析人与自然之间关系入手探讨了与文化相关的概念，比如"人的本质力量的对象化""人化的自然""人类学的自然"等。马克思指出，人直接地就是自然存在物，一方面，人具有自然力和生命力，是能动的自然存在物；另一方面，人同世界其他事物一样是受动的自然存在物。人有现实的、感性的对象作为自己生命表现的对象。人是有激情的存在物，强烈地追寻自己的本质力量。但是，"人不仅仅是自然存在物，而且是人的自然存在物，也就是说，是为自身而存在着的存在物，因而是类存在物。他必须既在自己的存在中也

---

① ［英］爱德华·泰勒：《原始文化》，连树生译，1页，桂林，广西师范大学出版社，2005。

② ［美］威廉·费尔丁·奥格本：《社会变迁——关于文化和先天的本质》，王晓毅、陈育国译，29页，杭州，浙江人民出版社，1989。

③ ［日］岩崎允胤：《文化和人类活动的辩证法》，载《哲学研究》，1990(2)。

在自己的知识中确证并表现自身。"①人类正是在自己的劳动中，在改造对象世界中确证了自己是有意识的类存在物。整个世界历史不过是并通过人的劳动而诞生的过程，劳动是人自由自觉的活动，是人自己的本质，文化在人类劳动的历史中产生，历史与文化互相交织在一起，历史与文化就是人的真正的自然史。

文化的本质是人的创造性的对象化活动，是人的本质力量的对象化，是人类实践活动的产物。实际上，"对人类的真正研究，不是关于人的研究，而是关于文化的研究"。② 在马克思文化观看来，尽管社会文化具有多种形态，但就其实质而言，它是人类社会实践活动的产物，是通过人类的社会生活和社会交往而被社会化和客观化了的精神产品。马克思在《1844 年经济学哲学手稿》一文中认为，人的自我意识是人与动物的区别，"人的类特性恰恰就是自由的自觉的活动"，"有意识的生命活动把人同动物的生命活动直接区别开来"，"正是在改造对象世界中，人才真正地证明自己是类存在物。这种生产是人的能动的类生活。通过这种生产，自然界才表现为他的作品和他的现实。因此，劳动的对象是人的类生活的对象化：人不仅象在意识中那样理智地复现自己，而且能动地、现实地复现自己，从而在他所创造的世界中直观自身"。③

作为意识形态的文化，是一定社会的政治和经济的反映，又作用于一定社会的政治和经济。从存在与意识的关系看，"不是意识决定生活，而是生活决定意识。"④在《〈政治经济学批判〉序言》中，马克思的表述则更为清晰，他写道："人们在自己生活的社会生产中发生的一定的、必然的、不以他们的意志为转移的关系，即同他们的物质生产力的一定发展阶段相适合的生产关系。这些生产关系的总和构成社会的经济结构，即有法律的和政治的上层建筑竖立其上并有一定的社会意识形式与之相适应的现实基础。物质生活的生产方式制约着整个社会生活、政治生活和精神生活的过程。不是人们的意识决定

---

① 《马克思恩格斯全集》第 42 卷，169 页，北京，人民出版社，1979。

② 傅铿：《文化：人类的镜子》，145 页，上海，上海人民出版社，1990。

③ 《马克思恩格斯全集》第 42 卷，96、97 页，北京，人民出版社，1979。

④ 《马克思恩格斯全集》第 3 卷，30 页，北京，人民出版社，1960。

人们的存在，相反，是人们的社会存在决定人们的意识。"①马克思所要表达的文化思想内涵始终贯穿于"人""人类社会"和"精神"三者之中。

文化是在一定经济基础和社会制度上产生的。但是，把经济基础和社会制度看作文化发展的基础，不等于说文化发展是完全被动、完全静态的；相反，文化具有推动经济发展和社会进步的巨大能量。恩格斯曾指出："政治、法律、哲学、宗教、文学、艺术等的发展是以经济发展为基础的。但是，它们又都互相影响并对经济基础发生影响。并不是只有经济状况才是原因，才是积极的，而其余一切都不过是消极的结果。这是在归根到底不断为自己开辟道路的经济必然性的基础上的互相作用。"②这就表明，各种社会意识形式之间、上层建筑与经济基础之间是互为对象、彼此推动的，文化在其中扮演着十分活跃和重要的角色。

(二)文化的作用

文化的本质是观念形态，属于精神领域，但文化的作用并不限于观念形态、精神领域，人们的经济活动、制度设计、行为方式、日常生活都具有特定的文化内涵，体现着文化的作用。文化如同空气一样无所不在，凡是有人的地方，凡属人的活动范围，文化都起着特殊的作用，发挥着独特的功能。"观乎天文，以察时变；观乎人文，以化成天下。"文化的特殊作用和独特功能就是对个人和社会的"教化"，从而塑造个人，引导社会。所以，文化是一种深深熔铸在民族生命力、创造力、凝聚力中的力量，对于民族精神的培育和健全人格的塑造、促进人的全面发展具有特殊的、不可替代的作用。

文化是相对于经济、政治而言的。"一定的文化(当作观念形态的文化)是一定社会的政治和经济的反映，又给予伟大影响和作用于一定社会的政治和经济；而经济是基础，政治则是经济的集中的表现。""一定形态的政治和经济是首先决定那一定形态的文化的；然后，那一定形态的文化又才给予影响和作用于一定形态的政治和经济"。③ 社会文化对于人们的社会存在来说具有本体论的意义，它构成了人及其社会的存在方式和发展机制，因而必然在人类

---

① 《马克思恩格斯全集》第 13 卷，8 页，北京，人民出版社，1962。
② 《马克思恩格斯全集》第 39 卷(上)，199 页，北京，人民出版社，1974。
③ 《毛泽东选集》第二卷，663～664 页，北京，人民出版社，1991。

社会发展中发挥着不容低估的重要作用。从社会发展机制上看，由于人们的感性活动必然是在一定的文化价值观引导下的有意义的活动，因而无论是人类实践活动所创造出来的物质的和精神的成果，还是在人类实践活动中所形成的社会组织、社会制度等，都可以被称为有别于"自然"的"文化"。正是由于这一点，人类社会的发展才最终脱离了生物进化的轨道，而走上了文化进化的路途。一般来说，文化在社会发展过程中的主要作用表现在，一是文化具有传递文明的作用。这种传递文明的功能，使个人可以在较短的时间内掌握人类在较长的时间中积累的经验、知识和价值观念。二是文化具有规范人的行为的作用。人既有社会属性，又是自然属性；既有理性的方面，又有非理性的因素。文化的作用是以社会规范"化"人，以发挥理性对人的行为的主导作用。三是文化具有凝聚社会力量的作用。作为价值体系和行为规范，文化提供着关于是与非、善与恶、美与丑、好与坏等社会标准，并可以通过社会教育而内化为个人的是非感、正义感、羞耻感、审美感、责任感等，从而提高人们的道德情操、认识水平和人生境界，凝聚社会力量。

当然，强调文化价值观念在社会发展中的重要作用，并不是说任何一种文化价值观念都能够积极地推进社会的进步与发展。不是文化决定经济、政治和社会，而是社会的经济以及政治决定着文化。所以，文化及其作用不可能单纯地从文化自身得到解释。文化命运的背后是民族命运、国家前途和社会走向的问题，文化争论的背后是经济实力和政治制度的竞争，文化变革的背后是物质生产方式的变革。社会文化在实质上是一种内含于人的实践活动中的普遍精神。实践活动的具体性和历史性也就决定了文化价值观的具体性和历史性。因此，随着人类实践活动的不断发展，人们的价值观念也必然面临不断更新的过程。

(三)文化建设

由于文化对经济基础具有巨大的能动作用，因而，必须充分重视文化和意识形态的建设。党的十七届六中全会审议通过的《中共中央关于深化文化体制改革、推动社会主义文化大发展大繁荣若干重大问题的决定》[①]指出，总结

---

① 《中共中央关于深化文化体制改革、推动社会主义文化大发展大繁荣若干重大问题的决定》，北京，人民出版社，2011。

我国文化改革发展的丰富实践和宝贵经验，研究部署深化文化体制改革、推动社会主义文化大发展大繁荣，进一步兴起社会主义文化建设新高潮，对夺取全面建设小康社会新胜利、开创中国特色社会主义事业新局面、实现中华民族伟大复兴具有重大而深远的意义。

早在一百多年前，马克思和恩格斯就看到了文化和意识形态建设对于整个社会主义的重要意义。在《共产党宣言》中，马克思、恩格斯写道："共产党一分钟也不忽略教育工人尽可能明确地意识到资产阶级和无产阶级的敌对的对立，以便德国工人能够立刻利用资产阶级统治所必然带来的社会的和政治的条件作为反对资产阶级的武器，以便在推翻德国的反动阶级之后立即开始反对资产阶级本身的斗争……共产党人不屑于隐瞒自己的观点和意图。他们公开宣布：他们的目的只有用暴力推翻全部现存的社会制度才能达到。"[1]在《〈德国农民战争〉1870年第二版序言的补充》中，恩格斯强调："必须以高度的热情把由此获得的日益明确的意识传播到工人群众中去，必须不断增强党组织和工会组织的团结。"[2]"在这种宣传中，工人阶级得到了一个有效的办法来相互了解，认清自己的社会地位和利益，把自己组织起来，懂得自己力量之所在。"

中国是以马克思主义理论为指导的社会主义国家，马克思主义是中国的主流意识形态，中国的文化建设必须以马克思主义及其文化观为指导，不断开辟中国先进文化建设的新篇章。马克思主义文化观是植根于生动的社会实践，坚持历史唯物主义的基本原理和方法，是为了实现包括无产阶级在内的广大群众的精神解放的群众文化观。文化建设是中国特色社会主义事业总体布局的重要组成部分。没有文化的积极引领，没有人民精神世界的极大丰富，没有全民族精神力量的充分发挥，一个国家、一个民族不可能屹立于世界民族之林。

习近平总书记在党的十九大报告中指出："文化是一个国家、一个民族的灵魂。文化兴国运兴，文化强民族强。"文化能为人民提供坚强的思想保证、强大的精神力量、丰润的道德滋养，必须不断加强文化建设。党的十九大报

---

① 《马克思恩格斯文集》第2卷，66页，北京，人民出版社，2009。
② 同上书，219页。

告提出："发展中国特色社会主义文化，就是以马克思主义为指导，坚守中华文化立场，立足当代中国现实，结合当今时代条件，发展面向现代化、面向世界、面向未来的，民族的科学的大众的社会主义文化，推动社会主义精神文明和物质文明协调发展。"这就为我们的文化建设提供了基本思路与根本遵循。党的十八大以来，以习近平同志为核心的党中央在推进社会主义文化发展方面，形成了一套具有全局和长远指导意义的大智慧、大战略和大思路，构成了习近平治国理政思想体系中的一项重要内容。习近平治国理政的文化大思路主要包括：高举马克思列宁主义、毛泽东思想和中国特色社会主义伟大旗帜；培育和践行社会主义核心价值观；弘扬中华民族优秀传统文化；加强社会主义意识形态建设；坚持中国特色社会主义文化发展道路；建设社会主义文化强国。

在全球化时代，文化已越来越成为民族凝聚力和创造力的源泉，越来越成为综合国力的重要组成部分。文化建设是中国特色社会主义事业总体布局的重要组成部分。没有文化的积极引领，没有人民精神世界的极大丰富，没有全民族精神力量的充分发挥，一个国家、一个民族不可能屹立于世界民族之林。

二、中国特色社会主义文化制度

中国特色社会主义文化制度是指现阶段国家通过宪法和法律规范社会文化生活，调整社会意识形态为核心的各种文化生活的基本原则和规则的总和。它既包括直接反映和体现中国特色社会主义基本经济制度、基本政治制度的基本文化制度，也包括建立在这些制度基础之上的文化体制等各项具体制度，即文化基本制度在文化发展各领域的具体体现，一般包括机构设置、隶属关系、管理权限和工作规则等方面的体系、制度、方法、形式等。

(一)坚持马克思主义的指导地位

马克思主义永远是中国共产党的立身之本，更是我们开展包括文化建设在内的一切工作和实践的行动指南。坚持马克思主义的指导地位，是我们做好包括中国特色社会主义文化事业在内的中国特色社会主义各项事业的思想基础和根本保障。马克思主义是中国特色社会主义基本文化制度的重要组成部分和理论基础，决定着基本文化制度建设的性质和方向。同时，马克思主义也为中国特色社会主义基本文化制度建设提供科学的世界观、方法论，也提供抵御国内外各种错误思潮（如拜金主义、享乐主义、个人主义）影响的有力武器。

(二)坚持"百花齐放、百家争鸣"的发展方针

"百花齐放、百家争鸣"，是毛泽东在 20 世纪 50 年代首先提出和倡导的，是我们党和国家建设中国特色社会主义文化的基本方针，体现了理论、科学技术、文学艺术等精神生产的客观规律。在中国特色社会主义实践中，在理论上和实践中还有很多问题未解决，学术领域中出现不同观点、不同学派之间的争论，不仅是正常的也是有益的，在不同的学术派别的相互切磋和自由争论中，各种意见充分表达，可以活跃思想文化，也有利于理论创新和问题的解决。创作生产更多无愧于历史、无愧于时代、无愧于人民的优秀作品，是文化繁荣发展的重要标志。全面贯彻为人民服务、为社会主义服务的方向和"百花齐放、百家争鸣"的方针，立足发展先进文化、建设和谐文化，激发文化创作活力，提高文化产品质量，发挥文化引领风尚、教育人民、服务社会、推动发展的作用。

(三)坚持社会主义核心价值体系

社会主义核心价值体系是社会主义意识形态的本质体现，是社会主义先进文化的精髓，是中国特色社会主义的价值体系，它决定中国特色社会主义基本文化制度的内容，我国的基本文化制度必须以此为基础。党的十九大报告指出，文化自信是一个国家、一个民族发展中更基本、更深沉、更持久的力量。必须坚持马克思主义，牢固树立共产主义远大理想和中国特色社会主义共同理想，培育和践行社会主义核心价值观，不断增强意识形态领域主导权和话语权，推动中华优秀传统文化创造性转化、创新性发展，继承革命文化，发展社会主义先进文化，不忘本来、吸收外来、面向未来，更好构筑中国精神、中国价值、中国力量，为人民提供精神指引。

三、习近平新时代中国特色社会主义文化思想

中国特色社会主义文化理论是马克思主义文化理论与中国具体实际相结

合的产物，体现了对中国特色社会主义文化建设的规律性认识，是中国特色社会理论体系的重要组成部分，是建设中国特色社会主义文化的根本指导思想。

文化属于中国特色社会主义基本内涵，与道路、理论体系、制度一起构成中国特色社会主义基本结构。党的十八大以来，以习近平同志为核心的党中央站在时代高度，对中国特色社会主义文化基础性战略性作用的认识更加深刻，推进文化育人、文化强国、文化外交的部署更加有力。中国特色社会主义先进文化的思想是中国特色社会主义"五位一体"中的重要一极。要重视文化建设，这已经成为我们的共识。党的十九大报告阐明了中国特色社会主义文化的基本特征和核心要素，指出了中国特色社会主义文化与中华优秀传统文化、革命文化、社会主义先进文化之间的关系。

中国特色社会主义文化是当代中国的精神命脉，是中国人民胜利前行的强大精神力量。党的十九大报告指出：中国特色社会主义文化，源自于中华民族五千多年文明历史所孕育的中华优秀传统文化，熔铸于党领导人民在革命、建设、改革中创造的革命文化和社会主义先进文化，植根于中国特色社会主义伟大实践。发展中国特色社会主义文化，就是以马克思主义为指导，坚守中华文化立场，立足当代中国现实，结合当今时代条件，发展面向现代化、面向世界、面向未来的，民族的科学的大众的社会主义文化，推动社会主义精神文明和物质文明协调发展。要坚持为人民服务、为社会主义服务，坚持"百花齐放、百家争鸣"，坚持创造性转化、创新性发展，不断铸就中华文化新辉煌。

建设中国特色社会主义文化，增强实现社会主义现代化和中华民族伟大复兴的软实力。文化是一个民族的精神高地、价值体系、科学创造，流通于民族和人民的血脉之中，构成国家软实力的核心。习近平总书记对建设社会主义文化强国有着许多精辟的论述，他强调"没有文明的继承和发展，没有文化的弘扬和繁荣，就没有中华民族伟大复兴的中国梦的实现"。① 实现社会主义现代化和中华民族伟大复兴，必须增强综合国力，既包括经济、科技、军

---

① 习近平：《在联合国教科文组织总部发表演讲》，载《人民日报》，2014-03-28。

事的硬实力，也包括制度、治理、文化的软实力。文化是建设富强民主文明和谐的社会主义现代化国家的重要软实力，文化的力量蕴含于民族之中、民众之中，无比深厚和坚强。坚持中国特色社会主义文化，就是要建设社会主义文化强国，用文化强国推动实现"两个一百年"奋斗目标，让中华文化为中国梦固本强基、扬帆领航，以文化复兴推动民族复兴。

第二节 中国特色社会主义文化发展道路

中国特色社会主义文化发展道路是我们党基于时代特点、我国国情和社会主义性质，对发展社会主义文化进行的路径探索。中国特色社会主义文化发展道路包括中国特色社会主义文化发展的指导思想和方向、文化建设的发展主题和任务、文化建设的目的和动力、文化发展的内容和目标要求等重大问题。党的十九大将文化自信与道路自信、理论自信、制度自信一道作为习近平新时代中国特色社会主义思想的重要内容，把坚持社会主义核心价值体系作为基本方略之一，做出了"坚定文化自信，推动社会主义文化繁荣兴盛"的战略部署，使文化自信、文化建设的地位和作用提升到一个崭新高度。

一、中国特色社会主义文化发展道路的内涵

党的十九大报告指出，发展中国特色社会主义文化，就是以马克思主义为指导，坚守中华文化立场，立足当代中国现实，结合当今时代条件，发展面向现代化、面向世界、面向未来的，民族的科学的大众的社会主义文化，推动社会主义精神文明和物质文明协调发展。要坚持为人民服务、为社会主义服务，坚持"百花齐放、百家争鸣"，坚持创造性转化、创新性发展，不断铸就中华文化新辉煌。

(一)新时代中国特色社会主义文化具有深厚的优秀传统文化内涵

中华优秀传统文化博大精深、历久弥新。中华优秀传统文化是中华民族的精神命脉，是我们最深厚的文化软实力，也是新时代中国特色社会主义文化的精神基因。"中华文化源远流长，积淀着中华民族最深层的精神追求，代表着中华民族独特的精神标识，为中华民族生生不息、发展壮大提供了丰厚

滋养"①。中国特色社会主义文化发展道路，就是高扬社会主义先进文化与传承民族优秀传统文化相结合的文化发展道路，就是植根民族历史文化土壤而又面向现代化、面向世界、面向未来的文化发展道路。

(二)新时代中国特色社会主义文化具有深厚的革命文化内涵

中国革命文化是五四运动后中国人民在中国共产党领导下，以马克思主义为指导，在建立新民主主义事业的过程中形成的，以救亡图存、奋发图强、民族复兴为思想内核和价值取向的文化形态。革命文化蕴含着丰富的革命精神和厚重的历史文化内涵，它继承了中华优秀传统文化"革命"元素的基因，又成为社会主义先进文化发展的重要源头。革命文化，作为对中国优秀传统文化的超越性继承，集中体现了我们党的初心与使命，"是中国共产党人及其领导的人民军队革命风范的生动反映，是中华民族自强不息的民族品格的集中展示，是以爱国主义为核心的民族精神的最高体现。"②

(三)新时代中国特色社会主义文化具有深厚的先进文化内涵

社会主义先进文化是新中国成立以来尤其是改革开放以来，中国共产党领导中国人民，用马克思主义为指导进行文化创新，在伟大的社会主义实践中孕育出来的，以社会主义核心价值观为灵魂，以培养"四有"公民为目标，是面向现代化、面向世界、面向未来的，民族的科学的大众的社会主义文化。它植根于中华优秀传统文化，在革命文化基础上建立，凸显了中国特色社会主义文化的本质属性，代表着人类社会文化发展的前进方向，在改革开放的实践中有力推动着社会生产力的发展。社会主义先进文化以社会主义核心价值观为精髓。"人民有信仰，民族有希望，国家有力量"③。社会主义核心价值观是社会主义先进文化的精髓，是当代中国精神的集中体现，是凝聚中国力量的思想道德基础，是文化软实力的灵魂、文化软实力建设的重点。在新时代条件下，我国要在各种文化思潮激烈交织碰撞以及激烈的文化竞争中求得生存与发展，就要继续大力推动社会主义文化大发展大繁荣，坚定不移发

---

① 习近平：《在全国宣传思想工作会议上的讲话》，载《人民日报》，2013-08-21。

② 习近平：《在纪念红军长征胜利 80 周年大会上的讲话》，载《人民日报》，2016-10-22。

③ 习近平：《人民有信仰 民族有希望 国家有力量》，载《人民日报》，2015-03-01。

展社会主义先进文化。

(四)坚定新时代中国特色社会主义文化自信

新时代中国特色社会主义文化植根于中华优秀传统文化,立足于中国革命文化,通过不断的改革创新,形成了具有自己民族特性的先进文化,这是文化自信的充分表现。坚定新时代中国特色社会主义文化自信,是事关国运兴衰、事关文化安全、事关民族复兴的重大问题。我们党之所以坚定不移走中国特色社会主义道路,而没有走封闭僵化的老路,也没有走改旗易帜的邪路,根本原因就在于我们党对中国特色社会主义文化有着坚定的自信。

二、坚持中国特色社会主义文化发展道路的重要方针

《中共中央关于深化文化体制改革、推动社会主义文化大发展大繁荣若干重大问题的决定》提出,坚持中国特色社会主义文化发展道路,必须高举中国特色社会主义伟大旗帜,发展面向现代化、面向世界、面向未来的,民族的科学的大众的社会主义文化,培养高度的文化自觉和文化自信,提高全民族文明素质,增强国家文化软实力,弘扬中华文化,努力建设社会主义文化强国。

一是必须坚持以马克思主义为指导,坚持社会主义先进文化前进方向。社会主义核心价值体系是根源于民族优秀文化和社会主义先进文化并吸收人类文明成果发展起来的,适应了时代发展要求,集中反映着当代中国人民的理想信念和精神追求,是我国社会主义文化的引领和主导。在当代中国,一切文化产品只有生动地体现了社会主义核心价值体系这个"魂",才有主心骨,才有精气神。文化之"体",有着鲜明的民族性、时代性,随着时代的发展有着不同的表现形式。当代中国文化之"体"的主要形式,包括国民教育体系、公共文化服务体系、文化产业体系以及各种形式的文化产品如小说、影视、戏曲、动漫等。这些"体"作为文化的物质基础和传播形态,都是承载、传播文化精神价值的重要载体和形式,都承担着弘扬社会主义核心价值体系这个"魂"的重要功能。

二是必须全面贯彻"二为"方向和"双百"方针。为人民服务、为社会主义服务方向和"百花齐放、百家争鸣"方针,是坚持中国特色社会主义文化发展

道路、建设社会主义文化强国的根本遵循。全面贯彻"二为"方向和"双百"方针，就要始终坚持正确创作方向，就要坚持把遵循社会主义先进文化前进方向、人民群众喜闻乐见作为评价作品最高标准，就要营造有利于优秀文化产品竞相涌现的良好环境。

三是必须坚持贴近实际、贴近生活、贴近群众，进一步增强社会主义文艺的吸引力和感染力。贴近实际、贴近生活、贴近群众，是坚持中国特色社会主义文化发展道路、建设社会主义文化强国的必然要求。坚持中国特色社会主义文化发展道路，就是要牢固树立马克思主义群众观点，贯彻党的群众路线，始终与人民群众同呼吸、共命运、心连心，要深入实际、深入生活、深入群众，向实践学习，拜人民为师；要适应群众文化需求的新特点新变化，积极发展新的艺术样式；要坚持面向基层、重心下移，多创作、生产、传播适合基层群众需要的文艺作品。

四是必须继承和发扬中华优秀文化传统，吸收外来有益文化，大力弘扬中华文化，建设中华民族共有精神家园。作为中华民族优秀传统文化的传承者和弘扬者，我们党始终强调，优秀传统文化是发展社会主义先进文化的深厚基础，是建设中华民族共有精神家园的重要支撑，社会主义先进文化必须建立在对传统文化精华的发掘和继承之上。中国特色社会主义文化发展道路，就是高扬社会主义先进文化与传承民族优秀传统文化相结合的文化发展道路，就是植根民族历史文化土壤而又面向现代化、面向世界、面向未来的文化发展道路。只有坚定不移走这条道路，才能把坚持和发展、继承和创新统一起来，使优秀传统文化与当代社会相适应、与现代文明相协调，彰显民族性，体现时代性。

第三节 坚持社会主义核心价值体系

价值观念，是社会成员自觉调节社会生活和社会行为的规范。党的十六届六中全会通过的《中共中央关于构建社会主义和谐社会若干重大问题的决定》，第一次明确提出了"建设社会主义核心价值体系"这个重大命题和战略任务。党的十八大首次提出要倡导富强、民主、文明、和谐，倡导自由、平等、公正、法治，倡导爱国、敬业、诚信、友善，积极培育和践行社会主义核心价值观。党的十九大报告把"坚持社会主义核心价值体系"作为新时代坚持和发展中国特色社会主义的基本方略之一，提出必须坚持马克思主义，牢固树立共产主义远大理想和中国特色社会主义共同理想，培育和践行社会主义核心价值观，不断增强意识形态领域主导权和话语权，推动中华优秀传统文化创造性转化、创新性发展，继承革命文化，发展社会主义先进文化，不忘本来、吸收外来、面向未来，更好构筑中国精神、中国价值、中国力量，为人民提供精神指引。

一、社会主义核心价值体系建设的重要意义

社会主义核心价值体系是社会主义中国的精神旗帜。我们党明确提出建设社会主义核心价值体系，鲜明地展现出社会主义中国的精神旗帜，就是要昭示我国社会主义意识形态的核心部位是不能动摇的，进一步揭示和确立了我国社会主义意识形态、价值体系的基石和支柱。

(一)坚持社会主义核心价值体系，是巩固全党全国各族人民团结奋斗的共同思想道德基础的迫切需要

共同的思想道德基础，是一个政党、一个国家、一个民族赖以生存和发展的根本前提。坚持社会主义核心价值体系，特别是坚持马克思主义指导地位、牢固树立共产主义远大理想和中国特色社会主义共同理想，培育和践行社会主义核心价值观，在多元多样中立主导，在交流交融中谋共识，才能形成既解放思想又统一思想、既弘扬主旋律又包容多样性的生动局面，才能巩固全党全国各族人民团结奋斗的共同思想道德基础。

(二)坚持社会主义核心价值体系，是推进国家治理体系和治理能力现代化的迫切需要

推进国家治理体系和治理能力现代化，根本途径是全面深化改革。改革方向的把握，改革方案的设计，改革路径的选择，都内含价值问题。社会主义核心价值体系在所有社会主义价值目标中处于核心地位，牢牢坚持社会主义核心价值体系，才能加快构建体现崇尚法治、维护权利、注重程序、科学规范等现代治理理念的价值体系，顺利推进国家治理体系和治理能力现代化。

(三)坚持社会主义核心价值体系，是增强文化自信、提高国家文化软实力的迫切需要

坚持社会主义核心价值体系，用以爱国主义为核心的民族精神和以改革创新为核心的时代精神鼓舞斗志，充分挖掘和弘扬中华传统文化的价值，不断从时代的火热实践中汲取新鲜养分，有利于中华文化保持民族性、时代性、先进性，展现中国特色、中国风格、中国气派，切实增强中国特色社会主义文化自信。建设社会主义核心价值体系，有利于维护中华文化的独立，有助于提高中华文化软实力，有助于提升中华文化在世界的吸引力、感召力，有利于建设中华民族共有精神家园。在建设中国特色社会主义过程中，只有坚持社会主义核心价值体系，才能以对人类未来文明和后人负责的态度去解决人与自然的矛盾，才能以人的全面、自由发展要求去解决人的生活方式中物质追求与精神追求的矛盾，更好地形成社会的文明道德风尚，同心协力地开启全面建设社会主义现代化国家新征程。

二、积极培育和践行社会主义核心价值观

2013 年 12 月，中共中央办公厅印发的《关于培育和践行社会主义核心价值观的意见》指出，社会主义核心价值观是社会主义核心价值体系的内核，体现社会主义核心价值体系的根本性质和基本特征，反映社会主义核心价值体系的丰富内涵和实践要求，是社会主义核心价值体系的高度凝练和集中表达。

(一)深刻认识培育和践行社会主义核心价值观的重大意义

社会主义核心价值观是当代中国精神的集中体现，凝结着全体人民共同的价值追求。党的十八大以来，以习近平同志为核心的党中央高度重视社会主义核心价值观建设，采取一系列重大举措，推动社会主义核心价值观广泛弘扬。面对新时代新要求，面对新征程新任务，持续深入地培育和践行社会主义核心价值观，意义重大而深远。培育和践行社会主义核心价值观是新时代坚持和发展中国特色社会主义的重大任务，社会主义核心价值观的鲜明提出和广泛实践，使我们对中国特色社会主义的认识，从思想理论、实践运动、社会制度层面，进一步发展到价值理念层面。培育和践行社会主义核心价值

观是进行伟大斗争、建设伟大工程、推进伟大事业、实现伟大梦想的铸魂工程。习近平总书记指出，核心价值观是一个民族赖以维系的精神纽带，是一个国家共同的道德基础。伟大斗争需要众志成城，伟大工程需要坚定一致，伟大事业需要聚力推进，伟大梦想需要同心共筑。培育和践行社会主义核心价值观是在世界文化激荡中保持民族精神独立、挺起民族精神脊梁的战略支撑。只有持续培育和践行社会主义核心价值观，大力传承和延续中华民族思想精髓、精神基因、文化血脉，才能更好构筑中国精神、中国价值、中国力量，使中华民族以更加昂扬的姿态屹立于世界民族之林。

(二)深刻把握培育和践行社会主义核心价值观的着眼点

党的十九大报告指出，培育和践行社会主义核心价值观，要以培养担当民族复兴大任的时代新人为着眼点。这一重要思想观点，聚焦实现中华民族伟大复兴的历史使命，进一步明确了社会主义核心价值观建设的出发点和落脚点。马克思主义认为，社会全面进步是与人的全面发展相统一的过程。列宁指出，共产党的基本任务就是帮助培养和教育劳动群众。核心价值观建设，说到底是人的思想建设、灵魂建设，聚焦的是造就具有正确世界观、人生观、价值观的社会主义建设者。人是社会实践的主体，既被现实社会所塑造，又在推动社会进步中实现自身发展。建设什么样的社会、实现什么样的目标，人是决定性因素。担当民族复兴大任的时代新人，应当在有自信、尊道德、讲奉献、重实干、求进取等方面，有着新的风貌、新的姿态。有自信，就是有着作为中华儿女、炎黄子孙的骄傲和自豪，作为新时代中国人的骨气和底气，爱国、爱党、爱社会主义，"四个自信"执着坚定，对实现"两个一百年"奋斗目标、实现中华民族伟大复兴的中国梦充满信心。

第四节　坚定文化自信，推动文化繁荣

习近平总书记在党的十九大报告中指出，"文化是一个国家、一个民族的灵魂。文化兴国运兴，文化强民族强。没有高度的文化自信，没有文化的繁荣兴盛，就没有中华民族伟大复兴。要坚持中国特色社会主义文化发展道路，激发全民族文化创新创造活力，建设社会主义文化强国。"①党的十八大以来，习近平总书记多次在多个重要场合中将文化自信与道路、理论、制度三大自信并提，并强调"文化自信，是更基础、更广泛、更深厚的自信"。文化自信是其他三个自信的必然结果和深远目标，文化自信能使理论自信更有理性、道路自信更有行动、制度自信更有保障。

一、坚定文化自信

文化自信理论的提出是我们党文化建设思想不断发展的结果，是党高度重视文化建设，正面回应社会需求和人民呼声的体现。在当代中国坚定文化自信是推动社会主义文化大发展、大繁荣，满足人民精神文化需求的重要保证；是实现中华民族伟大复兴的强大精神支撑。

(一)文化建设理论的发展和文化自信的提出

延安时期是党的文化理论初步形成时期，初步形成了经济、政治、文化相互协调、共同推进的工作方针和理论架构。毛泽东提出"新的政治力量，新的经济力量，新的文化力量，都是中国的革命力量，他们是反对旧政治旧经济旧文化的。"指出中国一切奋斗的目标"在于建设一个中华民族的新社会和新国家。在这个新社会和新国家中，不但有新政治、新经济，而且有新文化。"②新中国成立后，党在文艺事业上确立了"百花齐放、百家争鸣"的方针，在思想文化上采取"古为今用""洋为中用"的方针，有力地推动了新中国文化事业的发展。中国共产党十一届三中全会以后，特别是1986年9月召开的党的十二届六中全会通过了《中共中央关于社会主义精神文明建设指导方针的决议》，首次从中央层面对精神文明建设做出部署，全会首次提出了"社会主义现代化建设总体布局"的概念。20世纪90年代，中国特色社会主义理论体系基本形成，党提出要建设"有中国特色的社会主义文化"。中国共产党第十五次全国代表大会提出："有中国特色社会主义的文化，是凝聚和激励全国各族

---

① 习近平：《决胜全面建成小康社会　夺取新时代中国特色社会主义伟大胜利》，40～41页，北京，人民出版社，2017。

② 《毛泽东选集》第二卷，663页，北京，人民出版社，1991。

人民的重要力量，是综合国力的重要标志。"①

　　进入 21 世纪，国际竞争中文化软实力的作用愈发凸显；同时随着我国基本建成小康社会，人民群众物质生活水平得到大幅提高的同时精神文化需求极大地释放出来，文化建设的重要性愈发凸显。把握这一时代脉络的党的十七届六中全会审议通过了《中共中央关于深化文化体制改革、推动社会主义文化大发展大繁荣若干重大问题的决定》。首次提出要"努力建设社会主义文化强国"，并强调要"培养高度的文化自觉和文化自信"。党的十八大后，习近平总书记在不同场合多次阐述坚定文化自信的重要意义。2014 年两会期间，习近平总书记指出，"体现一个国家综合实力最核心的、最高层的，还是文化软实力，这事关一个民族精气神的凝聚。我们要坚持道路自信、理论自信、制度自信，最根本的还有一个文化自信。"②并强调"文化自信，是更基础、更广泛、更深厚的自信。"③习近平总书记在党的十九大报告中指出，要坚定文化自信，推动社会主义文化繁荣兴盛。

(二)坚定文化自信的丰富内涵

　　中华优秀传统文化是文化自信之"源"，是优秀传统基因的传承和赓续。中华文明历经 5000 多年而不衰，是世界几大古代文明中唯一没有中断的文明，融汇了众多民族的文化、思想和智慧，形成了儒、道、法、墨等诸子百家思想体系，概括出由基本理念、核心价值、行为规范等构成的文化经典，形成中华民族特有的信仰追求、价值取向、道德品质、文明准则、思维方式和生活方式，成为维系中华民族繁衍生息、不断强盛的精神家园，展示了中华民族的性格、气节和气魄。习近平指出："中华文明绵延数千年，有其独特的价值体系。中华优秀传统文化已经成为中华民族的基因，植根在中国人内

　　① 江泽民：《高举邓小平理论伟大旗帜，把建设有中国特色社会主义事业全面推向二十一世纪》，见《十五大以来重要文献选编》(上)，30 页，北京，中央文献出版社，2011。
　　② 《"改革的集结号已经吹响"——习近平总书记同人大代表、政协委员共商国是纪实》，载《人民日报》，2014-03-13。
　　③ 习近平：《在庆祝中国共产党成立 95 周年大会上的讲话》，载《人民日报》，2016-07-02。

心，潜移默化影响着中国人的思想方式和行为方式。"①我们的同胞无论生活在哪里，身上都有鲜明的中华文化烙印，中华文化是中华儿女共同的精神基因，构成了我们文化自信的"源头"。

革命文化是文化自信之"本"，是由中国共产党人、先进分子和人民群众共同创造形成的以革命理论、革命经验和革命精神为核心的具有中国特色的先进文化。习近平总书记强调："对我们共产党人来说，中国革命历史是最好的营养剂"②，中国革命的历史，蕴含丰富的政治智慧、爱国信仰和道德滋养。瑞金、井冈山、遵义、延安、西柏坡……是红色基因的发源地和成长地，也无一例外地因为"红色"而典藏了历史，穿越了时空，成为一代又一代中国人心中的神圣殿堂。19世纪尤其是20世纪以来，中国人民在浴血奋战的革命斗争中，在艰苦创业的建设实践中，在波澜壮阔的改革进程中，形成了优秀的文化传统，锻造了独特的文化精神，创作了不朽的文化精品，同样是中华文化的重要内容、宝贵财富。

社会主义先进文化是文化自信之"纲"，必须顺应时代、创新发展。社会主义先进文化，是以马克思列宁主义为指导，以社会主义核心价值体系为灵魂，面向现代化、面向世界、面向未来的文化，是民族的、科学的、大众的文化。社会主义先进文化根源于中华民族的文化发展历史，来源于人民群众的文化实践，是人类文明进步的结晶，具有无可比拟的优越性和先进性，能够为人类社会文明进步提供强有力的思想保证、精神动力和智力支持。

(三)坚定文化自信的时代意义

坚定文化自信是实现中华民族伟大复兴的强大精神支撑。"没有文明的继承和发展，没有文化的弘扬和繁荣，就没有中国梦的实现。"③文化的影响力首先是价值观念的影响力。培育和弘扬核心价值观，有效整合社会意识，是社会系统得以正常运转、社会秩序得以有效维护的重要途径，也是国家治理体系和治理能力的重要方面。任何一个社会都存在多种多样的价值观念和价

---

① 习近平：《青年要自觉践行社会主义核心价值观——在北京大学师生座谈会上的讲话》，载《人民日报》，2014-05-05。

② 习近平：《中国革命历史是最好的营养剂》，载《人民日报》，2013-07-15。

③ 习近平：《在联合国教科文组织总部的演讲》，载《人民日报》，2014-03-28。

值取向，要把全社会意志和力量凝聚起来，必须有一套与经济基础和政治制度相适应，并能形成广泛社会共识的核心价值观。社会主义核心价值观是当代中国精神的集中体现，是凝聚中国力量的思想道德基础。在核心价值体系和核心价值观中，道德价值具有十分重要的作用。核心价值观，其实就是一种德，既是个人的德，也是一种大德，就是国家的德、社会的德。国无德不兴，人无德不立。加强全社会的思想道德建设，激发人们形成善良的道德意愿、道德情感，培育正确的道德判断和道德责任，提高道德实践能力尤其是自觉践行能力，引导人们向往和追求讲道德、尊道德、守道德的生活，形成向上的力量、向善的力量。

二、推动社会主义文化繁荣兴盛

党的十七届六中全会作出的《决定》，提出了"文化强国"的发展战略这一重要命题。党的十八大报告进一步强调："建设社会主义文化强国，关键是增强全民族文化创造活力。"党的十八届三中全会作出的《中共中央关于全面深化改革若干重大问题的决定》，进一步深化了文化体制改革，制定了"推进文化体制机制创新"的具体改革举措。党的十九大报告又从适应主要矛盾变化的高度，专门就"推动文化事业和文化产业发展"这一主题，作出了精辟的论述。报告指出：满足人民过上美好生活的新期待，必须提供丰富的精神食粮。同时，要推进国际传播能力建设，讲好中国故事，展现真实、立体、全面的中国，提高国家文化软实力。

(一)推动社会主义文化繁荣兴盛是新时代坚持和发展中国特色社会主义的必然要求

一个没有精神力量的国家难以自立自强，一项没有文化支撑的事业难以持续长久。恩格斯说："文化上的每一个进步，都是迈向自由的一步。"[1]拥有文化自信，表明一个国家、一个民族对自身文化价值、发展理念、道路制度的充分肯定，也彰显出对文化生命力的坚定信念。党的十九大报告指出："中国特色社会主义文化是激励全党全国各族人民奋勇前进的强大精神力量。"中

---

[1] 《马克思恩格斯全集》第20卷，126页，北京，人民出版社，1971。

国特色社会主义文化，源于中华民族 5000 多年文明历史所孕育的中华优秀传统文化，熔铸于党领导人民进行革命、建设、改革中创造的革命文化和社会主义先进文化，植根于中国特色社会主义伟大实践。正是有了这一强大精神力量的凝聚和激励，全党全国各族人民才更加紧密地团结起来奋勇前进；也正是有了这一强大精神力量的支撑和推动，中国特色社会主义才更加充分地展现出旺盛生命力。

(二)推动社会主义文化繁荣兴盛是实现中华民族伟大复兴中国梦的必然要求

文化兴国运兴，文化强民族强。没有高度的文化自信，没有文化的繁荣兴盛，就没有中华民族伟大复兴。综观世界历史，一个国家、一个民族要屹立于世界民族之林，都离不开文化的积极引领；一个国家、一个民族要实现振兴强盛，都需要以文化繁荣发展为支撑。中华民族之所以成为世界上伟大的民族，就在于我们有 5000 多年的文明历史，创造了灿烂的中华文化，不仅为自身提供了丰厚滋养，而且为人类做出了卓越贡献。只有推动社会主义文化繁荣兴盛，才能更好提振全党全国人民的信心和斗志，奋力走好新时代的长征路，朝着全面建成社会主义现代化强国、实现中华民族伟大复兴的中国梦奋勇前进。

(三)推动社会主义文化繁荣兴盛是实现人民对美好生活向往的必然要求

实现人民对美好生活的向往，是我们党始终不渝的奋斗目标。文化既是凝聚人心的精神纽带，又是增进民生福祉的关键因素。如果没有精神文化生活的充实，就不可能有真正幸福的人生和美好的生活。衡量美好生活，文化是一个重要尺度，是一个显著标志。只有推动社会主义文化繁荣兴盛，才能更好适应人民日益增长的美好生活需要，促进国民素质和社会文明程度达到新的高度，让人民精神文化生活更丰富，基本文化权益保障更充分，文化获得感、幸福感更充实。

(四)推动社会主义文化繁荣兴盛是提高国家文化软实力的必然要求

任何一个大国的发展进程，既是经济总量、科技力量、军事力量等硬实力提高的进程，也是价值观念、思想文化等软实力提高的进程。提高文化软实力，不仅关系到一个国家在世界文化格局中的地位，而且关系到一个国家的国际影响力、感召力、塑造力。只有推动社会主义文化繁荣兴盛，才能更好地展现中华文化独特魅力，使中华文化影响更加广泛深入，形成与我国综合国力和国际地位相适应的国家文化软实力，为我国日益走近世界舞台中央提供有力的硬支撑。

三、提高国家文化软实力

文化软实力集中体现了一个国家基于文化而具有的凝聚力和生命力，以及由此产生的吸引力和影响力。古往今来，任何一个大国的发展进程，既是经济总量、军事力量等硬实力提高的进程，也是价值观念、思想文化等软实力提高的进程。2013 年 12 月 31 日，习近平总书记在中央政治局第十二次集体学习时指出，提高国家文化软实力，关系我国在世界文化格局中的定位，关系我国国际地位和国际影响力，关系"两个一百年"奋斗目标和中华民族伟大复兴中国梦的实现。[①]

(一)努力夯实国家文化软实力的根基

提高国家文化软实力要"形于中"而"发于外"，切实把我们自身的文化建设搞好，朝着建设社会主义文化强国的目标不断前进。提高国家文化软实力，夯实国内文化建设根基，一个很重要的工作就是从思想道德抓起，从社会风气抓起，从每一个人抓起。要继承和弘扬我国人民在长期实践中培育和形成的传统美德，坚持马克思主义道德观、坚持社会主义道德观，在去粗取精、去伪存真的基础上，坚持古为今用、推陈出新，努力实现中华传统美德的创造性转化、创新性发展。

(二)努力展示中华文化独特魅力

在漫长历史进程中，中华民族创造了辉煌灿烂、独具气韵与风骨的中华文化，滋养着中华民族披荆斩棘一路向前，也为人类文明的五彩斑斓做出了独特贡献。民族文化是一个民族区别于其他民族的独特标识。要使中华民族最基本的文化基因与当代文化相适应、与现代社会相协调，以人们喜闻乐见、具有广泛参与性的方式推广开来，把跨越时空、超越国度、富有永恒魅力、

---

① 习近平：《建设社会主义文化强国　着力提高国家文化软实力》，载《人民日报》，2014-01-01。

具有当代价值的文化精神弘扬起来，把继承传统优秀文化又弘扬时代精神、立足本国又面向世界的当代中国文化创新成果传播出去。

(三)努力传播当代中国价值观念

当代中国价值观念，就是中国特色社会主义价值观念，代表了中国先进文化的前进方向。我国成功走出了一条中国特色社会主义道路，实践证明我们的道路、理论体系、制度是成功的。一个国家的文化软实力，从根本上说，取决于其核心价值观的生命力、凝聚力、感召力。离开价值观念国际传播的所谓文化"走出去"，既抽掉了文化中最深层的、核心性的内容，也不可能具有真正打动人、感染人的力量。

(四)努力提高国际话语权

国际话语权是国家文化软实力的重要组成部分。提高国际话语权，就要着力推进国际传播能力建设，创新对外宣传方式，精心构建对外话语体系，发挥好新兴媒体的作用，增强对外话语的创造力、感召力、公信力，讲好中国故事，把中国道路、中国理论、中国制度、中国精神、中国力量寓于其中。传播好中国声音，阐释好中国特色，向世界展现一个真实的中国、立体的中国、全面的中国。

【思考题】

1. 文化如同空气一样无所不在，凡是有人的地方，凡属人的活动范围，文化都起着特殊的作用，发挥着独特的功能。"观乎天文，以察时变；观乎人文，以化成天下。"文化的特殊作用和独特功能就是对个人和社会的"教化"，从而塑造个人，引导社会。你是如何理解文化在个人成长和社会发展过程中的作用的？

2. 2014年5月4日习近平同志在北京大学师生座谈会上指出，青年的价值取向决定了未来整个社会的价值取向，而青年又处在价值观形成和确立的时期，抓好这一时期的价值观养成十分重要。这就像穿衣服扣扣子一样，如果第一粒扣子扣错了，剩余的扣子都会扣错。人生的扣子从一开始就要扣好。核心价值观的养成绝非一日之功，要坚持由易到难、由近及远，努力把核心价值观的要求变成日常的行为准则，进而形成自觉奉行的信念理念。作为一个青年，你认为怎样做才能树立和培养社会主义核心价值观？

3. 2005 年 6 月 17 日，中宣部、中央文明办、教育部、民政部、文化部联合下发《关于运用传统节日弘扬民族文化的优秀传统的意见》（以下简称《意见》），《意见》指出，中国传统节日，凝结着中华民族的民族精神和民族情感，承载着中华民族的文化血脉和思想精华，是维系国家统一、民族团结和社会和谐的重要精神纽带，是建设社会主义先进文化的宝贵资源。2007 年 12 月，国务院颁布了《全国年节及纪念日放假办法》，从 2008 年起，在春节、清明、端午、中秋四大传统节日放假的同时，国家又明确了"七大传统节日"的假期：春节、元宵、清明、端午、七夕、中秋、重阳。请根据以上资料，谈谈继承传统文化对新时代坚持文化自信的重要价值和意义。

【阅读文献】

1. 中共中央文献研究室编：《习近平关于社会主义文化建设论述摘编》，中央文献出版社，2017。

2. 陈先达：《文化自信中的传统与当代》，北京师范大学出版社，2017。

3. 国家图书馆编：《大国精神：中华优秀传统文化积淀的珍贵精神财富》，国家图书馆出版社，2017。

4.《月读》编辑部编：《生生不息：从传统经典名句领悟社会主义核心价值观》，中华书局，2015。

第五章 中国特色社会主义社会建设

【本章概要】

中国特色社会主义社会建设，是对不断发展的当今中国社会中与人民切身利益密切相关的各个领域进行理论思考和实践改造。广义上的社会建设几乎可以涵盖人类活动的所有领域，而本文所讨论的社会建设，特指新时代中国特色社会主义社会建设。作为新时代中国特色社会主义的五大战略布局之一，社会建设与经济建设、政治建设、文化建设、生态建设并列，具体内容包括但不限于教育、就业、保障、扶贫、医疗、社会治理、国家安全等领域。社会建设的各个领域都与人民的切身利益密切相关，而社会建设的根本目的，就是不断满足人民群众日益增长的美好生活需要。当下中国社会建设的各个领域都取得了举世瞩目的成就，但也都面对异常复杂的问题。本章所讨论的主要内容，就是中国特色社会主义社会建设的概述、现状、主要目标和基本原则。

【案例关注】

枫桥经验

2017 年 12 月 9 日至 11 日中共中央政治局委员、中央政法委书记郭声琨在浙江调研，与干部群众交流，了解学习宣传贯彻党的十九大精神、加强政法综治工作情况。郭声琨指出，为了群众、依靠群众，是"枫桥经验"的核心要义，也是"枫桥经验"50 多年来历久弥新的关键所在。新时代，要把握好"枫桥经验”的精髓，传承好“枫桥经验”，同时，适应社会主要矛盾变化，顺应人民日益增长的美好生活需要，推动“枫桥经验”与时俱进，不断焕发新的生机活力。把社会治理深深扎根于人民群众中，形成共建共治共享的社会治理格局。

讨论：

1. “枫桥经验”的精髓是“依靠群众就地化解矛盾”，在移动互联网深入人民群众日常生活的条件下，如何才能进一步的继承和发扬“枫桥经验”？

2. 如何理解“枫桥经验”、基层自治与传统中国社会的乡土秩序之间的区别和联系？

【内容精讲】

第一节　中国特色社会主义社会建设概述

“社会”这一概念，拥有极为宽广的外延，在人类社会不断发展的今天，“社会”的外延似乎已经无远弗届，而人类其他各个领域的活动与成就，也渐渐地都表现出与人类社会生活的深层次关联。政治、经济、文化、生态的各项发展无一不是来源于社会生活的需要，且最终都体现在社会生活的公正、富足、文明与可持续发展当中。所以广义的社会建设几乎可以涵盖人类活动的所有领域，以至于根本无法也无须做出任何界定。

而从狭义上看，社会建设作为中国特色社会主义伟大事业的一部分，是与经济、政治、文化、生态并列的五大布局之一。在党的十九大后，中国特色社会主义进入新时代的今天，社会建设主要面向人民最关心最直接最现实的利益问题，包括但不限于教育、就业、保障、扶贫、医疗、社会治理、国家安全等领域内的相关体制机制的建设和具体问题的解决。

一、中国特色社会主义社会建设的基本理论

在中国革命、建设、改革的长期实践中，在“社会建设”的相关问题上，党逐步积累了经验、深化了认知，发展出了一系列相关的观点和政策，最终

形成了具有中国特色的社会主义社会建设理论。

从理论发展的角度看，新民主主义革命时期可以被视为中国特色社会主义社会建设理论的萌芽期。在风起云涌的新民主主义革命时期，军事和政治斗争是理所当然的时代主题，自然也就是历史叙述的重点。但作为军事和政治斗争的基石，根据地、解放区建设一直是党最重要的工作之一，而党的社会建设理论，也正是从根据地、解放区建设的相关工作中得到了最初的实践积累。正是因为党在新民主主义革命的过程中始终不忘初心，始终致力于使中国社会走向现代化，才使得党能够最终取得新民主主义革命的胜利。

从新民主主义向社会主义的过渡时期，是中国特色社会主义社会建设理论的形成期。在这一时期中，党开始承担全面治理和改造中国社会的使命，开始从革命党向执政党转型。与此同时，在社会主义改造的进程中，也出现了一些新问题，爆发出一些新矛盾。正是在过渡时期社会建设的实践基础上，毛泽东同志完成了著名的《关于正确处理人民内部矛盾的问题》和《论十大关系》两篇著作，提出了社会主义社会基本矛盾的理论，强调要调动国内外一切积极因素，正确处理我国社会发展的一些重大关系。

改革开放时期，中国特色社会主义社会建设理论获得了飞跃性的发展。十一届三中全会之后，中国社会在经济腾飞的过程中发生了剧烈的变化，而为了应对新变化、解决新问题，以邓小平同志为核心的党的第二代领导集体立足于开创中国特色社会主义，对社会建设提出了一系列重要论断。其中最为重要的就是"共同富裕"的本质要求和"小康社会"的战略思想。党的十八大后党提出的"全面建成小康社会"战略目标，正是对"共同富裕"要求和"小康社会"思想的继承和发展。

江泽民同志进一步丰富和发展了党关于社会建设的理论，强调要始终代表中国最广大人民的根本利益，正确反映和兼顾不同方面群众的利益，在社会稳定中推进改革发展，通过改革发展促进社会稳定。2006年10月，党的十六届六中全会通过了《中共中央关于构建社会主义和谐社会的若干重大问题的决定》，深刻阐明了社会主义和谐社会的性质和定位，指明了建设社会主义和谐社会的指导思想、目标任务、工作原则和重大部署。此后，党的十七大、十八大都反复强调了建设社会主义和谐社会的重要性，并将社会建设纳入建设中国特色社会主义的总布局。

党的十八大围绕全面建成小康社会，提出了社会建设的目标：人民生活水平全面提高；基本公共服务均等化总体实现；全民受教育程度和创新人才培养水平明显提高，进入人才强国和人力资源强国行列，教育现代化基本实现；就业更加充分；收入分配差距缩小，中等收入群体持续扩大，扶贫对象大幅减少；社会保障全民覆盖，人人享有基本医疗卫生服务，保障住房体系基本形成，社会和谐稳定。

党的十八届三中全会对深化社会体制改革提出了新的要求：紧紧围绕更好保障和改善民生，促进社会公平正义，深化社会体制改革，改革收入分配制度，促进共同富裕，推进社会领域制度创新，推进基本公共服务均等化，加快形成科学有效的社会治理体制，确保社会既充满活力又和谐有序。

党的十九大后，中国特色社会主义建设进入新时期，社会建设的理论也获得了划时代的进步。

中国特色社会主义进入新时代，社会建设理论最深刻的变革，是对中国社会的主要矛盾做出了新的判断。中国社会主要矛盾一直是党认识中国国情、建设中国社会的重要依据。

纵观中国共产党在领导革命、建设、改革的历程中，共有六次对中国社会主要矛盾进行判断①。第一次是在领导革命的过程中。鸦片战争后的中国是一个半殖民地半封建社会，其主要矛盾就是封建主义和人民大众、帝国主义与中华民族的矛盾。党的二大就旗帜鲜明地提出了彻底的反帝反封建的民主革命纲领，并在这一纲领的引领下最终获得了新民主主义革命的胜利。

第二次是在新中国成立前的中共七届二中全会上。毛泽东同志在这次会议上指出，革命在全国胜利并解决了土地问题之后，中国还存在着两种基本的矛盾：国内是工人阶级和资产阶级的矛盾，国外是中国和帝国主义国家的矛盾。这一判断明确了中国社会必须向社会主义社会转变，并为这一转变过程提供了最现实的理论依据，最终促成了过渡时期"一化三改"的总路线的诞生。

第三次是在中共八大关于政治报告的决议中。决议中明确指出，国内的

---

①　陈述：《中国特色社会主义进入新时代的基本依据——回顾中国共产党历史上对社会主要矛盾的六次判断》，载《紫光阁》，2017(11)。

主要矛盾"已经是人民对于经济文化迅速发展的需要同当前经济文化不能满足人民需要的状况之间的矛盾"。正是在这一判断的基础上产生了著名的"八大路线"。然而由于国内外的种种原因,党在八大后对中国社会的主要矛盾的判断出现了失误,幸而在中共十一届六中全会及中共十二大上,党对中国社会的主要矛盾做出了第五次判断。

中共十一届六中全会通过的《关于建国以来党的若干历史问题的决议》强调,在社会主义改造完成后,中国社会的主要矛盾是"人民日益增长的物质文化需要同落后的社会生产之间的矛盾",所以党和国家的工作重点必须转移到"以经济建设为中心"。这一判断直接影响了此后的改革开放,对中国社会的现状和未来产生了极为深远的影响。

党对于中国社会主要矛盾的第六次判断,是中共十九大。党的十九大报告中对于中国社会主要矛盾的判断,不但丰富和发展了党对于社会建设的基本理论,也明确了新时代中国特色社会主义社会建设的努力方向与根本目标。

二、新时代中国特色社会主义社会建设的根本目标

在党的十九大报告中,习近平同志指出:"我国社会主要矛盾已经转化为人民日益增长的美好生活需要和不平衡不充分的发展之间的矛盾。"其中,矛盾的主体由"人民日益增长的物质文化需求"转变为"人民日益增长的美好生活需要",这一转变明确了社会发展不能止步于满足人民的物质文化需求,还要让人民能够实现对美好生活的不断追求。由此可见,人民对美好生活的追求,就是中国特色社会主义建设的根本目标。

人民对美好生活的追求永不停止,对美好生活的理解也不断变化与升华。所以习近平同志在党的十九大报告中明确指出,与"人民日益增长的美好生活需求"相对立的是"不平衡不充分的发展",并紧接着强调,"人民美好生活需要日益广泛,不仅对物质文化生活提出了更高要求,而且在民主、法治、公平、正义、安全、环境等方面的要求日益增长。同时,我国社会生产力水平总体上显著提高,社会生产能力在很多方面进入世界前列,更加突出的问题是发展不平衡不充分,这已经成为满足人民日益增长的美好生活需要的主要制约因素。"

所谓"不平衡不充分的发展",是以"我国社会生产力水平总体上显著提

高，社会生产能力在很多方面进入世界前列"为前提的，换言之，将"不平衡不充分"仅仅理解为中国社会当下存在的城乡不平衡、区域不平衡是不够准确的。城乡区域不平衡是中国历史上长期存在的一个客观现实，且在可预见的将来，这种不平衡还将在一定程度上继续存在，因此，这种不平衡可算是中国社会发展的一种"常态"。为了应对这样的常态，中国政府和社会事实上已经形成了若干具有针对性的体制机制，然而这些体制机制在面对新的前提条件下的城乡区域不平衡，也许就未必能够奏效。因此，党和政府需要对社会建设和治理进行体制机制的改革和创新，从而才能不断满足人民对美好生活的需求。

第二节　中国特色社会主义社会建设的状况

人民对美好生活的需求涉及社会建设的各个方面，但民生的保障和改善始终是核心环节。

所谓民生问题，主要指人民的基本生存和生活状态，以及人民的基本发展机会、基本发展能力和基本权益保护的状况。习近平同志在党的十九大报告中将民生问题概括为教育、就业、保障、脱贫、医疗、社会治理、国家安全七个大类，提出了"幼有所育、学有所教、劳有所得、病有所医、老有所养、住有所居、弱有所扶"等基本要求。党的十九大报告中提出的要求并非简单的罗列，而是非常明确的有的放矢。报告中指出当今中国社会"民生领域还有不少短板，脱贫攻坚任务艰巨，城乡区域发展和收入分配差距依然较大，群众在就业、教育、医疗、居住、养老等方面面临不少难题"。

具体来看，由于中国庞大的人口基数和复杂的区域差别，民生问题的现状必然会呈现出成绩问题双突出的"冰火两重天"现象，而其成因也往往与各个方面的具体现实紧密联系，呈现出极为复杂的面貌。

一、教育

百年大计，教育为本。从社会建设的角度看，教育是提高国民素质、促进人的全面发展的根本途径，寄托着亿万家庭对美好生活的期盼，是人民自我提升，追求美好生活的重要途径。优先发展教育、提高教育现代化水平，对实现全面建成小康社会奋斗目标、建设富强民主文明和谐的社会主义现代化国家具有决定性意义。

党和国家历来高度重视教育。新民主主义革命时期，党就特别重视对根据地解放区人口的扫盲工作，即便在抗日战争艰苦卓绝的 1941 年，边区政府发布的《关于普及国民教育的指示》中都有"强迫入学"的口号。新中国成立以来，在以毛泽东同志、邓小平同志、江泽民同志为核心的党的三代中央领导集体和以胡锦涛同志为总书记的党中央领导下，全党全社会同心同德，艰苦奋斗，开辟了中国特色社会主义教育发展道路，建成了世界最大规模的教育体系，保障了亿万人民群众受教育的权利。

根据教育部公开的历年全国教育经费执行情况统计公告，2012—2016 年全国教育经费总投入分别为 27695.97 亿元、30364.72 亿元、32806.46 亿元、36129.19 亿元、38888.39 亿元。每年相比去年的增幅分别为 16.03%、9.64%、8.04%、10.13%、7.64%。随着教育投入大幅增长，全国办学条件显著改善，教育改革逐步深化，办学水平不断提高。

进入 21 世纪以来，城乡免费义务教育全面实现，职业教育快速发展，高等教育进入大众化阶段，农村教育得到加强，教育公平迈出重大步伐。教育的发展极大地提高了全民素质，推进了科技创新、文化繁荣，为经济发展、社会进步和民生改善做出了不可替代的重大贡献。

然而，教育工作取得巨大成绩的同时，也存在无法忽视的问题。

当今世界的发展越来越快，变革越来越剧烈，技术的更新与迭代越来越频繁。全球化与反全球化浪潮同时涌动，国际交流、合作与竞争的维度与层次日益深化；同时，中国特色社会主义进入新时代，经济建设、政治建设、文化建设、社会建设以及生态文明建设全面推进，工业化、信息化、城镇化、市场化、国际化深入发展，人口、资源、环境压力日益加大，经济发展方式加快转变，都凸显了提高国民素质、培养创新人才的重要性和紧迫性。

面对前所未有的机遇和挑战，我国教育还不完全适应国家经济社会发展和人民群众接受良好教育的要求。教育观念相对落后，内容方法比较陈旧，中小学生课业负担过重，素质教育推进困难；学生适应社会和就业创业能力不强，创新型、实用型、复合型人才紧缺；教育体制机制不完善，学校办学活力不足；教育结构和布局不尽合理，城乡、区域教育发展不平衡，贫困地区、民族地区教育发展滞后；教育投入不足，教育优先发展的战略地位尚未得到完全落实。接受良好教育成为人民群众强烈期盼，深化教育改革成为全社会共同心声。①

二、就业

党的十九大报告中明确强调，就业是最大的民生。改革开放40年来，经济长足发展的底色正是相对充分与高效的就业。根据中华人民共和国人力资源和社会保障部所提供的年度人力资源和社会保障事业发展统计公报，2012—2016年，中国社会的劳动就业人数分别为76704万人、76977万人、77253万人、77451万人、77603万人，同时城镇登记失业率则分别为4.1%、4.05%、4.09%、4.05%、4.02%。在城镇就业人口中，第三产业所占比例从2012年的36.1%稳步上升到2016年的43.5%，充分反映出中国经济稳步发展，产业不断升级的良好态势。

不过，总体良好的就业数据下，全社会对就业问题的反馈却不容乐观。

第一，庞大的劳动人口基数始终对就业岗位总量形成挑战。过去五年间，中国城镇登记失业率始终保持在4%左右，低于世界平均水平。但对于中国社会而言，4%左右的失业率就意味着中国社会几乎每年都有900多万的失业人口。第二，劳动者就业权益保障不足。2016年，全国各地劳动人事争议调解仲裁机构共处理争议177.1万件，同比上升2.9%；涉及劳动者226.8万人，同比下降2.1%；涉案金额471.8亿元，同比上升29%。在涉及劳动者人数下降的同时，争议仲裁数却出现上升，尤其是涉案金额出现大幅上升，这意味着劳动关系中的不和谐现象虽然总体上在减少，冲突的程度却在加剧。第三，部分劳动者就业能力不足。人力资源和社会保障部的城市公共就业服务机构市场供求状况分析显示，2017年四个季度，市场对具有技术等级和专业技术职称劳动者的用人需求均大于供给。第四，劳动力市场分割有待进一步打破。阻碍劳动者、人才社会性流动的体制机制弊端依然有待破除，部分行业间、地区间的就业歧视依然存在。

①　教育部：《国家中长期教育改革和发展规划纲要(2010—2020年)》，北京，人民出版社，2010。

三、保障

党的十九大报告中对社会保障体系建设的要求非常明确，即按照兜底线、织密网、建机制的要求，全面建成覆盖全民、城乡统筹、权责清晰、保障适度、可持续的多层次社会保障体系。

中国在社会保险扩大覆盖面方面取得的成绩得到国际社会的高度认可，2016 年 11 月国际社会保障协会第 32 届全球大会授予中国政府"社会保障杰出成就奖"。全年五项社会保险基金收入合计 53563 亿元，比上年增加 7551 亿元，增长 16.4%。基金支出合计 46888 亿元，比上年增加 7900 亿元，增长 20.3%。

然而中国的社会保障体系所面临的压力，也呈现明显的不平衡现象。从中华人民共和国国家统计局所编的 2017 年《中国统计年鉴》中可以看到，河北、内蒙古、辽宁、吉林、黑龙江、湖北、青海七省的城镇职工养老保险的基金支出已经大于基金收入，其中内蒙古与湖北是 2017 年新"上榜"，而黑龙江省的累计结余竟然出现赤字。这一不平衡现象的背后，是中国社会区域性的经济发展、人口结构等区域差异。

上述七省中，大多为中国重工业较为集中的省份，有数量庞大的产业工人群体，并且都将逐步退休，享受养老保障。同时，由于计划生育政策在产业工人群体中执行的程度较高，加之改革开放之后的经济格局与人才流动，老工业基地往往也成为人才输出地。这一趋势在《中国统计年鉴》中也有所反应，2016 年，辽宁、吉林、黑龙江三省成为中国仅有的人口自然增长率为负的省份，河北、辽宁、黑龙江、湖北四省的老年人口抚养比均高于全国平均水平。可以预见的是，随着中国经济发展方式转变，老龄化程度加深，社会保障体系面临的不平衡压力将会持续加剧。

四、脱贫

民生问题首先当然是物质生活问题。党的十八大以来，中国在脱贫方面工作的成绩是明显的，每年农村贫困人口减少都超过 1000 万人，累计脱贫 5500 多万人；贫困发生率从 2012 年年底的 10.2% 下降到 2016 年年底的 4.5%，下降 5.7 个百分点；贫困地区农村居民收入增幅高于全国平均水平，贫困群众生活水平明显提高，贫困地区面貌明显改善。

但是，在看到脱贫工作的巨大成绩的同时，也需要明确中国社会的脱贫任务依然十分艰巨，从总量上看，2016年年底，全国农村贫困人口还有4300多万人。如期实现脱贫攻坚目标，平均每年需要减少贫困人口近1100万人，越往后脱贫成本越高、难度越大。

脱贫成本高、难度大的原因是多方面的。首先，从贫困区域的结构上看，仍未脱贫的大都是自然条件差、经济基础弱、贫困程度深的地区。其次，从贫困人口的群体上看，仍未脱贫的主要是残障、孤寡、年老、患病、受教育水平低、缺乏技能的贫困人口，呈现"无业可扶、无力脱贫"的群体性特征。最后，从脱贫标准的程度上看，实现不愁吃、不愁穿"两不愁"相对容易，实现保障义务教育、基本医疗、住房安全"三保障"难度较大。

五、医疗

党的十九大报告指出，人民健康是民族昌盛和国家富强的重要标志。而广义上的医疗服务对人的影响伴随终生，是美好生活的重要基础，但也正因为如此，医疗体系进行改革可以说是世界级的难题，对于中国这样的大国来说更是如此。

党的十八大以来，坚持以公平可及、群众受益作为出发点和立足点的医疗体系改革在中央的大力支持下继续深化。为了实现以相对较低的投入实现较高的健康产出，深化医改的工作必须在政府和市场、整体推进和重点突破、增加投入和建立机制、促进公平和提高效率之间不断寻求平衡点。中央先后密集出台了20余件深化医改指导性文件，不断完善深化医改的顶层设计，最终促成全民医保体系的基本建立，并取得了令世界瞩目的成绩。

首先，基本医保筹资能力和保障水平稳步提高。95％以上的稳定高参保率保证了基本医保的筹资能力，在此基础上2015年新农合、城镇居民医保人均政府补助标准提高到380元，政策范围内住院费用报销比例达70％以上，基本医保保障水平稳步提升。其次，大病保险试点在所有省份开展，并于2015年覆盖所有城镇居民基本医保和新农合参保人群。在基本医保报销比例的基础上，大病患者医疗费用报销比例又提高了10至15个百分点。再次，针对需要急救但身份不明或无力支付费用患者的疾病应急救助制度全面建立，在有效解决医疗救助问题的同时也一定程度上缓解了医患矛盾。最后，医疗救助制度逐步完善。据民政部门统计，2014年对城乡贫困人群实施医疗救助7467万人次，救助资金229亿元。基本医保、大病保险、医疗救助和疾病应急救助的衔接机制正在形成。

但是，随着深化医改进入向纵深推进的关键时期，取得的各项成绩使得难点问题更为突出，体制性矛盾集中暴露，而交织叠加、相互冲突的各方面利益又使得深化医改所面临的挑战更加严峻。

第一，深化医改各地进展和各项改革政策措施推进不平衡。稳定长效的投入机制尚未完全建立，医疗、医保、医药"三医联动"仍有待加强，公立医院科学合理的补偿机制尚不完善，医疗服务价格体系尚未理顺，适应行业特点的薪酬制度正在探索，分级诊疗制度建设还需加快推进。

第二，人民群众日益增长的健康需求与服务供给不足的矛盾还将长期存在。随着人口老龄化，预计到2020年，居民年平均就诊次数将接近6次，年诊疗人次将达到80亿左右，城乡、区域、层级之间医疗资源布局结构失衡、水平差异较大的状况短期内难以改变。新型城镇化进程加快，在激发医疗卫生服务需求的同时，对医疗卫生服务体系和医保体系规划、资源配置优化都提出了新要求。

第三，我国仍面临多重健康威胁叠加的复杂局面。传统传染病防控形势依然严峻，新发传染病不容忽视，防控风险的难度加大。同时，我国现有慢性病患者超过2.6亿，慢性病负担已占疾病总负担的70%。环境污染和食品安全成为影响健康的重要因素。

第四，经济发展新常态对转变医疗卫生事业发展方式提出了更高的要求。依赖国家和社会的高投入、走简单规模扩张的发展路子不可持续，必须更加突出体制机制改革，在体系和结构调整中提高服务效率，提升发展质量。[1]

要实现满足人民美好生活的要求，医疗改革与社会建设之路依然任重道远。

---

① 李斌：《人民有所呼　改革有所应　将医药卫生体制改革推向纵深》，载《学习时报》，2015-11-05。

六、社会治理

中国特色社会主义进入新时代，国家和人民对社会治理提出了更新更高的要求。针对这一要求，党的十九大报告中提出"打造共建共治共享的社会治理格局"。社会治理之所以需要"共建共治共享"，是因为社会治理所涉及的范围极广、对象众多、情况复杂，不可一概而论。

首先，中国改革开放的伟大成就，使得中国以几十年的时间走完了西方国家几百年的历史进程，因而也需要在几十年的时间里学习处理西方国家几百年历史进程中所积累的各种社会矛盾。更为重要的是，中国社会中存在的社会矛盾绝大多数都属于人民内部矛盾，在正确的指导思想和处理方法下完全可以得到有效的化解。这就要求新时代的社会治理体制有正确的指导思想、良好的执行效率、广泛的利益关联、强大的动员能力和明确的制度保障。

其次，随着中国社会城市化进程不断推进，陌生人之间的协作关系越来越密切。这一方面带来更为高效的经济效率，另一方面却也使得社会生活对于危机和风险的反应更为敏感。虽然从全局看，中国社会对风险的抵抗能力越来越强，但是对于个体的人来说，对危机预警和风险抵抗的需求却越来越强烈。此外，陌生人的协作关系还对整个社会的心理状态有了更高的要求。

最后，社区与各种社会组织作为城市化进程的产物，目前已经在中国的大小城市广泛存在，并且在日常生活中发挥着越来越重要的作用。社区与社会组织的出现一方面促进了基层自治的进一步发展，使得人民群众在日常生活中遇到的困难和问题可以较为便利的得到解决，另一方面也使得社会组织本身成为一个新的问题。传统的行政组织，如何才能与自发形成的社区与社会组织之间形成良性互动，是新时代社会治理的一个重要课题。

七、国家安全

2014年4月15日，习近平总书记主持召开中央国家安全委员会第一次会议并发表重要讲话，提出了"总体国家安全观"，作为国家安全工作的重要指导理念。

"总体国家安全观"这一理念的提出，正是对新时代错综复杂的安全形势的针对性回应。自冷战结束直至今日，世界的主题一直是"和平与发展"，但总体和平的大环境并不能完全保证国家的安全，因为在政治安全、国土安全、军事安全等传统安全问题之外，经济安全、文化安全、社会安全、科技安全、信息安全、生态安全、资源安全、核安全等非传统安全问题开始显现，并且开始对社会生活产生直接而深远的影响。

以经济安全为例，2015 年四季度人民币加入 SDR，在一定程度上承担了国际货币的责任，此后人民币汇率的涨跌就不仅仅影响中国人民的日常生活，同时也受到了全世界的关注。人民币的国际地位上升，一方面，当然是中国经济成就在世界范围内得到了应有的肯定；另一方面，也使得人民币成为国际资本巨头们博弈的战场。

从《复旦人民币汇率指数 2016 年分析与 2017 年展望》报告中可以看到，2016 年人民币有效汇率大幅贬值，总体看来大致可以分为四个阶段：（1）第一季度的持续下跌阶段，该阶段是 2015 年人民币正式加入 SDR 之后，有效汇率持续走低态势的延续，名义有效汇率和实际有效汇率呈现大幅贬值。特别地，2016 年 1 月，索罗斯公开宣称自己做空亚洲货币，引导市场一致性预期，使离岸市场上看空人民币的氛围达到高峰，离岸在岸点差突破历史记录，人民币汇率大幅贬值。（2）第二季度初的小幅震荡下跌阶段。一方面，美元升值趋势有所放缓，另一方面，国内流动性相对收紧，人民币有效汇率保持震荡，呈小幅下跌态势。（3）第二季度末、第三季度初的下跌阶段。2016 年 6 月美联储加息预期以及英国意外退欧事件导致全球金融市场震荡，人民币有效汇率和实际汇率出现阶段性下跌过程。（4）第四季度的震荡阶段。中国经济数据超过预期，经济缓慢回暖，但是特朗普政府刺激美国经济的政策、美国经济的复苏以及 12 月的加息政策使得美元指数进入强势上升区间，给人民币带来了一定程度的贬值压力。

随着中国与世界的经贸往来越来越密切，人民币国际化程度进一步上升，人民币对国际资本的反应会越来越敏感。这对于中国经济来说，既饱含机遇又暗藏风险。经济安全问题不但已经现实存在，并且将在此后与中国人民的日常生活息息相关。

此外，文化安全、社会安全、科技安全、信息安全、生态安全、资源安全、核安全等非传统安全问题也将从不同的维度，或直接或间接的影响中国人民的日常生活，限于篇幅无法完全展开。正是因为当今中国面临如此错综复杂的安全形势，"总体国家安全观"就更显得意义重大。党的十九大报告中，习近平同志提出了"健全国家安全体系，加强国家安全法治保障，提高防范和抵御安全风险能力。严密防范和坚决打击各种渗透颠覆破坏活动、暴力恐怖活动、民族分裂活动、宗教极端活动"的安全要求，将"总体国家安全观"的理念落实为可执行的具体要求，进一步明确了今后国家安全工作的努力方向。

总而言之，民生问题的现状极为复杂，形成原因也各有不同，问题和成绩同样突出。而对中国特色社会主义社会建设进行讨论和思考，其最为重要的使命就是为民生问题的保障和改善明确主要的目标，提出必须遵循的基本原则。

第三节　中国特色社会主义社会建设的主要目标

民生问题千头万绪，但从社会建设的视角出发，各个领域的民生问题却有其相对重要的主要目标。

一、教育主要目标

考虑教育问题的基本出发点是教育的使命，也就是教育工作需要培养什么样的人。党的十九大报告中明确指出，教育要"培养德智体美全面发展的社会主义建设者和接班人"，为了实现这一使命，教育工作者"要全面贯彻党的教育方针，落实立德树人根本任务，发展素质教育，推进教育公平"。

落实立德树人的根本任务，就要坚持社会主义核心价值观导向，深入开展理想信念教育、爱国主义教育、中华优秀传统文化教育和革命传统教育，加强法治教育、国防教育和可持续发展教育，促使学生将其内化为精神追求、外化为行动自觉。中国的教育事业，首先是为中国特色社会主义事业服务的，所以教育工作必须坚持以马克思主义为指导，全面贯彻党的教育方针。广大教育事业工作者，尤其是思想政治理论工作者要坚持不懈地传播马克思主义科学理论，抓好马克思主义理论教育；要坚持不懈地培育和弘扬社会主义核心价值观，成为社会主义核心价值观的坚定信仰者、积极传播者、模范践行者。

发展素质教育，就要把握好素质教育时代特征，重点抓好大中小学教材建设和教学改革；强化学校体育工作，帮助学生养成自觉科学锻炼的良好习惯；全面推进艺术教育，提升学生审美素养；促进教育与生产劳动和社会实践紧密结合，提高勤工俭学、志愿服务、实习实践活动的成效，以知促行、以行促知，学以致用。

推进教育公平，就是要保基本、补短板、促公平，重中之重是推动城乡义务教育一体化发展。重视农村义务教育，不仅是缩小城乡义务教育差距的标本兼治之策，也是促进城镇基本公共服务与农村共享的关键环节，将充分彰显教育权利和机会公平。

完善职业教育和培训体系，深化产教融合、校企合作。不仅要解决市场对技术人才的需求，更要从根本上解决中国社会时隐时现的对"蓝领"的行业歧视。健全学生资助制度，使绝大多数城乡新增劳动力接受高中阶段教育、更多接受高等教育，避免"寒门难出贵子"，阻断贫穷代际延续的可能。

二、就业主要目标

在党的十九大报告中，习近平同志对就业问题提出的主要目标非常明确，即"实现更高质量和更充分就业"。1999 年 6 月，国际劳工组织新任局长索马维亚在第 87 届国际劳工大会上首次提出了"体面的劳动"新概念，指"促进男女劳动者在自由、公平、安全和具有人格尊严的条件下，获得体面的、生产性的可持续工作机会"。可以看出，国际劳工组织提出的"体面劳动"本身就包含就业数量和就业质量两个维度。而"更高质量"和"更充分"就是党的十九大报告从就业质量和就业数量两方面对中国特色社会主义社会建设提出的明确要求。

所谓实现"更高质量就业"和"更充分就业"，其实质是从宏观和微观两方面为劳动者提供更理想的就业状态。

宏观层面，首先，需要政府不断改善就业环境，进一步提高针对就业的社会保障水平；其次，需要政府和市场共同努力，在实现经济更快更好发展的同时调整产业结构，有效转变经济发展方式，使得全社会的就业结构更加合理，避免人才和岗位的"双向等待"；最后，政府还要加大职业教育、继续教育、就业培训的力度，使得劳动者有机会不断提高自身的职业能力和技能水平，通过自身的全面发展从而实现更高质量的就业。

微观层面，"更高质量就业"也对每个劳动者提出了恰如其分的要求。每个劳动者都有追求就业质量，追求体面和有尊严劳动的权利。但这一权利的实现需要劳动者主动适应经济社会发展的大环境，随着产业结构的改变与升级，不断提升自己的劳动技能，通过自身的奋斗而实现分享经济发展带来的改革成果。

三、保障主要目标

党的十九大报告中，习近平同志强调，社会保障体系的建设要"按照兜底线、织密网、建机制的要求，全面建成覆盖全民、城乡统筹、权责清晰、保障适度、可持续的多层次社会保障体系。"[①]

兜底线，就是以民生保障和社会稳定为底线，通过充分发挥社会政策的托底功能，保障群众基本生活需求，实现社会保障"民生安全网""社会稳定器"的功效；织密网，就是以基本社会保障尽可能的实现最广范围的覆盖，让社会保障体系真正成为全社会的共享成果；建机制，就是要持续深化改革，建立健全体制机制，不断提高社会保障法治化、制度化水平。

为了实现兜底线、织密网、建机制的要求，社会保障体系的建设就应当以"覆盖全民、城乡统筹、权责清晰、保障适度、可持续"为奋斗目标。

覆盖全民，即实现社会保障覆盖面的不断扩大，不断增加参保人数和保障人数，基本实现法定人员全覆盖。从社会保障参保现状出发，扩大参保覆盖范围的重点是中小微企业和广大农民工、灵活就业人员、新就业形态人员、未参保居民等群体。

城乡统筹，即统筹推进城乡居民社会保障体系建设，合理缩小社会保障领域的城乡差异。在中国社会逐步进入老龄化的大背景下，养老保险制度的全面改革势在必行。继续完善社会统筹与个人账户相结合的城镇职工基本养老保险制度的同时，鼓励发展个人储蓄性养老保险和商业养老保险。进一步规范职工和城乡居民基本养老保险缴费政策，健全参保缴费激励约束机制。推进养老保险基金投资运营，努力实现基金保值增值。

---

① 习近平：《决胜全面建成小康社会　夺取新时代中国特色社会主义伟大胜利》，47页，北京，人民出版社，2017。

权责清晰，即明确社会保障体系中各级政府和用人单位、个人、社会的社会保障权利、义务和责任；保障适度，就是要根据经济发展确定保障待遇水平，合理引导群众的保障预期；可持续，就是要确保各项社会保险基金收支平衡，制度长期稳定运行。①

四、脱贫主要目标

2016 年国务院根据《中国农村扶贫开发纲要（2011—2020 年）》《中共中央国务院关于打赢脱贫攻坚战的决定》和《中华人民共和国国民经济和社会发展第十三个五年规划纲要》编制了《"十三五"脱贫攻坚规划》，于 11 月 23 日印发并实施。自此之后，脱贫攻坚战就有了基本的时间进度表。党的十九大报告中，习近平同志再一次宣布，"让贫困人口和贫困地区同全国一道进入全面小康社会是我们党的庄严承诺"，并要求"确保到二〇二〇年我国现行标准下农村贫困人口实现脱贫，贫困县全部摘帽，解决区域性整体贫困，做到脱真贫、真脱贫"。

2017 年 6 月 23 日，习近平同志在深度贫困地区脱贫攻坚座谈会上发表讲话，明确指出"深度贫困地区是脱贫攻坚的坚中之坚"，而"深度贫困地区"主要指的是三种地区，"一是连片的深度贫困地区，西藏和四省藏区、南疆四地州、四川凉山、云南怒江、甘肃临夏等地区，生存环境恶劣，致贫原因复杂，基础设施和公共服务缺口大，贫困发生率普遍在 20% 左右。二是深度贫困县，据国务院扶贫办对全国最困难的 20% 的贫困县所做的分析，贫困发生率平均在 23%，县均贫困人口近 3 万人，分布在 14 个省区。三是贫困村，全国 12.8 万个建档立卡贫困村居住着 60% 的贫困人口，基础设施和公共服务严重滞后，村两委班子能力普遍不强，四分之三的村无合作经济组织，三分之二的村无集体经济，无人管事、无人干事、无钱办事现象突出"。

对于脱贫攻坚战来说，明确合理的目标是取得理想成果的第一前提。党中央对 2020 年脱贫攻坚的目标已有明确规定，即到 2020 年，稳定实现农村贫困人口不愁吃、不愁穿，义务教育、基本医疗和住房安全有保障；实现贫困地区农民人均可支配收入增长幅度高于全国平均水平，基本公共服务主要

---

① 尹蔚民：《全面建成多层次社会保障体系》，载《人民日报》，2018-01-09。

领域指标接近全国平均水平；确保我国现行标准下农村贫困人口实现脱贫，贫困县全部摘帽，解决区域性整体贫困。习近平同志强调，深度贫困地区也要实现"两不愁三保障"的目标，努力实现基本公共服务主要领域指标接近全国平均水平。习近平同志同时指出，脱贫攻坚"要实事求是，不要好高骛远"，不能无视客观差距，不切实际地要求深度贫困地区在脱贫后，迅速达到发达地区的发展水平。

五、医疗主要目标

从社会建设的角度看，实现国民健康长寿不仅是经济社会发展的基础条件，同时也是国家富强、民族振兴的重要标志，更是全国各族人民的共同愿望。

在 2012 年 8 月 17 日开幕的"2012 中国卫生论坛"上，时任卫生部部长陈竺代表"健康中国 2020"战略研究报告编委会发布了《"健康中国 2020"战略研究报告》，开启了新一轮的医疗体系改革。2016 年 10 月 25 日，中共中央、国务院发布了《"健康中国 2030"规划纲要》，作为今后 15 年推进健康中国建设的行动纲领。党的十九大报告中，习近平同志强调"实施健康中国战略"，这是以习近平同志为核心的党中央从长远发展和时代前沿出发，坚持和发展新时代中国特色社会主义的一项重要战略安排。

医改之所以是一项世界难题，那是因为人们对健康的追求永无止境，但医疗体系的工作目标却必须有所取舍。在 2016 年的全国卫生与健康大会上，习近平同志发表重要讲话，强调"由于工业化、城镇化、人口老龄化，由于疾病谱、生态环境、生活方式不断变化，我国仍然面临多重疾病威胁并存、多种健康影响因素交织的复杂局面，我们既面对着发达国家面临的卫生与健康问题，也面对着发展中国家面临的卫生与健康问题"。因此，习近平同志强调在推进健康中国建设的过程中要坚持中国特色卫生与健康发展道路。

走中国特色卫生与健康发展道路，必须把握好一些重大问题。要坚持正确的卫生与健康工作方针，以基层为重点，以改革创新为动力，预防为主，中西医并重，将健康融入所有政策，人民共建共享。要坚持基本医疗卫生事业的公益性，不断完善制度、扩展服务、提高质量，让广大人民群众享有公平可及、系统连续的预防、治疗、康复、健康促进等健康服务。要坚持提高医疗卫生服务质量和水平，让全体人民公平获得。要坚持正确处理政府和市场关系，在基本医疗卫生服务领域政府要有所为，在非基本医疗卫生服务领域市场要有活力。

《"健康中国 2030"规划纲要》中对医疗体系提出了三步走的战略目标。到2020 年，建立覆盖城乡居民的中国特色基本医疗卫生制度，健康素养水平持续提高，健康服务体系完善高效，人人享有基本医疗卫生服务和基本体育健身服务，基本形成内涵丰富、结构合理的健康产业体系，主要健康指标居于中高收入国家前列。

到 2030 年，促进全民健康的制度体系更加完善，健康领域发展更加协调，健康生活方式得到普及，健康服务质量和健康保障水平不断提高，健康产业繁荣发展，基本实现健康公平，主要健康指标进入高收入国家行列。到2050 年，建成与社会主义现代化国家相适应的健康国家。

六、社会治理主要目标

新中国成立以来，党和政府在实践中不断探索，大致经历了传统的维护社会治安、社会管理再到社会治理三个阶段。改革开放以来，中国社会经历了经济社会的大发展、大变革和大转型，社会阶层结构也经历了不断的分化重组，顺应经济社会的发展变化，中国社会治理也在实践中不断改进创新。特别是党的十八大以来，从宏观到微观、从各领域各系统到城乡社区，社会治理理论和实践创新全方位推进，取得新突破、新进展、新成效。

党的十九大报告中，对社会治理的主要目标提出了明确的指示，即"打造共建共治共享的社会治理格局"。这既是对党的十八大以来我国社会治理经验的总结，也为新时代社会治理改革创新指明了方向、提供了遵循，其核心要求就是共建、共治和共享。

共建是打造社会治理新格局的基础。社会建设的实际主角是各类社会主体，在党委领导保证政治方向，政府负责提供制度保障的条件下，各类主体进行协商合作，共同参与社会治理和建设。从社会事业发展角度看，按照政府主导和政社合作的原则，重点在教育、医疗、卫生、就业、社保以及关系广大人民群众切身利益的社会公共服务等领域，完善共建的政策制度体系，为市场主体、社会力量参与社会建设和治理拓展更大空间。

共治是打造社会治理新格局的关键。其核心在于改变政府"单兵作战"模式，让社会各界共同参与社会治理。一方面，建立健全预防和化解社会矛盾机制，构建社会矛盾纠纷多元化解工作体系，推进协同治理。另一方面，建立社会参与协同机制，推动社会治理重心向基层下移，加强社区治理体系建设，发挥社会组织作用，实现政府治理和社会调节、居民自治良性互动。

共享是打造社会治理新格局的目标。加强和创新社会治理，归根到底是为了不断满足人民对美好生活的需要，让人民群众共同享有治理成果。要健全利益表达机制，创新利益协调机制，完善利益保护机制，切实维护和保障人民群众切身利益。构建共享服务体系，建立政府主导、覆盖城乡、可持续的公共服务体系。①

七、国家安全主要目标

2014年4月15日，在主持召开中央国家安全委员会第一次会议时，习近平同志发表重要讲话，指出"贯彻落实总体国家安全观，必须既重视外部安全，又重视内部安全，对内求发展、求变革、求稳定、建设平安中国，对外求和平、求合作、求共赢、建设和谐世界；既重视国土安全，又重视国民安全，坚持以民为本、以人为本，坚持国家安全一切为了人民、一切依靠人民，真正夯实国家安全的群众基础；既重视传统安全，又重视非传统安全，构建集政治安全、国土安全、军事安全、经济安全、文化安全、社会安全、科技安全、信息安全、生态安全、资源安全、核安全等于一体的国家安全体系；既重视发展问题，又重视安全问题，发展是安全的基础，安全是发展的条件，富国才能强兵，强兵才能卫国；既重视自身安全，又重视共同安全，打造命运共同体，推动各方朝着互利互惠、共同安全的目标相向而行。"

党的十九大报告指出，国家安全是安邦定国的重要基石，维护国家安全是全国各族人民根本利益所在。而当今中国正处于一个经济文化剧烈变革，国际利益不断扩展的时代，国家安全内涵和外延比历史上任何时候都要丰富，

---

① 周航：《打造新时代社会治理新格局》，载《人民日报》，2018-02-06。

时空领域比历史上任何时候都要宽广，内外因素比历史上任何时候都要复杂，只有贯彻落实总体国家安全观才能真正实现保障国家安全。

综上所述，新时代中国特色社会主义社会建设在教育、就业、保障、脱贫、医疗、社会治理、国家安全等领域都有各自需要实现的战略目标。由于领域的差异，这些战略目标之间虽然有所关联，但毕竟互不相同，然而，中国特色社会主义社会建设的根本目标是人民对于美好生活的追求，因而在保障和改善民生的总体追求上却有着共同的基本原则。

第四节　中国特色社会主义社会建设的基本原则

全面推进中国特色社会主义社会建设，保障和改善民生，其根本目标是人民对于美好生活的追求。党的十九大报告中，习近平同志强调："保障和改善民生要抓住人民最关心最直接最现实的利益问题，既尽力而为，又量力而行，一件事情接着一件事情办，一年接着一年干。坚持人人尽责、人人享有，坚守底线、突出重点、完善制度、引导预期，完善公共服务体系，保障群众基本生活，不断满足人民日益增长的美好生活需要，不断促进社会公平正义，形成有效的社会治理、良好的社会秩序，使人民获得感、幸福感、安全感更加充实、更有保障、更可持续。"①

从党的十九大报告中可以看到，坚持人人尽责、人人享有，坚守底线、突出重点、完善制度、引导预期的要求贯穿社会建设，改善民生的各个方面，换言之，这六个要求就可以被视为社会建设的共通性原则。

一、人人尽责、人人享有原则

人人尽责、人人享有的原则，指的是社会建设的责任需要全体人民的分担，工作需要全体人民的努力，而成果应当被全体人民所享有。马克思、恩格斯在《共产党宣言》中提出"自由人的联合体"的思想，并将这种"人人为我，我为人人"的原则视为未来共产主义社会的一个重要特征——"代替那存在着

---

① 习近平：《决胜全面建成小康社会　夺取新时代中国特色社会主义伟大胜利》，45页，北京，人民出版社，2017。

阶级和阶级对立的资产阶级旧社会的，将是这样一个联合体，在那里，每个人的自由发展是一切人的自由发展的条件。"这就意味着在马克思和恩格斯看来，真正的共产主义以及共产主义社会中的一切成果，都并非来自任何神或人的"慈悲""施舍"或者"救济"，而是来自每一个作为自由人的共产主义建设者自己的自由发展。

传统中国数千年的政治传统之一，就是对全能型政府的依赖与崇拜。因而传统中国社会的公共服务要么求诸开明乡绅，要么求诸官府朝廷，在极端情况下甚至愿意求助于黑社会，但却无法依靠自身的力量自我解放和拯救。这种现象固然首先是小农经济、宗法制度以及教育传统所导致的，但无法否认的是，这一现象也反向养成了部分中国人在面对困难时"等靠要"的习惯以及怨天尤人的心态。而这种习惯与心态又容易进一步的加深困难与灾难的程度，形成中国传统社会在社会治理层面难以破解的恶性循环。

人人尽责、人人享有这一原则不仅是对《共产党宣言》所提出的"自由人的联合体"思想的回应，也是对中国传统社会治理恶性循环的根本性解决，更是对人民群众作为历史创造者自我解放与拯救的肯定与期盼。

二、坚守底线、突出重点原则

坚守底线，指的是在社会建设的各个方面、各个环节都必须有明确的底线意识。突出重点，指的是社会建设的各个方面、各个环节都必须有明确的阶段性的重点任务。

中国共产党在领导中国革命、建设和改革的伟大实践中，有一项始终坚持且行之有效的工作方法，就是矛盾分析法。矛盾分析法重视矛盾运动的同一性和斗争性、普遍性和特殊性，坚持"两点论"和"重点论"。人民追求美好生活，自然会产生各种不同的需求，但在进行社会建设的实践时，这些不同的需求在客观上不可能同时得到满足，而当这些需求彼此之间有一定的冲突关系时更是如此。

以医疗为例，人民当然有权利要求医疗体系的服务更加廉价、更加便利、更加高水平，但必须明确的一点是，正如蒙代尔三元悖论所揭示的，一个国家不可能同时达到货币政策独立性、资本自由流动与汇率稳定这三个政策目标那样，医疗体系无论如何改革，都不可能同时满足廉价、便利、高水平这三个要求。中国的医疗改革从 1978 年起，就一直在这三个要求之间反复腾挪，有一些如今看来弊病丛生的政策——如"以药养医"——在提出之际也许就是不得已的选择，因此在进行变革时往往也难以一步到位。为了遏制"以药养医"的趋势，同时减轻财政负担，2009 年卫生部发布了基本药物制度，通过国家给出一个能够满足大部分需要的基本药物目录，让各个药企相互竞争出价。但是这一制度的实施就必然导致药品种类减少、药品质量下降的后果。而当医院取消药品加成后收入下滑，进而造成医生收入停滞，医疗人才流失的局面。

党的十九大报告提出"全面建立中国特色基本医疗卫生制度、医疗保障制度和优质高效的医疗卫生服务体系，健全现代医院管理制度"[①]的要求，要实现"优质高效"的要求，就意味着财政要对医疗体系投入更多的资源。而只有在国家经济持续发展，保持社会稳定的大前提下，财政才会有更多的资源。

社会建设各个领域之间的关系千丝万缕，只有坚守底线，才能保证人民的各项基本权益不受损失；只有突出重点，才有可能真正抓住人民最关心最直接最现实的利益问题。只有将坚守底线和突出重点的原则坚持到底，才可能真正满足人民群众对美好生活的不断追求。

三、完善制度、引导预期原则

完善制度，就是要在社会建设的各个领域建立全面的系统性制度保障，使制度更加公平、普惠和可持续。引导预期，就是要促进形成良好舆论氛围和社会预期，使得民生的保障和改善不仅是党和政府工作的方向，更是广大人民群众自觉奋斗的目标。完善制度和引导预期之间存在明确的因果关系，只有制度的完善才能使人民对制度的执行有信心，从而能够接受预期的引导。

以住房保障为例，针对人民普遍关心的住房保障问题，党的十九大报告再次强调"坚持房子是用来住的、不是用来炒的定位，加快建立多主体供给、

---

① 习近平：《决胜全面建成小康社会　夺取新时代中国特色社会主义伟大胜利》，48页，北京，人民出版社，2017。

多渠道保障、租购并举的住房制度，让全体人民住有所居"。①

事实上，从 2016 年年底的中央经济工作会议首次提出"房子是用来住的，不是用来炒的"之后，"房住不炒"就一直是房地产市场乃至整个中国经济的一个热词。但要真正实现"房住不炒"的目的，仅仅对房地产市场进行调控是办不到的，因为住房的刚需始终存在，而紧张的供需关系必然滋生炒房的利润空间。党的十九大报告提出"多主体供给""多渠道保障"和"租购并举"，就是为了从根本上缓解供需关系。可是仅仅缓解供需关系可能依然无法真正实现"房住不炒"的目的，因为房子在当前的社会生活中不仅承担居住的使用价值，同时还承担着保值增值的金融职能，以及更为重要的是，房子在很多城市还是个人享受落户、就业、社保、子女教育等一系列公共服务的"准入凭证"。

正因为如此，对房地产进行调控就不应该也不可能进行全国"一刀切"，否则政策制定后无法真正落地，反而加大了房地产市场的交易成本，使得房价水涨船高，"越调越涨"。制度保障不完善，自然也就无法实现对人民生活的引导预期。所以目前对房地产市场进行调控的工作，往往由各级地方政府因地制宜，设置不同的各种限购或限售条件来制约炒房者；推进租售同权来提供公共服务的"准入凭证"；推出不同的优惠政策来解决符合城市发展需要的人才的住房刚需，凡此种种，不一而足。纵观全国的房地产市场就能发现，住房保障制度越完善，炒房的利润空间就越小，人民就越容易受到制度预期的引导。

总的来说，中国特色社会主义社会建设的根本目标，是满足人民对美好生活不断追求的需要，其总体原则可以用党的十九大报告中的"人人尽责、人人享有，坚守底线、突出重点、完善制度、引导预期"来概括。而要在不断发展变化的大环境中不断满足人民对美好生活的追求，还需要党和国家对社会治理的体制机制进行不断的创新。

四、创新社会治理体制机制

社会治理体制机制的创新，并不是以社会治理体制机制本身的变革为目

---

① 习近平：《决胜全面建成小康社会　夺取新时代中国特色社会主义伟大胜利》，47 页，北京，人民出版社，2017。

的，而是要让社会治理体制机制适应社会发展的现实需要。

中国传统社会的传统之一，是将政治与社会问题转化为伦理与道德问题，对于中国传统社会的政治逻辑和治理手段而言，这种转化也有其合理之处。但随着传统社会解体，尤其是中国社会进入现代化的今天，社会治理固然还会受到伦理与道德底线的影响，但其成败的关键已经转化为对社会治理规律的把握与运用问题。社会治理体制机制创新的策略，从根本上看，就是把握与运用社会治理规律的策略。

社会治理体制机制的创新首先是理念的创新。今天的中国，正处于从"社会管理"到"社会治理"的转变期，党、政府和人民也经历了改革开放中从学习西方先进到赶超西方先进的伟大征程，与改革开放初期相比，今天中国社会治理更需要内生的创新理念。党的十九大提出了"新时代中国特色社会主义思想"这一重大理论创新成果，正是对"新时代坚持和发展什么样的中国特色社会主义、怎样坚持和发展中国特色社会主义"这一时代课题的回应，也从根本上解决了创新社会治理体制机制所互换的理念创新。

社会治理体制机制的创新不是盲目求变，更不是照搬照抄。在过去两百年世界实现工业化和现代化的历程中，先发优势使得西方国家在社会治理方面的确积累了许多先进经验，以至于改革开放初期，学习西方先进经验成为中国社会主义现代化建设的重要推动力。而在改革开放历经 40 年的实践，中国取得举世瞩目的伟大成就之后，"学习西方先进经验"不仅隐约成了一种"传统"，甚至在一定程度上成了部分中国人心理上的"路径依赖"。

然而，在过去正确的经验和做法，在今天未必继续是正确的。今天中国社会所面临的很多问题——如医疗体制改革——不仅是中国的难题，同时也是世界的难题；有些中国社会治理的经验和做法——如对移动支付的管理——已经成了西方社会学习和借鉴的对象；某些社会治理的难题——如超大城市的共享单车管理——甚至可以说是全世界独一无二的。

面对这样的局面，习近平同志指出："我们有符合国情的一套理论、一套制度，同时我们也抱着开放的态度，无论是传统的还是外来的，都要取其精华、去其糟粕，但基本的东西必须是我们自己的，我们只能走自己的道路"。

社会治理体制机制的创新不仅要善于"立新"，更要敢于"破旧"。中国社会今天处于飞速的发展和变化中，社会治理不仅需要对新出现的问题和现象足够敏锐，也需要对已经过时或消失的问题和现象有所觉察。

正如 2015 年 2 月 2 日，在省部级主要领导干部学习贯彻党的十八届四中全会精神全面推进依法治国专题研讨班上习近平同志所强调的那样，"对实践证明已经比较成熟的改革经验和行之有效的改革举措，要尽快上升为法律。对部门间争议较大的重要立法事项，要加快推动和协调，不能久拖不决。对实践条件还不成熟、需要先行先试的，要按照法定程序作出授权，既不允许随意突破法律红线，也不允许简单以现行法律没有依据为由迟滞改革。对不适应改革要求的现行法律法规，要及时修改或废止，不能让一些过时的法律条款成为改革的'绊马索'"。

对新问题进行研究，对新事物进行管理需要的是敏锐的洞察力和承担责任的勇气；而对已经过时的法律法规进行修改或废止，对已经冗余的机构组织进行改组或裁撤，则更需要高度的政治智慧和政治魄力。相比之下，由于行政机构天然倾向于扩张管辖范围，所以"破旧"的难度要远远大于"立新"，从这个意义上说，对社会治理体制机制进行创新的工作重点，应该更倾向于如何破除那些体制机制障碍，从而达到充分激发社会活力的目的。没有了"绊马索"，人民在追求美好生活的道路上才能顾虑更少、负担更轻、步子更快。

社会治理体制机制的创新，必须建立在调查研究的基础上。调查研究是党的优良传统，也是一切从实际出发的基本前提。早在 1930 年的《反对本本主义》中，毛泽东同志就对调查研究的重要性有深刻的论述，"调查就像'十月怀胎'，解决问题就像'一朝分娩'"，"你对于某个问题没有调查，就停止你对于某个问题的发言权"。许多老一辈无产阶级革命家也往往以"没有调查就没有发言权"的标准自我要求。

2018 年 3 月 1 日，在纪念周恩来同志诞辰 120 周年座谈会上的讲话中，习近平同志指出："周恩来同志高度重视调查研究，经常深入群众、深入一线调查研究"，"周恩来同志用自己的实际行动，为全党树立了全心全意为人民服务的光辉榜样"。

在党的十九届一中全会上，习近平同志也强调"要在全党大兴调查研究之风"，并进一步指出"调查研究是谋事之基、成事之道，没有调查就没有发言权，没有调查就没有决策权。调查研究是我们做好工作的基本功。党的十九大明确了坚持和发展新时代中国特色社会主义的大政方针，作出了一系列重大工作部署，提出了一系列重大举措，关键是抓好贯彻落实。正确的决策离不开调查研究，正确的贯彻落实同样也离不开调查研究。"习近平同志还要求，"中央委员会的每一位同志都要积极开展调查研究，要扑下身子、沉到一线，迈开步子、走出院子，到车间码头，到田间地头，到市场社区，亲自察看、亲身体验。"

总之，社会治理体制机制的创新，就是在新时代中国特色社会主义思想的指引下，在充分调查研究的基础上，立足基本国情，勇于破旧立新，破除不利于人民追求美好生活的各项体制机制障碍。唯有如此，才能在社会建设中，真正的为人民追求美好生活做出贡献。

【思考题】

1. 2018 年的中央一号文件提出全面部署实施乡村振兴战略，请从社会建设的角度看，谈谈你的意见和建议。

2. 在西方政治学的语境中，政府与社会总是对立的，政府"大"则社会"小"，社会组织就应当是非政府组织。而中国政府作为强势政府，一直致力于激发社会活力，追求政府"大"社会也"大"，促成政府与社会组织的合作。请你谈谈对这个观点的看法。

3. 习近平同志对于社会建设提出了"尽力而为"和"量力而行"的要求，请你结合现实，谈谈这两个要求在具体的社会建设工作中的意义。

4. 习近平同志提出不能让一些过时的法律条款成为改革的"绊马索"，在具体的社会建设工作中，该如何处理"破旧"与"立新"的关系？

【阅读书目】

1. 罗宗毅：《理论学习与战略思考——当代中国社会建设》，中国方正出版社，2017。

2.《国家中长期教育改革和发展规划纲要（2010—2020 年）》，人民出版社，2010。

3. 中共中央宣传部理论局编：《新时代面对面——理论热点面对面·2018》，学习出版社，人民出版社，2018。

4. 中共中央宣传部新闻局编：《激情，在脱贫攻坚一线挥洒》，学习出版社，2017。

第六章　中国特色社会主义生态文明建设

【本章概要】

生态文明建设是新时代中国特色社会主义建设的重要内容，关系人民福祉，关乎民族未来，事关"两个一百年"奋斗目标和中华民族伟大复兴中国梦的实现。党的十九大报告强调建设生态文明是中华民族永续发展的千年大计，标志着我们党对社会发展规律和生态文明建设重要性的认识达到了一定的高度。建设生态文明，就要把握生态文明的理念和实质，掌握生态文明的现状和目标，厘清中国特色社会主义生态文明建设的基本问题，在生态文明建设基本理论的指导下，探索中国特色社会主义生态文明建设的现实路径。

【案例关注】

余村是湖州安吉的一个小山村。20 世纪 80 年代初，"靠山吃山"开石矿，一年的纯收入有 100 多万元。然而好景不长，余村很快吃到了苦头，矿区烟尘漫天，常年一片灰蒙蒙。此外，村民还经常遭遇"飞来横祸"，安全事故时有发生。余村人痛定思痛，决定封山护林、保护环境。2003—2005 年，所有的矿山和水泥厂全部关停，村集体年收入一下缩水到不足原来的十分之一，全村半数村民"失业"。

2005 年 8 月 15 日，时任浙江省委书记习近平来到余村。当得知村里为了还一片绿水青山而关停所有矿区时，习近平高度评价，称赞余村的做法是"高明之举"，并告诫村民"要走可持续发展的道路，绿水青山就是金山银山！"

村委会主任潘文革说，村里重新编制了发展规划，把全村划分为生态旅游区、美丽宜居区和田园观光区 3 个区块，并决定投资建设荷花山景区。村民胡加兴第一个开办了"荷花山漂流"。50 条橡皮艇下水几个月，就吸引了上万名游客，一年的游客超过 5 万人次，营业额高达 220 多万元。

从"卖石头"到"卖风景"，今天的余村似乎仍然是"靠山吃山"，但"此山"非"彼山"。湖州市委领导感叹：过去，"矿山经济"鼓了腰包，毁了山林；而现在，山上的竹林美了乡村，富了百姓。

余村的十年巨变，是湖州绿色发展的缩影。"绿水青山"转化为"金山银山"，关键在于转变发展理念，让绿色发展的理念，融入生态文明先行示范区建设的全过程，融入战略决策、发展规划、价值导向等各个领域。

讨论：

1、通过余村的变化，请谈一谈对"绿水青山就是金山银山"的认识。

2、结合余村的做法，请谈一谈建设生态文明的路径选择。

【内容精讲】

第一节　中国特色社会主义生态文明建设概述

生态文明建设功在当代、利在千秋。在马克思主义理论指导下，深刻理解生态文明的内涵及实质，牢固树立社会主义生态文明观，处理好人与自然的关系，以满足人民群众日益增长的优美生态环境的需要。

一、生态文明的内涵及实质

生态文明是人类文明的一种形态，是人类文明的高级发展阶段，是正确处理人与自然的关系，谋求人、自然、社会和谐发展的生态文明观。

(一)生态文明的内涵

文明，是人类文化发展的成果，是人类改造世界的物质和精神成果的总和，也是人类社会进步的象征。在漫长的人类历史长河中，人类文明经历了三个阶段。第一阶段是原始文明。约在石器时代，人们必须依赖集体的力量才能生存，物质生产活动主要靠简单的采集渔猎，为时上百万年。第二阶段是农业文明。铁器的出现使人改变自然的能力产生了质的飞跃，为时 1 万年。第三阶段是工业文明。18 世纪英国工业革命开启了人类现代化生活，为时 300 年。从要素上分，文明的主体是人，体现为改造自然和反省自身，如物质文明和精神文明；从时间上分，文明具有阶段性，如农业文明与工业文明；从空间上分，文明具有多元性，如非洲文明与印度文明。

近年来，随着"生态文明"第一次写入党的十七大报告，生态文明的理念逐步深入人心。生态文明，是指人类遵循人、自然、社会和谐发展这一客观规律而取得的物质与精神成果的总和；是指人与自然、人与人、人与社会和谐共生、良性循环、全面发展、持续繁荣为基本宗旨的文化伦理形态。

生态文明是人类文明的一种形态，它强调人的自觉与自律，强调人与自然环境的相互依存、相互促进、共处共融，既追求人与生态的和谐，也追求人与人的和谐，而且人与人的和谐是人与自然和谐的前提。可以说，生态文明是人类对传统文明形态特别是工业文明进行深刻反思的成果，是人类文明形态和文明发展理念、道路和模式的重大进步。包括社会生态、政治生态，文学生态等。

现实告诉我们，人与自然都是生态系统中不可或缺的重要组成部分。人与自然不存在统治与被统治、征服与被征服的关系，而是存在相互依存、和谐共处、共同促进的关系。人类的发展应该是人与社会、人与环境、当代人与后代人的协调发展。人类的发展不仅要讲究代内公平，而且要讲究代际之间的公平，即不能以当代人的利益为中心，甚至为了当代人的利益而不惜牺牲后代人的利益。必须讲究生态文明，牢固树立起可持续发展的生态文明观。

(二)生态文明的实质

生态文明的实质是处理人与自然的关系。在认识上应正确认识环境保护与经济发展的关系，牢固树立保护环境、优化经济结构的意识，将环境保护作为新阶段推进发展的重要任务，建设以资源环境承载力为基础，以自然规律为准则，以可持续发展为目标的资源节约型、环境友好型社会，也就是通常我们所谈的"两型社会"。

自然界是客观的，要求人们在处理人与自然的关系时，必须承认自然界的客观性，人和自然是平等的，这是正确处理人与自然关系的前提。在建设美丽中国的过程中，首要的是要尊重自然，尊重自然规律。

规律的客观性和普遍性要求我们尊重规律，按规律办事。利用自然、改造自然、向自然索取，是人类存在和发展的需要。但在自然面前，人不能随心所欲，必须尊重自然界发展的客观规律，否则就会遭到自然的惩罚。在建设美丽中国的过程中，既要利用好自然，也要保护好自然，实现人与自然的和谐相处。

人类利用自然、改造自然，不是单纯地顺从自然，必须充分发挥人的能动作用，坚持科学的自然观和生态价值观，实现可持续发展，努力走向社会主义生态文明新时代。

生态文明的核心要素是公正、高效、和谐和人文发展。公正，就是要尊重自然权益实现生态公正，保障人的权益实现社会公正；高效，就是要寻求自然生态系统具有平衡和生产力的生态效率、经济生产系统具有低投入、无污染、高产出的经济效率和人类社会体系制度规范完善运行平稳的社会效率；和谐，就是要谋求人与自然、人与人、人与社会的公平和谐，以及生产与消费、经济与社会、城乡和地区之间的协调发展；人文发展，就是要追求具有品质、品位、健康、尊严的崇高人格。公正是生态文明的基础，效率是生态文明的手段，和谐是生态文明的保障，人文发展是生态文明的终极目的。

二、中国特色社会主义生态文明理念的提出

40 年的改革开放，经济得到了很大的发展，但在这个过程中出现了环境污染和资源短缺。随着社会生产力的不断发展和生活水平的不断提升，人民的利益诉求已经实现了从"求温饱"到"盼环保"、从"谋生计"到"要生态"的转变。人民群众对环境质量、生存健康的关注越来越高，人民对幸福的要求也从过去单一的经济发展提升到如今的经济发展与绿色环保、健康安全并重，人民的幸福观正在发生巨大变化。

实践证明，在物质匮乏的经济社会发展初期，人民对幸福的渴求主要体现为对物质利益的迫切需求，但当经济发展到一定阶段以后，人民也在寻求政治利益、文化利益、社会利益的保障，尤其是随着资源短缺、环境污染、食品安全问题等成为影响和制约经济社会发展与人民幸福生活的重要因素的时候，人民对良好生态的诉求又越来越强烈，人民渴求走上一条生产发展、

生活富裕、生态良好的文明发展道路。

党的十六大以来，以胡锦涛同志为总书记的党中央坚持以科学发展观统领经济社会发展全局，坚持节约资源和保护环境的基本国策，深入实施可持续发展战略，创造性地提出建设生态文明的重大命题和战略任务，为我国实现人与自然、环境与经济、人与社会和谐发展提供了坚实理论基础、远大目标指向和强大实践动力，开辟了中国特色社会主义的新境界。

党的十七大报告提出建设生态文明并作出具体部署，体现了我们党和政府对新世纪新阶段我国发展呈现的一系列阶段性特征的科学判断和对人类社会发展规律的深刻把握。一方面，我国人均资源不足，人均耕地、淡水、森林仅占世界平均水平的 32%、27.4% 和 12.8%，石油、天然气、铁矿石等资源的人均拥有储量也明显低于世界平均水平；另一方面，由于长期实行主要依赖增加投资和物质投入的粗放型经济增长方式，能源和其他资源的消耗增长很快，生态环境恶化的问题也日益突出。人类社会的发展实践证明，如果生态系统不能持续提供资源能源、清洁的空气和水等要素，物质文明的持续发展就会失去载体和基础，进而整个人类文明都会受到威胁。因此，建设生态文明是实现全面建设小康社会奋斗目标的内在需要，是深入贯彻落实科学发展观的重要内容。

党的十八大再一次强调全面、协调、可持续的科学发展观，并提出要把生态文明建设放在突出地位，融入经济建设、政治建设、文化建设、社会建设各方面和全过程。这是在对我国当前经济社会发展及生态环境形势全面分析的基础上做出的英明决策，既顺应世界发展的潮流，更符合我国国情，对我国全面建成小康社会、改善人民生活、保护地球生态有着不可估量的重要意义。

站在新时代的历史起点上，更加巩固了生态文明建设在经济社会发展中的重要地位。党的十九大报告明确提出"坚持人与自然和谐共生"的理念。建设生态文明是中华民族永续发展的千年大计。必须树立和践行绿水青山就是金山银山的理念，坚持节约资源和保护环境的基本国策，像对待生命一样对待生态环境，统筹山水林田湖草系统治理，实行最严格的生态环境保护制度，形成绿色发展方式和生活方式，坚定走生产发展、生活富裕、生态良好的文明发展道路，建设美丽中国，为人民创造良好生产生活环境，为全球生态安全作出贡献。

三、中国特色社会主义生态文明建设的目标和意义

党的十九大报告正文中共出现"生态"一词 42 次,有时单独出现,有时以生态文明、生态环境、生态建设、生态保护、生态监管、生态产品、生态廊道、生态监管等方式出现,除 4 次"政治生态"用词外,其余用词内涵都与城乡规划与风景园林行业有着密不可分的关系;党的十九大报告中共出现"绿色"一词 15 次,如在五大发展理念中单独出现、以绿色发展、绿色低碳、绿色出行等方式出现,并且用了 1500 多字阐述了生态文明建设问题,彰显了执政党对生态文明建设重要地位的重视,彰显了以人为本、执政为民的理念。

(一)中国特色社会主义生态文明建设的目标

党的十九大报告明确提出,我们要建设的现代化是人与自然和谐共生的现代化,既要创造更多物质财富和精神财富以满足人民日益增长的美好生活需要,也要提供更多优质生态产品以满足人民日益增长的优美生态环境需要。必须坚持节约优先、保护优先、自然恢复为主的方针,形成节约资源和保护环境的空间格局、产业结构、生产方式、生活方式,还自然以宁静、和谐、美丽。

围绕这个目标,党的十九大报告指出了生态文明建设的总要求:①

第一,推进绿色发展。加快建立绿色生产和消费的法律制度和政策导向,建立健全绿色低碳循环发展的经济体系。构建市场导向的绿色技术创新体系,发展绿色金融,壮大节能环保产业、清洁生产产业、清洁能源产业。推进能源生产和消费革命,构建清洁低碳、安全高效的能源体系。推进资源全面节约和循环利用,实施国家节水行动,降低能耗、物耗,实现生产系统和生活系统循环链接。倡导简约适度、绿色低碳的生活方式,反对奢侈浪费和不合理消费,开展创建节约型机关、绿色家庭、绿色学校、绿色社区和绿色出行等行动。

第二,着力解决突出环境问题。坚持全民共治、源头防治,持续实施大

---

①　习近平:《决胜全面建成小康社会　夺取新时代中国特色社会主义伟大胜利》,50~52 页,北京,人民出版社,2017。

气污染防治行动，打赢蓝天保卫战。加快水污染防治，实施流域环境和近岸海域综合治理。强化土壤污染管控和修复，加强农业面源污染防治，开展农村人居环境整治行动。加强固体废弃物和垃圾处置。提高污染排放标准，强化排污者责任，健全环保信用评价、信息强制性披露、严惩重罚等制度。构建政府为主导、企业为主体、社会组织和公众共同参与的环境治理体系。积极参与全球环境治理，落实减排承诺。

第三，加大生态系统保护力度。实施重要生态系统保护和修复重大工程，优化生态安全屏障体系，构建生态廊道和生物多样性保护网络，提升生态系统质量和稳定性。完成生态保护红线、永久基本农田、城镇开发边界三条控制线划定工作。开展国土绿化行动，推进荒漠化、石漠化、水土流失综合治理，强化湿地保护和恢复，加强地质灾害防治。完善天然林保护制度，扩大退耕还林还草。严格保护耕地，扩大轮作休耕试点，健全耕地草原森林河流湖泊休养生息制度，建立市场化、多元化生态补偿机制。

第四，改革生态环境监管体制。加强对生态文明建设的总体设计和组织领导，设立国有自然资源资产管理和自然生态监管机构，完善生态环境管理制度，统一行使全民所有自然资源资产所有者职责，统一行使所有国土空间用途管制和生态保护修复职责，统一行使监管城乡各类污染排放和行政执法职责。构建国土空间开发保护制度，完善主体功能区配套政策，建立以国家公园为主体的自然保护地体系。坚决制止和惩处破坏生态环境行为。

(二)中国特色社会主义生态文明建设的意义

1. 从人民福祉视角体现生态文明建设的重要意义

改革开放以后，社会生产力不断发展，经济也得到了很大的发展，人民的生活水平不断提升。人民群众对环境质量、生存健康的关注越来越高，人民对幸福的要求也从过去单一的经济发展提升到如今的经济发展与绿色环保、健康安全并重，人民的幸福观正在发生巨大变化。党的十九大报告指出：我国稳定解决了十几亿人的温饱问题，总体上实现小康，不久将全面建成小康社会，人民美好生活需要日益广泛，不仅对物质文化生活提出了更高要求，而且在民主、法治、公平、正义、安全、环境等方面的要求日益增长。生态文明逐渐成为人们的一项价值取向。

当前，我国依然是发展中国家，依然存在人民日益增长的美好生活需要与不平衡不充分发展之间的矛盾，解决这些问题，也要大力发展生态文明，给人民生活留下美丽洁净的生态空间。

人民永远是利益终极主体，作为中国人民根本利益的代表，中国共产党治国理政的战略决策必须保障人民群众的各项权益，也就是在保障人民的政治权益、经济权益、文化权益、社会权益的同时，也要保障人民的生态权益，满足人民的生态福利。因为生态权益是直接影响人的生存与发展的基础性和根本性的重要权益，没有生态权，一切权益最终都会成为低质低效，甚至化为泡影。

2. 从民族未来视角体现生态文明建设的重要意义

民族的未来，就是实现中华民族的伟大复兴。实现中华民族的伟大复兴，就是在当代历史条件下逐渐追赶并超越发达资本主义国家的文明发展程度和水平，实现中国特色的社会主义现代化强国的过程。尽管资本主义国家创造了高于社会主义国家的工业文明，但是，一方面，由于资本主义"工业文明发展的惯性以及其依靠环保产业升级和污染转移，一个又一个地解决环境污染问题，使得资本主义国家丧失了从工业文明向生态文明转变的强大动力"；另一方面，"由于资本掠夺和剥削的内在本性，难以从根本上解决环境保护中存在的外部性问题，致使彻底解决环境问题成为难以完成的历史任务"。这是由资本主义制度本身所决定的、无法避免的必然结局，而社会主义制度从理论上来说具有解决生态问题、实现生态文明的优越性。

我国在实现现代化的进程中，环境污染、资源短缺、生态破坏及人与自然的不和谐等生态环境问题已成为制约中华民族复兴步伐加快的巨大障碍，中华民族具有五千多年的文明史，在世界民族之林中创造了灿烂的文明成果，未来还将继续生生不息、蓬勃发展。民族复兴不仅包括经济的振兴，也包括政治和文化的发展，同时还包括生态的修复。生态文明建设是中华民族伟大复兴的战略选择，只有推进生态文明建设，华夏子孙一代一代才有永续发展的绿色空间。

3. 从全球生态安全视角体现生态文明建设的重要意义

气候变化对人类生存的环境产生了重要影响。随着经济全球化步伐的加快，一个国家和地区的经济发展往往会对其他国家和地区甚至对世界经济的发展产生重大影响，生态问题也是如此。在生态安全上，中国与世界已经连结成一个密不可分的有机整体，中国离不开世界，世界也离不开中国，全球生态链条的每一个环节的失误或失败不仅直接影响到本国的生态安全，也将间接影响到整个世界的生态安全。

党的十九大报告指出：坚持推动构建人类命运共同体，树立共同、综合、合作、可持续的新安全观，构筑尊崇自然、绿色发展的生态体系，始终做世界和平的建设者、全球发展的贡献者、国际秩序的维护者。① 党的十九大关于生态文明建设的论述，表明了我国从保护人类共有的家园出发、从维护世界整体利益出发、从维持人类社会的可持续发展出发来谋求经济社会发展，表现了发展中大国的气度、高度负责的精神。

4. 从"五位一体"总体布局体现生态文明建设的重要意义

党的十九大报告提出中国特色社会主义事业总体布局是"五位一体"，将生态文明与物质文明、政治文明、精神文明、社会文明一道，列为中国特色社会主义建设的重要组成部分。"五位一体"的"五位"相依相济融成"一体"。唯物辩证法关于系统的思想告诉我们，任何事物都是由要素构成的系统，要素和系统的关系是部分与整体的关系。中国特色社会主义事业的"五位一体"总布局其实就是一个建设的总系统，包括生态文明建设在内的五个子系统相依相济构成了一个相互联系、相互促进的有机整体。

马克思的社会有机体理论明确指出，人类社会是持续运动与发展的活的有机体，唯有和自然界展开物质变换时才会存在和发展。马克思把自然界当作了人类的无机的身体，"自然界，就它自身不是人的身体而言，是人的无机的身体。人靠自然界生活"。人所造就的无数积极成果和所创造的多种文明都不能脱离生态环境这一自然基础。缺失了生态的保障，人类的进步发展是不可能的，将会引发各种社会矛盾和冲突，甚至陷入不可逆转的生存危机"，如经济发展和环境污染就是其中的一对矛盾。生态社会主义认为，马克思对资本主义生产方式的批判就是对经济理性的批判。经济理性只会使劳动者失去人性变成机器；只会使人与人的关系变成金钱关系；只会使人与自然的关系

---

① 习近平：《决胜全面建成小康社会　夺取新时代中国特色社会主义伟大胜利》，25页，北京，人民出版社，2017。

变成工具关系。而生态理性则力图适度动用劳动、资本、资源，满足人们适可而止的需求，协调利润动机和可持续发展动机。将生态文明建设纳入"五位一体"总体布局并不是对原有文明体系和建设体系的否定，而是在新的实践基础上的继承、创新和发展，是对生态文明由理论层面上升到战略决策和实际操作层面的飞跃，生态文明建设地位特殊。

第二节　建设中国特色社会主义生态文明的基本理论

古今中外，生态文明建设的思想和理论十分丰富。这些思想和理论为世界文明的延续和发展提供了伦理基础，也为目前我国进行的生态文明建设提供了理论前提。

一、继承我国古代生态伦理思想

在中华民族五千年的光辉传统文化中，蕴含着丰富的生态文明思想。儒家、道家和佛家在中国传统文化中占有十分重要的位置，对后世影响也尤为深远。

（一）儒家的"天人合一"思想

儒家思想是中国传统文化的主流，其思想中关于人与自然的关系问题是生态文明的一个重要方面。儒家"天人合一"中的生态文明思想，一般都与其关心的天、地、人理论联系在一起，形成了具有儒家思想特色，既有自然中心主义，又有人类中心主义的生态思想混合物。儒家中的一些优秀古代思想家，从研究人际关系出发，主张人是自然界中的一部分，人与万物同类。他们认为在人与自然的相处中，我们应该对自然界采取友善和顺从的态度，以求人与自然和谐为目的，并形成一套比较完整的关于生态思想的体系。

董仲舒认为，何谓本？曰：天地人，万物之本也，天生之，地养之，人成之。将自然的和谐作为评判社会整体是否和谐的标准，"毒虫不螫，猛兽不搏，抵虫不触，故天为之下甘露，朱草生，醴泉出，风雨时，嘉禾兴，凤凰、麒麟游于郊。"从而描绘出一个人与自然和谐共生的美好世界。董仲舒明确提出了"天人之际，合而为一"的哲学命题，使"天人合一"思想发展到一个新阶段。

(二)道家的"道法自然"思想

道家作为中国古代哲学史上的重要流派之一,有着丰富的生态文明思想。老子和庄子是道家的代表人物,道家的哲学系统主要阐述了天人的关系,它的生态思想最为精髓的是"道法自然",并由此引申出各种丰富的生态思想。

关于"自然"的范畴,在中国哲学史中,是老子第一次提出并研究了人与自然关系的问题。老子提出:"人法地,地法天,天法道,道法自然。"①这里的"自然"是自然而然,还要求我们以"道"为法则,它是世界万物存在的根本。老子所提的自然界中的万物,皆为自然界所创造,其中包括了人的生命,自然界中的一切都是自然而然生成的,并不存在什么主宰者,这正是"道法自然"的基本内涵。在道家看来,人作为自然界中的一部分,天、地、自然界的万物是有其自己的变化和运动规律的,其中,天、地、人、道都是自然而然的存在的,它们无时无刻不在发生着变化,都是按照自然的本性而运动和存在的。

老子认为人类还应遵循自然界中万物运行的规律,顺应自然。正所谓"知常曰明,不知常,妄作,凶。"②这说明了,我们要尊重和遵循自然万物的运行规律,不能胡搞妄作,否则就会有灾祸。道家认为,"道"生万物的过程中产生了人,那么人就要效法天地之道,顺应自然,"以辅助万物之自然而弗敢为",这就是"无为"。"道法自然"直接表现为"自然无为",其中"无为"并不是无所作为,而是让我们不能恣意强行和刻意妄为。老子所提倡的是让我们用"无为"的态度去"为",最后我们就可以在自然界和人类生活中取得"无不治""无不为"的效果。"道法自然"是道家的教义与思想,包含着大量与生态文明有关的思想,这对生态环境日益恶化的今天,具有重要的生态学意义。

汉代的杨孚撰写的《异物志》,主张广泛保护珍稀野生动植物,从而更好地保护自然资源和生态环境。明清时期的思想家顾炎武在《天下郡国利病书》中也指出,"天下之病"许多都是由生态环境破坏所带来的。此外,还包括佛教思想中关于人类与自然界、人类与其他生命体之间共生的关系,也就是佛、

---

① 朱谦之撰:《老子校释》,103 页,北京,中华书局,2000。
② 朱谦之撰:《老子校释》,66 页,北京,中华书局,2000。

人、动物、植物等宇宙间的事物都是平等的。

不仅如此，古人对生态文明思想进行了实践，突出了对生态文明建设的追求。周代时期，设置了专门的政府机构来保护自然资源和生态环境，这就是虞衡制度。虞衡是我国古代掌管山林川泽的政府机构的泛称，其职责主要是保护山林川泽等自然资源，制定相关方面的政策法令，虞衡官执行这种政令法令。秦汉时期，虞衡称少府。另据《旧唐书》记载，当时的政府还把京兆、河南两都四郊三百里划为禁伐区或禁猎区，通过设置"自然保护区"的方式来保护自然资源与生态环境，这对保护祖国的秀丽山川起了很大的作用。经济与文化的繁荣与发展，使大唐不仅成为中国古代封建经济空前繁荣的朝代，而且也成为当时闻名于世的大帝国。毋庸置疑，唐代的生态文明思想与环境保护措施在其中所起的作用也不容忽视。

由于生态伦理思想的影响，特别是古代主要为农业文明时期，都没有出现严重的资源和环境问题，可见这些思想应该在中国特色社会主义阶段得到继承和发展，对新时代中国特色社会主义生态文明建设起到指导作用。

二、遵循马克思主义生态文明思想的指导

马克思和恩格斯在对人类史和自然史的研究中，预见了人与自然的关系问题，提出了科学的自然观。

(一)马克思关于人与自然辩证关系的思想

马克思认为人类是自然界中的一部分，自然界又是人类生存与发展的基础。首先，人类离不开自然界，需要依靠自然界而生存，人类通过劳动改造自然，自然界又是人类实践活动的对象。人与自然的和谐发展、协调相处，是人类生存和发展的重要保障；其次，马克思在《1844年经济学—哲学手稿》中提出，人类作为自然的存在物，而且是作为有生命的自然存在物。一方面，与其他动植物相同，都是受制约、受限制和受动的存在物；但另一方面，人类具有自然力和生命力，是能动的自然存在物，这些力量作为天赋、才能、欲望存在于人身上。因此，人是自然的存在物，是自然界中的一部分，具有自然属性；最后，马克思还认为，自然界是人类生存与发展的基础。人类的劳动对象，如土地、矿石和树木等，这些都源于自然界。自然界不仅为人类

直接的提供生活资料，而且还是人类生命活动的对象、工具和材料。"没有自然界，就没有感性的外部世界，工人什么也创造不了"。

马克思提出："资产阶级在它不到一百年的统治下创造的生产力，要比过去一切世代创造出的全部生产力还要多。"他分析了资本主义生产方式对自然环境的破坏程度，并认为：生产力在其发展的过程中达到了这样的阶段，他只能带来灾难，这种生产力已经不是生产力的力量，而是一种破坏的力量。社会主义制度是实现生态文明的根本途径，我们应用社会主义的制度来取代资本主义制度，用社会主义的生产方式来代替资本主义的生产方式。在共产主义社会中，人与自然的物质交换将更为合理，"用消耗最小的力量，在适合于和无愧于他们的人类本性条件下，进行这种物质交换"，并不是让他作为盲目的力量统治自己。

(二)恩格斯的自然辩证法思想

恩格斯的自然辩证法是马克思主义的自然观和自然科学观的反映，是马克思主义哲学的重要组成部分，同时也是恩格斯自然观的核心内容。恩格斯的自然辩证法研究主要包含了自然观和自然科学观，自然观是对自然界辩证法的研究，自然科学观是对自然科学辩证法的研究。辩证法的规律不是别的，而是人们研究自然界和认识自然、改造自然的最一般规律。

恩格斯在《英国工人阶级状况》中描述了当时英国环境污染的状况：曼彻斯特周围的一些工业城市到处都弥漫着煤烟，埃士顿的街道被煤灰弄得又黑又脏，斯泰里布雷芝的房屋被煤烟熏得变为黑色，"给人这样一种可憎的印象"①。恩格斯的思想中一直都存在着"人与自然和解"的思想，这是由于他受到了黑格尔自然哲学的影响。所谓"人与自然的和解"，其实是人类摆脱了动物式的对自然界的依赖，自然界也摆脱了人类的绝对控制、支配和统治，真正的解决人与自然之间的矛盾问题。自然界不再以一种完全异己的力量存在于与人类对立的位置中。恩格斯在《国民经济学批判大纲》中是这样对"人与自然和解"进行描述的：然而经济学家自己也不知道他在为什么服务，他不知

---

① 《马克思恩格斯全集》第 2 卷，325 页，北京，人民出版社，1957。

道，他的全部利己辩论只不过构成人类整个进步链条中的一环而已。他不知道它瓦解的一切私人利益，只不过是替我们这个世纪面临的大变革，即人类同自然的和解以及人类本身的和解开辟道路而已。恩格斯一再强调人们要正确认识自然规律，摆正人类在自然界中的位置，调节好人与自然的关系，建立先进的社会制度，以保护自然界。

三、借鉴当代西方的主流生态思想

当代西方生态思想孕育于西方工业革命晚期，在生态危机的大背景下，西方各国学术界对生态思想投以不断关注，深刻影响着当代西方国家的经济发展与政治制度变革。吸收和借鉴当代西方生态思想的合理成分，对于我们建设中国特色社会主义生态文明有参考价值。

(一)福斯特的"生态革命"思想

福斯特认为资本主义在本质上是不可持续和反生态的，这种本质也是造成生态危机的根源所在。需要建立一个可持续的生态社会主义，通过生态—社会革命，从根本上引导人们走出困境。福斯特在《生态危机与资本主义》中指出，我们所处的这个时代，有理由存在着生态完全毁灭的可能性，这其实同军备批评家们所提到的彻底和毁灭具有等同意义。福斯特认为：现如今，我们越来越认识到盛行的机械论及其派生出的支配自然的世界观，都会对生态构成威胁。全世界的科学家做了大量的关于人类与地球面临危机的证明和告知，但却未能从根本上意识到人类面临危机的严重程度和人与自然的对立关系，这是因为他们未能深入的研究危机背后的社会问题。

福斯特认为："在经济上，世界经济体系中心和外围国家之间整体不平等的趋势仍在增加，加之资本主义国家内部的阶级不平等，必然导致生态恶化加重。"①在资本主义物质积累的过程中，其实就是一个人类对自然破坏力度不断增加的过程。"目前，人类与环境之间的关系难以为继。那些最发达的资本主义国家拥有人均最大的生态足迹，这说明当今世界资本主义发展的整个

---

① John Bellamy Foster：*The ecological revolution*：*making peace with the planet*，New York：Monthly Press，2009，p. 269.

过程是死路一条。"①所以，当人们面临如此环境问题时，进行生态革命是非常必要的，这也将是人与自然、人与地球关系中的一场巨大变革。

福斯特还强调了要转变社会生产关系内部的社会构成、转变人与自然的关系，要想实现这种转变，就需要人类的可持续发展，以达到一个可持续的、有机的社会生态关系。他认为要想真正的解决问题，就必须找到一个能够代替和超越资本主义体系的生产方式，这与马克思对未来社会主义的设想是一致的。全世界的生态革命目标都是想建立一个生态与社会可持续发展、相互平等和生态文化多样性的社会，都是朝着生态社会主义迈进的。

(二)奥康纳的"双重危机"思想

奥康纳的生态学马克思主义是基于马克思主义基本原理提出的，他致力于研究资本主义生产力、生产关系、生产条件之间的矛盾，以及资本的生产不足和经济危机之间的矛盾。他将资本主义的矛盾问题作为理论基点，认为资本主义社会存在着双重矛盾，并提出了资本主义的第二重矛盾，是由资本主义本身所造成的生产力、生产关系、生产条件之间的矛盾。资本主义追求利润的最大化，不断从自然界摄取资源、向外扩张，这是因为自然界没有向外扩张的能力，它的资源是有限的。所以，资本和自然向外的扩张之间就形成了矛盾，最终导致生态失衡，经济的危机和生态的危机也就随之产生了。

奥康纳在对资本主义的第二重矛盾的阐述中，得出关于资本主义社会存在生态危机和经济危机的结论，即资本主义的"双重危机"。在资本主义社会中，离不开追逐利益的本性和对资本的无限扩张，也正是在这种巨额利益驱使下，资本主义采取扩大生产规模、降低成本和提高生产率等方式来增加利润。扩大生产规模必然会增加对自然资源的摄取，无节制的开采最终会导致生态危机的出现。生态危机的出现又会使运行成本加大，进而又导致了经济危机。

奥康纳认为解决生态危机的途径是构建生态社会主义，他尝试着通过生态学和社会主义结合的方式，来解决资本主义的双重危机。奥康纳发现了社会主义和生态学是同资本主义相互对立的两种意识形态，二者之间没有必然的联系，并不是天然的同盟军，资本主义全球化进程的加快导致双重危机的

---

① John Bellamy Foster：*The ecological revolution：making peace with the planet*，New York：Monthly Press，2009，p. 256.

产生，从而使生态学与社会主义有了结合的可能。奥康纳认为要想解决资本主义的双重危机，不可缺少的便是生态学和社会主义，只有二者结合在一起，相互影响和改造，才是解决双重危机的基础，才能化解资本主义全球化带来的问题。

(三)阿格尔的"异化消费"思想

异化消费是资本主义社会最具有时代特征的异化现象，以阿格尔为代表的生态学马克思主义者形成了系统的关于异化消费的理论，并认为异化消费是造成生态危机的最现实根源。

阿格尔在《西方马克思主义概论》中指出，如果人类不能真正的了解自己作为生物存在物及其自然属性的需要，那么人类就不能真正的把握自己作为社会存在物及其文化属性上的需要。完全的沉溺于炫耀性和奢华性消费中，就不可避免的以局部和短期的物质满足而损害到整体和长远的利益。异化消费使人注重物的占有而轻视人的存在，在加剧生态危机的同时，使得人的消费活动违背了人类自己真正的需求。阿格尔认为："资本主义由于不能为了向人们提供缓解其异化所需要的无穷无尽的商品而维持其现存工业增长速度，因而将触发这一危机。"[①]资本主义生产与整个生态系统的矛盾已上升为资本主义社会的主要矛盾。而为了适应人们不断扩大的"虚假需要"，必然会与有限的自然资源形成矛盾，这并不是通过所谓的"科技手段"就能解决的。

阿格尔认为，异化消费只不过是真正自由的苍白反映，在一定的生态限度条件下，他必然很快就会终止，而要想真正的克服异化消费，其关键在于改造生产使其不再异化。我们可以使人们缩减其消费的需求。他认为生态系统已经无力支撑这种无限的增长，这就需要我们缩减旨在为人的消费提供源源不断商品的工业生产。要想真正消灭异化，这就需要我们改变消费观念，重新考虑自己的需求方式，缩减自己的需求。

四、中国共产党人的生态思想与理念的创新

改革开放以来，在转变经济增长方式的同时，党中央不断探索经济发展

---

① ［加拿大］本·阿格尔：《西方马克思主义概论》，慎之等译，486 页，北京，中国人民大学出版社，1991。

方式，将经济发展同生态建设相融合，提出了一系列生态思想与理念，并且不断深化。党的十二大提出了关于控制人口增长、加强能源开发与节约能源消耗等生态文明建设的观点。党的十三大首次提出经济要从粗放型经营逐步转变到以集约型经营为主，同时，为有效地进行环境保护工作，提出了经济、社会和环境协同发展。党的十四大分析了经济、人口和资源的关系。在此基础上，提出了可持续发展思想和战略。党的十七大报告将"建设生态文明"作为全面建设小康社会的新要求，明确提出要使主要污染物排放得到有效控制，生态环境质量明显改善，生态文明观念在全社会牢固树立。建设生态文明，标志着中国共产党对人与自然的和谐、生态文明的建设的认识更加科学和深化，要求把大自然的优美和人的自身发展相结合，实现人与自然的和谐统一。

党的十八大以来，以习近平同志为核心的党中央更加重视生态文明建设，把生态文明与物质文明、精神文明、政治文明、社会文明同样对待，把经济建设、政治建设、文化建设、社会建设与生态文明建设共同作为推进中国特色社会主义事业"五位一体"总体布局。同时，提出了生态文明发展理论和理念，实现了生态文明思想与理念的时代创新。

(一)坚持走生态文明发展道路的理论

中国的经济必须与资源、环境和人口协调发展，在环境的承载范围内推进经济的稳定发展，做到社会与自然规律、经济性与生态性统一发展，绝对不能走让人口乱增长、资源过度消耗和生态环境遭到破坏的不可持续发展道路。

走生态文明发展道路，决不是单纯地保护生态，更不是守着资源受穷，其特色是生态，核心是发展，关键是转变发展方式，目的是把生态优势转化为经济优势，把绿水青山变成"金山银山"，更好地发展，更好地富民。党的十九大报告强调建设生态文明是中华民族永续发展的千年大计。必须树立和践行绿水青山就是金山银山的理念，坚持节约资源和保护环境的基本国策，像对待生命一样对待生态环境，统筹山水林田湖草系统治理，实行最严格的生态环境保护制度，形成绿色发展方式和生活方式，坚定走生产发展、生活富裕、生态良好的文明发展道路，建设美丽中国，为人民创造良好生产生活环境，为全球生态安全做出贡献。

(二)"两山"理论

习近平总书记提出的"两山"重要思想，即"绿水青山就是金山银山"，高屋建瓴、内涵深刻、振聋发聩，充分体现了对人类社会可持续发展的情怀担当。"两山"重要思想，是新的发展观、财富观、价值观，深刻阐明了经济发展与生态建设的辩证关系，闪烁着马克思主义的理论光芒，既通俗易懂，又充满内涵，为加快建设美丽中国、实现中华民族永续发展指明了方向、提供了遵循。

习近平总书记站在中国特色社会主义事业"五位一体"总布局的战略高度上，对生态文明建设提出了一系列的新思想、新观点和新论断，对"两山"理论进行了精辟的概括。"绿水青山就是金山银山；既要金山银山，又要绿水青山；宁要绿水青山，不要金山银山"；"绿水青山就是金山银山"。① 强调优美的生态环境就是生产力，就是社会财富，凸显了生态环境在经济社会发展中的重要价值。"既要金山银山，又要绿水青山"，强调生态环境和经济社会发展相辅相成、不可偏废，要把生态优美和经济增长"双赢"作为科学发展的重要价值标准。"宁要绿水青山，不要金山银山"，强调绿水青山是比金山银山更基础、更宝贵的财富；当生态环境保护与经济社会发展产生冲突时，必须把保护生态环境作为优先选择。坚持绿色发展，需要我们形成绿色价值取向，正确处理经济发展同生态环境保护的关系，牢固树立保护生态环境就是保护生产力、改善生态环境就是发展生产力的理念，更加自觉地推动绿色发展、低碳发展、循环发展，绝不以牺牲生态环境为代价换取一时的经济增长。

(三)可持续发展的理念

可持续发展是既满足当代人的需求，又不对后代人满足其需求的能力构成危害的发展。可持续发展是以保护自然资源环境为基础，以激励经济发展为条件，以改善和提高人类生活质量为目标的发展理论和战略。我国人口众多，人均资源相对不足，就业压力大，生态环境突出，因此，对可持续发展问题非常重视。2002 年中共十六大把"可持续发展能力不断增强"作为全面建

---

① 中共中央宣传部：《习近平总书记系列重要讲话读本》，120 页，北京，学习出版社，人民出版社，2014。

设小康社会的目标之一。可持续发展是以保护自然资源环境为基础，以激励经济发展为条件，以改善和提高人类生活质量为目标的发展理论和战略。它是一种新的发展观、道德观和文明观。

可持续发展是一种机会、利益均等的发展。它既包括同代内区际间的均衡发展，即一个地区的发展不应以损害其他地区的发展为代价；也包括代际间的均衡发展，即既满足当代人的需要，又不损害后代的发展能力。该原则认为人类各代都处在同一生存空间，他们对这一空间中的自然资源和社会财富拥有同等享用权，他们应该拥有同等的生存权。因此，可持续发展把消除贫困作为重要问题提了出来，要予以优先解决，要给各国、各地区的人、世世代代的人以平等的发展权。

(四)绿色发展理念

"五大发展理念"，将绿色发展作为关系我国发展全局的一个重要理念，作为"十三五"乃至更长时期我国经济社会发展的一个基本理念，体现了我们党对经济社会发展规律认识的深化，将指引我们更好地实现人民富裕、国家富强、中国美丽、人与自然和谐，实现中华民族永续发展。绿色生产方式是绿色发展理念的基础支撑、主要载体，直接决定绿色发展的成效和美丽中国的成色，是我们党执政兴国需要解决的重大课题。面对人与自然的突出矛盾和资源环境的瓶颈制约，只有大幅提高经济绿色化程度，推动形成绿色生产方式，才能走出一条经济增长与碧水蓝天相伴的康庄大道。推动形成绿色生产方式，就是努力构建科技含量高、资源消耗低、环境污染少的产业结构，加快发展绿色产业，形成经济社会发展新的增长点。

树立和践行绿色发展理念，要求我们形成绿色思维方式。具体说来，应形成"绿色"问题思维，坚持问题导向，抓住影响绿色发展的关键问题深入分析思考，着力解决生态保护和环境治理中的一系列突出问题；形成"绿色"创新思维，用新方法处理生态文明建设中的新问题，克服先污染后治理、注重末端治理的旧思维、老路子；形成"绿色"底线思维，推动经济社会发展既考虑满足当代人的需要，又顾及子孙后代的需要，不突破环境承载能力底线；形成"绿色"法治思维，用法治思维和法治方式谋划绿色发展，以科学立法、严格执法、公正司法、全民守法引领、规范、促进、保障生态文明建设；形成"绿色"系统思维。

党的十八届五中全会中，习近平同志在谈"十三五"五大发展理念时，明确提出了坚持绿色发展、坚持可持续发展、坚定的走一条生态良好、生活富裕和生产发展的文明发展道路。形成人与自然和谐发展的现代化建设新格局，推进美丽中国建设，为全球生态安全做出新贡献。从"建设美丽中国"到"绿色发展"，充分体现了中国共产党对生态文明建设的高度重视。

第三节　中国特色社会主义生态文明建设的基本问题

改革开放以来，我国的经济建设取得了举世瞩目的成就，但与此同时，我国的资源在得到利用的同时，环境也遭到了不同程度的破坏，生态环境承受着前所未有的挑战。生态文明建设是长期的社会系统工程，科学认识和分析当前我国生态文明建设面临的问题，对中国特色社会主义生态文明建设具有重要意义。

一、中国特色社会主义发展中的资源问题

目前，影响中国特色社会主义发展的资源瓶颈包括水资源、土地资源、矿产和能源资源等。应牢固树立节约资源的理念，提高资源利用率，推动资源的可持续利用，推动生态文明建设。

（一）水资源问题

我国水资源特点：一是水资源总量多，但人均占有量少；二是水资源的时间分布不平衡，年内和年际间变化大；三是水资源的空间分布不均匀，水土资源组合不平衡；四是水污染的蔓延，极大地减少了水资源的可用量。我国水资源开发和利用面临的问题表现在如下几个方面。

1. 水资源过度开发

近年来，我国一些地区为满足不断增长的水资源需求，加大了水资源的开发力度。我国北方江河普遍存在过度开发的问题。黄河、辽河、淮河地表水资源利用率大大超过国际上公认的40％的河流开发利用率上限，海河水资源开发利用率接近90％。素有"母亲河"之称的黄河1972年首次出现断流，进

入 20 世纪 90 年代以后年年断流，年平均达 107 天。中国部分地区地下水也存在着开采过量问题，并且在不断增加。超采地下水，已引发一系列生态问题。

2. 对水资源污染治理力度不够

改革开放以来，中国工业化和城市化的步伐不断加快，在用水量急剧增加的同时，污水排放量也相应增加，主要污染物排放量大大超出水环境容量。由此导致我国水环境恶化状况短时间内难以缓解或好转，进而加剧我国水资源短缺形势。

3. 水资源浪费严重

农业、工业及城市是我国水资源的三大用户，都普遍存在用水浪费的现象。由于大多数地区农业长期采取粗放式灌溉生产，水利用率很低。我国工业万元产值用水量比发达国家高，城市水的重复利用率低。全国多数城市存在自来水跑、冒、滴、漏的现象。同时，水价过于低廉，导致一些人不珍惜水资源，容易造成水资源浪费。

(二)土地资源问题

中国的内陆土地面积为 $9.6 \times 10^6 \ km^2$，占全球陆地总面积的 6.5%，位居世界第三位。中国国土面积的 66% 是山地、丘陵和高原，平地面积约为 326.3 万平方公里，约占土地总面积的 34%。由于前者大都不适宜用于农业，因而我国可供农业开发的土地资源并不充裕。我国土地资源面临的危机包括：

1. 土地资源不足，耕地总体质量差

随着人口增加和经济快速发展，城乡建设、道路交通和其他占用，我国现有的土地资源将急剧减少。随着我国人口的进一步增长，这一危机日趋明显。耕地分布很不平衡，水多的无地可浇，地多的无水可浇。干旱地区土壤次生盐渍面积不断扩大，使作物无法生长而不得不弃耕。由于重用轻养、滥施化肥、水土流失、荒漠化和盐碱化等多种因素的共同作用，全国耕地有机质平均含量逐渐降低。

2. 森林覆盖率降低、水土流失严重

随着人口增加和经济发展，森林资源早已不堪重负。虽然我国的人工造林成效很大，但由于林业生产底子薄、欠账多，在未来相当长的时间里，森

林资源的供需矛盾将会十分突出。森林资源覆盖率低，导致水土流失面积有增无减。

3. 草地资源普遍退化

草地是一种可更新资源，在我国，草地对畜牧业生产具有十分重要的地位和作用。它既是广大牧区草食家畜最主要的饲料来源，又在维护陆地生态系统的能量流动与物质循环方面具有不可替代的重要作用。但由于对草地生态系统的特性缺乏正确、全面的了解，长期以来，我国对草地资源粗放经营，甚至采取掠夺式的经营方式，使草地资源普遍退化，明显影响畜牧业的发展，产生了严重的生态后果。因此，亟须加强草地资源的管理，合理开发利用，大力遏制其逆向演替，搞好草地资源的保护和建设，努力提高草场载畜力。

4. 土壤污染日益严重

随着工业发展特别是乡镇工业的发展，生产过程排出大量的"三废"物质，通过大气、水、固体废弃物的形式进入土壤。同时农业生产中也不断地施入肥料、农药等物质并在土壤中累积，从而造成了严重的土壤污染。

(三)矿产和能源资源问题

矿产和能源是实现国民经济现代化和提高人民生活水平的物质基础。能源总消耗量和人均能源消耗量是衡量一个国家或地区经济发展水平的重要标志。我国是世界上矿产资源较为丰富的国家之一，但按人均拥有矿产资源量计算，又是资源小国。而且，我国储量丰富的矿产主要是一些用量不多的矿种，而国民经济和人民生活需要的大宗消耗性矿种，如石油、天然气、铁、铜、钾盐、天然碱等却储量不足，一些重要矿产如铬、铂、金刚石、硼等严重短缺。老矿山可采资源日益衰竭，后备资源基地短缺，石油、天然气、铜、金等储量缺口很大。我国矿产资源开发利用中存在的问题如下。

1. 矿产资源利用经济性差

我国矿产资源贫矿多、富矿少，共生、伴生矿种多，单种矿床少，中小型矿床多，大型、超大型的矿床少，难采、难选、难冶炼的矿床多，易采、易选、易冶炼的矿床少。我国矿产资源储量是用地质储量计算得出来的，呆矿、死矿多，许多储量开采不出来；即使能开采出来，也是难度大、成本高。一些蜂窝状分布的矿产难以大规模开采；零星开采的成本高而安全隐患大。

所有这些，都增加了我国矿产资源开发利用的成本。

2. 矿产资源开采存在管理漏洞

由于管理问题，矿业秩序存在监管漏洞，乱挖滥采、破坏资源的现象在一些地区存在。我国的一些优势矿产，由于过量开采而使储量消耗加快。有法不依、执法不严、越权发证、有证乱采的问题比较突出。这些问题，制约着矿业的健康发展。例如，钨矿资源、稀土资源等，由于曾经出口竞相压价，不仅价格较低，也使这些资源迅速减少。矿产品进出口的各自为政带来的结果是，以我国工业化总成本的增加为代价换来一时一地的利益。

二、中国特色社会主义发展中的环境问题

目前，中国特色社会主义发展中的环境问题包含大气污染、水环境污染、垃圾处理、土地荒漠化和沙灾、水土流失、旱灾和水灾、生物多样性破坏、三峡库区的环境、持久性有机物污染等问题。

(一)大气污染问题

我国大气环境面临的形势比较严峻，大气污染物排放总量虽然近几年有所下降，但大气污染问题仍十分严重。大多数城市的大气环境质量超过我国规定的标准。大气污染是我国第一大环境污染问题。

(二)水环境污染问题

中国是一个干旱缺水严重的国家。人均淡水资源总量低，是全球人均水资源最贫乏的国家之一。辽河、海河、淮河、黄河、松花江、珠江、长江等存在污染现象。大型淡水湖泊(水库)和城市湖泊水质普遍较差，黄河多次出现断流现象。

(三)垃圾处理问题

随着中国城市化进程的加快发展，垃圾处理已经成为难题。我国过去普遍采用传统的垃圾填埋方式，具有占地面积大、污染水体、散发臭气等诸多弊端，而且部分城市的填埋场面临填满封场的危机，无法负荷日益庞大的垃圾量。目前有些城市通过增加垃圾处理厂等方式解决垃圾处理的问题，但在监管、垃圾分类、技术创新等方面还需不断改进。

此外，由于国际市场对中国的矿产、石材、药用植物、农产品、畜牧产

品的大量需求，可能会加重中国的生态环境和自然资源的破坏。同时，中国可能成为国外污染密集型企业转移的地点和大量的国外工业废物"来料加工"的地点，这将极大地加重中国的环境问题。

三、生态文明与中国特色社会主义发展模式

"生态文明"作为人类文明的新形态，其目标指向与实践追求必须和具体的社会制度密切结合起来，才能彰显其价值和意义。在中国特色社会主义的时代背景下，社会主义生态文明与和谐社会、"五位一体"建设、美丽中国具有内在的逻辑一致性和现实的历史必然性，是坚定走中国特色社会主义道路的战略选择。

中国特色社会主义发展强调的是以人为本。人与自然都是生态系统中不可或缺的重要组成部分。人与自然是相互依存、和谐共处、共同促进的关系。人类的发展应该是人与社会、人与环境、当代人与后代人的协调发展。人类的发展不仅要讲究代内公平，而且要讲究代际之间的公平，即不能以当代人的利益为中心，甚至为了当代人的利益而不惜牺牲后代人的利益。考虑人的发展，必须讲究生态文明，牢固树立可持续的生态文明观。

中国特色社会主义发展强调的是全面发展。在生产力水平很低或比较低的情况下，人类对物质生活的追求总是占第一位的，所谓"物质中心"的观念也是很自然的。然而，随着生产力的发展，人类物质生活水平的提高；特别是工业文明造成的环境污染，资源破坏，沙漠化，"城市病"等全球性问题的产生和发展，人类越来越深刻地认识到，物质生活的提高是必要的，但不能忽视精神生活，也不能破坏生态，必须保持生态平衡，做到生产发展、生活富裕、生态良好。

生态文明是人类文明的一种形态，它以尊重和维护自然为前提，以人与人、人与自然、人与社会和谐共生为宗旨。生态文明强调人的自觉与自律，强调人与自然环境的相互依存、相互促进、共处共融，既追求人与生态的和谐，也追求人与人的和谐，而且人与人的和谐是人与自然和谐的前提。可以说，生态文明是人类对传统文明形态，特别是工业文明进行深刻反思的成果，是人类文明形态和文明发展理念、道路和模式的重大进步。

生态文明是中华民族从人类世界历史生态、文化生态和现实生态出发，

在生态全球化背景下，以提升人格文明、生态文明、产业文明为发展方向；以发展宪政、优化体制、优化结构、促进公民意识和认知水平；以真诚的民主来反映公民的社会存在，建立社会公众信仰及其相应的伦理精神的法制秩序，让社会各阶层利益公开自由的表达权利，以期让社会真理能够真实的公共表达；将人格质量的提升放在国民教育的首位，来提高人在群体公共事物中的智慧能力；将生态文明发展放在战略首位，来提高文明产业化社会的上升能力；将未来优先的战略放在国家建设的首位，来提高国家在国际社会中的战略产业能力，走生态文明发展的国家发展道路。

历史的经验和现实的实践告诉我们：既要顺应人类文明形态的转向，又不可照搬照抄其他国家的生态文明模式，社会主义生态文明必须与中国特色社会主义制度相结合，致力于"以生态导向的现代化"是中国特色社会主义发展的战略选择。

第四节　建设中国特色社会主义生态文明的路径选择

生态文明建设功在当代、利在千秋。站在新时代的历史起点上，运用智慧和力量，着力解决生态方面存在的突出问题，推动形成人与自然和谐发展的新格局，为保护生态环境作出当代人的努力。

一、培养全民生态素养和意识，树立生态文明理念

生态文明建设是涉及经济社会发展全过程和各方面的系统工程，仅靠党和政府的政策和行政命令是不够的，需要人人参与、各方配合，让生态文明理念深入人心，才能切实增强责任感和使命感，取得生态文明建设的成就。

构建生态文明全民教育体系，必须使生态文明教育贯穿于国民教育的全过程。让生态文明知识进校园、进教材、进课堂、进头脑，从娃娃抓起，提高各级各类学生对节约资源、保护环境重要性的认识，树立正确的生态价值观和道德观。党政机关、企事业单位都要加强生态文明素养和意识教育，使生态文明理念内化于心、外化于行，成为全民的共识。

2015 年环保部印发的《关于加快推动生活方式绿色化的实施意见》指出：力争实现到 2020 年，生态文明价值理念在全社会得到推行，全民生活方式绿

色化的理念明显加强，生活方式绿色化的政策法规体系初步建立，公众践行绿色生活的内在动力不断增强，社会绿色产品服务快捷便利，公众绿色生活方式的习惯基本养成，最终全社会实现生活方式和消费模式向勤俭节约、绿色低碳、文明健康的方向转变，形成人人、事事、时时崇尚生态文明的社会新风尚。

各级环保部门应当精心组织实施，推动生活方式绿色化。一是强化生活方式绿色化理念。强化对生态文明建设重大决策部署的宣传教育，普及生态文明法律法规，提高公众生态文明社会责任意识；推动生活方式绿色化理念深入人心，使公众充分认识生活方式绿色化的重要性，加强日常生活自律，并互相激励带动，使绿色生活、勤俭节约成为全社会的自觉习惯。二是制定推动生活方式绿色化的政策措施。引导企业采用先进的设计理念、使用环保原材料、提高清洁生产水平，促进生产、流通、回收等环节绿色化；引导绿色饮食、推广绿色服装、倡导绿色居住、鼓励绿色出行，推进衣、食、住、行等领域绿色化。三是引领生活方式向绿色化转变。开展丰富多样的生活方式绿色化活动，发挥榜样典型的示范引领作用，全面构建推动生活方式绿色化全民行动体系；深化环境教育，发挥媒体作用，创新开展全民生态文明宣传教育活动；建立绿色生活服务和信息平台，培育生态环境文化，积极搭建绿色生活方式的行动网络和平台。

生态文明建设是一场涉及生产方式、生活方式、思维方式和价值观念的深刻变革。变革全社会的生活方式，节约环保影响巨大，会产生难以估量的绿色效益。必须充分发挥人民群众的积极性、主动性、创造性，凝聚民心、集中民智、汇集民力，推动生活方式绿色化。

此外，树立科学的人口观念，实行科学的人口政策，控制人口数量，提高人口素质，是社会主义发展的一个带有战略性的问题，应始终不折不扣地坚持。

二、加强资源利用管理，实施生态修复工程

目前，人民对生态环境的诉求不断提升，这就要求把有限的资源利用好，把环境污染治理好，加强资源利用管理，实施生态修复工程，使美丽中国建设取得丰硕成果。

推进土地节约集约利用。第一，要提升各类产业用地的使用效率，在规范用地管理上下功夫，清理和盘活各类产业存量用地，对存量用地的使用人提出限期整改要求，形成多方监管的长效机制，并逐步提高对产业用地的投入，增强开发利用强度，在单位土地面积产出上要效益。第二，加强新增建设用地指标管理，对建设用地资源进行优化配置，加强对用地指标的前置条件进行管控，形成一整套完善的新增建设用地监督管理机制。搭建城乡统一的建设用地交易平台，积极推进城乡建设用地指标流通，结合农村产权制度改革的成果，逐步发掘集体建设用地的市场潜力，提高集体建设用地的附加值，促进社会主动提高集体建设用地利用效率。第三，加强耕地和基本农田保护，一方面推广规模化农业生产方式，借鉴外国庄园式机械化农业生产模式，提高单位面积上的农业产出，另一方面积极探索撤村并城后，农村原有宅基地作为建设用地指标进行流通，并对原有建设用地进行复耕。第四，在城市建设过程中，加大地下空间的利用力度，强化地下空间开发利用管理，科学有序地进行地下轨道交通、地下人民防空、地下商业等项目建设，与地面空间、地上空间逐步形成综合性的城市空间。

促进水资源重复利用。加强水源涵养与水土保持，开展重点水源涵养工程建设，进行水生态环境整治。开展水土保持工程建设，统筹实施水土流失治理及河湖生态修复。全面落实水资源管理的有关政策和制度，加强对水资源开发利用的控制，杜绝浪费和污染水资源现象，鼓励改善生产工艺，提高用水效率。建设一批农田水利设施，适时有效灌溉。加强企业用水设备改造，推进农村生活用水设施改造，倡导节约用水。全面推广"海绵城市"建设，在城市建设项目中严格落实对径流量的控制，利用建设透水地面、增加绿地面积、减少硬化面积和增设蓄水设备等措施，将雨水"留"在城市。在住宅小区、机关事业单位、宾馆等人口集中的区域，推广建设"中水工程"，对废水进行处理、二次利用。注重新能源、新材料等在建筑中的应用，推广节能环保的节能产品和装备，进行大型公共建筑和公共机构建筑节能改造，实施太阳能屋顶计划，建设绿色建筑。打造建筑节能环保示范区，实现建筑、生态、经济的和谐共融。

三、开展国际合作，应对气候变化

经济全球化的大背景下，中国的发展与世界整体的发展高度融合。因此，我国在大力建设生态文明的进程中，必须肩负作为国际大国的生态义务，展现负责任的大国的良好形象并把绿色发展转化为我国新的综合国力、综合影响力，在国际竞争中发挥优势。20世纪中期以来，生态危机在全球范围内发作，世界性的环境公害事件频发，全球气候的持续变暖、全球性生态环境问题不断升级，这些生态问题单靠一个国家的力量是无法解决的。我国一向倡导携手合作，共同应对。我国作为最大的发展中国家，积极主动承担国际义务并深度参与全球生态环境治理、推动建立公平合理的生态环境保护的新格局。

习近平总书记在生态文明贵阳国际论坛2013年年会的贺信中指出："保护生态环境，应对气候变化，维护能源资源安全，是全球面临的共同挑战。中国将继续承担应尽的国际义务，同世界各国深入开展生态文明领域的交流合作，推动成果分享，携手共建生态良好的地球美好家园。"坚持大力加强生态文明建设统筹国内国际两个大局的立场。世界各国之间相互联系、相互依存程度空前加深，人类只有一个地球，世界呈现出一幅你中有我、我中有你的发展局面。习近平总书记准确把握中国和世界大局，强调我国要坚持独立自主、从客观实际出发开拓自己的生态文明建设之路，同时发挥中国力量为世界生态文明建设做贡献，展现中国特色社会主义良好形象并与各国人民一道共建美丽新世界。

四、大力发展绿色科技，增强知识资本推动力

建设中国特色社会主义生态文明需要进一步推进绿色科技的运用，以绿色科技促进绿色发展。绿色科技是一种能够有效地减少环境污染、降低材料和能源消耗、改善生态环境以及有助于可持续发展的技术群，包括低碳经济技术、绿色新材料技术、清洁生产技术、治理污染技术和改善生态技术等众多有助于生态环境优化的高新技术。面对资源和环境的压力以及保持经济发展的速度和质量，需要加快发展低碳经济，低碳经济是相对于传统的、以主要依靠燃烧化石燃料等不可再生资源为能源，以高耗能、高排放、高污染为

特征的高碳经济发展方式而言的。发展低碳经济要大力推进技术创新、制度创新和发展模式的创新，要以依靠太阳能、风能、水能等可再生资源为能源，以提高能源利用效率和创建清洁能源结构为核心，以低能耗、低排放、低污染为基础，构建一种新的经济发展方式和经济增长模式。低碳经济的实质是能源效率和清洁能源结构问题，其核心是能源技术创新和制度创新，目标是减缓生态危机和促进人类可持续发展。要通过新能源技术，尽快地终结化石能源时代，尽早地建立以太阳能等新能源和可再生能源为主体的低碳能源新体系，这是中国从工业文明进入生态文明的必然选择。针对使用传统材料所产生的资源能源以及环境污染问题，大力发展绿色新材料技术，如大力发展纳米材料、特种陶瓷、智能材料、工程塑料、绿色建材等技术的推广应用。要针对有效防范和化解自然灾难，大力推广运用"海绵城市"技术、人工湿地技术和生态湿地技术、农业生态技术。同时，鉴于技术是一把双刃剑，在绿色科技的推广运用过程中要加强对技术的科学评估，以便尽可能减少技术对环境和人产生的负效应，促进绿色科技健康安全发展。

五、强化生态文明的法律和制度建设

生态文明建设必须强化法律和制度建设，以法律和制度刚强的规范性和约束性保障生态文明建设任务得到落实，解决资源环境问题的根本出路在于大力推进法制设计和创新。

(一)强化生态文明法律建设

法制是根本，当前生态文明建设首要问题就是完善环境保护的相关立法。政府部门应加强实地调研，针对相关环保法律体系存在的漏洞和不足，尽快制定和完善相应的法律法规，为生态文明建设提供更完备的法律体系。同时，地方人大也需要根据当地的实际情况制定相应的办法或地方性法规，从而能够加强对当地生态环境问题依法管理，做到有法可依，有法必依。

生态文明建设还需要加强执法部门的执法力度。现在我国各地方的环境主管部门为环境执法主要部门，执法手段局限于行政处罚，同时没有更好地发挥好司法机关的职能作用。破坏环境资源罪在我国的《刑法》中虽然有明确的规定，但在实际处理过程中因触犯此法而受到法律制裁的为数很少，实际操作中以罚代法现象在一定程度上助长了环境犯罪。另外，一些领导干部缺乏环境责任追究意识，注重经济、轻视环境现象严重，有的甚至纵容违法者，干预环保部门执法，对于这种行为必须采取相关措施予以查处。要按照源头严防、过程严管、后果严惩的要求健全刚性制度体系，加强环保督察、执法力度，强化一岗双责体系，通过提高违法成本，倒逼经济社会绿色转型。

(二)进一步推进生态文明体制机制创新

首先，进一步完善生态文明行政体制建设。生态问题作为事关国计民生的公共问题，不能完全放任市场来解决，而必须推进党政负责和主导的生态文明战略，要通过建立健全科学的生态文明考评制度和党政同责的严格问责制度，构建包括生态政治责任、生态民事责任、生态行政责任和生态刑事责任在内的严密的生态文明司法体系和责任体系，以内在的压力倒逼党政领导和党政部门高度重视生态小康社会建设和生态文明社会建设，从而以优良的绿色发展政绩推进生态治理体系和治理能力现代化。

其次，进一步完善生态资源产权制度建设。明晰产权，是全面建成生态小康社会和生态文明社会的关键。党的十八届三中全会提出，要对水流、森林、山岭、草原、荒地、滩涂等自然生态空间进行统一确权登记，形成归属清晰、权责明确、监管有效的自然资源资产产权制度。为此，要进一步建立和健全排污权、碳排放权，建立以生态公正为目的以及以开征环境税为主要内容的绿色税制体系，加快生态补偿立法和体制完善进程，加大中央财政对生态文明建设做出贡献地区的转移支付力度和奖励资金力度，鼓励社会资本积极参与生态小康社会建设和生态文明社会建设。

最后，进一步完善生态文明监督管理和参与机制建设。党的十九大报告提出要加强对生态文明建设的总体设计和组织领导，设立国有自然资源资产管理和自然生态监管机构，完善生态环境管理制度，统一行使全民所有自然资源资产所有者职责，统一行使所有国土空间用途管制和生态保护修复职责，统一行使监管城乡各类污染排放和行政执法职责。[①] 政府按照环境保护法的相关法律法规规定对违反生态保护的行为使用行政权或者采取相应的前置措

① 习近平：《决胜全面建成小康社会 夺取新时代中国特色社会主义伟大胜利》，52页，北京，人民出版社，2017。

施，要进一步扩大环境污染信息和环境治理信息的公开范围，保障公众拥有环境信息知情权、话语表达权、环境治理参与权、环境决策权和环境监督权，畅通公众保障环境权益的平台和渠道，将公众环境参与引入法治、理性、有序和规范的轨道。

【思考题】

1. 怎样认识生态文明与中国特色社会主义发展模式的关系？

2. 气候变化问题是国际热点问题之一，请你谈谈对解决这一问题的认识。

3. 理论上人们都知道，不能走先污染、后治理的老路，但在现实生活中还存在个别企业为生产经营而排放污染环境的废水废气等现象。你认为这些现象产生的根本原因是什么？怎样才能真正地把保护环境落到实处？

【阅读书目】

1. 中共中央宣传部：《习近平总书记系列重要讲话读本》，学习出版社，人民出版社，2014。

2. 陈宗兴主编：《生态文明建设：理论卷》，学习出版社，2014。

3.《党的十九大报告辅导读本》，人民出版社，2017。

第七章　新时代中国共产党的建设

【本章概要】

中国共产党的领导是中国特色社会主义最本质的特征，是中国特色社会主义制度的最大优势。党政军民学，东西南北中，党是领导一切的。办好中国的事情，关键在党。党要团结带领人民进行伟大斗争、推进伟大事业、实现伟大梦想，必须毫不动摇坚持和完善党的领导，全面推进党的政治建设、思想建设、组织建设、作风建设、纪律建设，把制度建设贯穿其中，深入推进反腐败斗争，不断提高党的建设质量，把党建设成为始终走在时代前列、人民衷心拥护、勇于自我革命、经得起各种风浪考验、朝气蓬勃的马克思主义执政党。

【案例关注】

中国共产党自诞生之日起，就非常重视自身建设。从最初 50 多位党员发展到 9000 万党员，成为全世界最大的执政党。坚持和加强党的全面领导，是新时代党的建设的根本出发点和落脚点。党的十九大报告把坚持和加强党的全面领导确立为党的建设的根本方针，一方面，充分显示了我们党坚定的政治自信，表明了党的建设的初心所在。另一方面，坚持党要管党、全面从严治党，是党的建设的一贯方针和要求。

讨论：

如何理解党政军民学，东西南北中，党是领导一切的。

【内容精讲】

第一节　中国共产党的建设概述

中国共产党自成立以来，始终坚持把马克思列宁主义关于党的建设的基本原理同中国共产党自身实际相结合，始终高度重视并不断加强和改进自身建设，使党保持先进性和纯洁性，经受住各种风险和挑战的考验并不断发展壮大。实践证明，没有中国共产党就没有新中国，就没有中国特色社会主义；不根据时代和党的事业发展不断加强和改进党的建设，党就无法担负起自己的历史使命，就难以领导人民不断取得革命、建设和改革的伟大胜利。

一、党的建设的实践历程

中国共产党自诞生之日起，就始终坚持从严治党，为建设一个全国范围的、广大群众性的、思想上政治上组织上完全巩固的布尔什维克化的中国共产党而不懈努力。

在新民主主义革命时期，我们党团结带领中国人民进行 28 年浴血奋战，打败日本帝国主义，推翻国民党反动统治，完成新民主主义革命，建立了中华人民共和国。党的建设是新民主主义革命取得胜利的"三大法宝"之一，重视和加强党的建设是中国新民主主义革命的成功经验。1927 年秋收起义后，毛泽东同志领导的"三湾改编"，创造性地把支部建在连上，1929 年的古田会议确立思想建党、政治建军原则，纠正极端民主化、小团体主义、个人主义、享乐主义等错误倾向，使人民军队固根铸魂，对中国革命新道路的开辟和坚持具有重要意义。1941—1945 年，针对党内严重的主观主义、宗派主义、党八股等问题，开展了意义重大、影响深远的延安整风运动，实现了全党空前的团结统一。1944 年毛泽东同志在张思德同志追悼会上作了《为人民服务》的演讲，"全心全意为人民服务"成为党的宗旨和党的最高价值取向，一直贯彻至今。

在社会主义建设时期，我们党团结带领中国人民完成社会主义革命，确立社会主义基本制度，消灭一切剥削制度，推进了社会主义建设，建立了独立的比较完整的工业体系和国民经济体系。在党的七届二中全会上，面对中国共产党即将取得全国胜利的新形势，毛泽东同志提出了"两个务必"，要求全党在胜利面前保持清醒头脑，在夺取全国政权后要经受住执政的考验。新中国成立后，我们党及时开展整党建党工作，有效遏制种种不良作风对党的损害，为巩固新生的人民政权，建立社会主义基本制度，迅速恢复和发展国民经济提供了坚强保证。党的八大从加强思想教育、健全制度、加强监督等方面，提出了党要管党、从严治党的要求，为加强执政党的建设指明了方向。

进入改革开放和社会主义现代化建设新时期，我们党团结带领中国人民进行改革开放新的伟大革命，极大地激发了广大人民群众的创造性，极大地解放和发展了社会生产力，极大地增强了社会发展活力，人民生活显著改善，综合国力显著增强，国际地位显著提高。面对日趋复杂的国际环境和不断变化的国内环境，邓小平、江泽民、胡锦涛同志都高度重视加强党的建设，对从严管党治党提出了许多新思想新观点新举措。党中央制定了党内政治生活若干准则，开展整党工作，先后开展"三讲"、保持共产党员先进性、深入学习实践科学发展观等集中教育活动，保持了党的先进性、纯洁性，党的创造力、凝聚力、战斗力不断增强。

党的十八大以来，以习近平同志为核心的党中央管党治党、治国理政的一个鲜明特征，就是全面从严治党。2014年12月，习近平总书记在江苏考察时，首次提出全面从严治党的重大命题。2015年2月，在"省部级主要领导干部学习贯彻十八届四中全会精神全面推进依法治国专题研讨班"上，习近平总书记明确提出"四个全面"战略布局，指出全面建成小康社会是我们的战略目标，全面深化改革、全面依法治国、全面从严治党是三大战略举措，强调不全面从严治党，党就做不到"打铁还需自身硬"，也就难以发挥好领导核心作用。2016年2月，在十八届中央纪委六次全会上，他进一步深刻阐述了全面从严治党的深刻内涵，指出"全面从严治党，核心是加强党的领导，基础在全面，关键在严，要害在治"。在党的十九大报告中，最鲜明的一个特点就是把强化党的领导、加强党的建设贯穿全篇，成为十九大报告的纲和魂。其中最突出的一个亮点就是提出了新时代党的建设的总要求，开辟了党的建设的新境界。

全面从严治党这一重大思想，体现了我们党对历史经验的深刻总结，对面临风险和考验的深刻认识，对党的执政规律的深刻把握，为推进党的建设新的伟大工程指明了方向，对于永葆党的先进性和纯洁性，确保党始终成为中国特色社会主义事业的坚强领导核心，具有重大而深远的意义。

二、中国共产党的初心和使命

习近平总书记指出，"不忘初心，方得始终"。我们要永远保持建党时中国共产党人的奋斗精神，永远保持对人民的赤子之心。一切向前走，不能忘记走过的路；走得再远、走到再光辉的未来，也不能忘记走过的过去，不能忘记为什么出发。

中国共产党人的初心和使命，就是为中国人民谋幸福，为中华民族谋复兴。这个初心和使命是激励中国共产党人不断前进的根本动力。共产党人怀着初心和使命而来，1925 年，毛泽东同志在《政治周报》发刊词中写下"为了使中华民族得到解放，为了实现人民的统治，为了使人民得到经济的幸福"。1990 年，邓小平同志在谈话中表示，党的十一届三中全会以后，我们集中力量搞四个现代化，着眼于振兴中华民族。习近平总书记在党的十九大上宣示"中国共产党人的初心和使命，就是为中国人民谋幸福，为中华民族谋复兴"。正是这一初心和使命激励着一代代共产党人同人民一块儿过、一块儿苦、一块儿干，不断战胜风险考验，不断从胜利走向胜利。

当前，我们比历史上任何时期都更接近中华民族伟大复兴的目标，比历史上任何时期都更有信心、更有能力实现这个目标。同时，我们也比任何时候都面临着更多严峻复杂的风险和挑战。党的十八大以来，以习近平总书记为核心的党中央清醒认识到党面临的"四大考验""四种风险"，以"得罪千百人、不负十三亿"的使命担当，正风肃纪反腐，赢得了广大党员干部和人民群众的竭诚拥护，坚持党的领导的政治共识越来越强，走中国特色社会主义道路的信心决心更加坚定，越是接近目标，中国共产党的初心和使命就越不能动摇。

新时代中国共产党的历史使命是"四个伟大"。党的十九大报告对新时代中国共产党的历史使命做出明确界定，就是进行伟大斗争，建设伟大工程，推进伟大事业，实现中华民族伟大复兴。

一是"四个伟大"是新时代党的历史使命的顶层设计。"四个伟大"明确回答了新时代我们举什么旗、走什么道路、依靠什么力量、保持什么状态、达到什么目标等重大理论和实际问题，是对我国改革开放和社会主义现代化建设实践经验的根本总结，是新时代治国理政的大格局、大战略、大逻辑，具有强大的生命力和感召力。

二是"四个伟大"具有强烈的实践指导意义。"四个伟大"的内涵归根结底应围绕"治国理政"来理解和把握。进行"伟大斗争"，强调的是治国理政的精神状态和奋斗姿态；建设"伟大工程"，强调的是治国理政的领导力量；推进"伟大事业"，强调的是治国理政的旗帜、方向和道路；实现"伟大梦想"，强调的是治国理政的历史使命。

三是"四个伟大"相互贯通、相互作用。推进中国特色社会主义伟大事业的目标，是实现中华民族伟大复兴的中国梦，中国特色社会主义是实现中华民族伟大复兴的必由之路；实现中国梦不可能一蹴而就，是十分艰难曲折的过程，要实现中国梦，必须积极进行具有许多新的历史特点的"伟大斗争"；要领导好、进行好"伟大斗争"，需要建设新的"伟大工程"，就必须推进党的建设，坚持和完善党的领导。在新时代实现"四个伟大"，要做到不忘初心，继续前进。

做到不忘初心、继续前进，就要坚持马克思主义的指导地位，坚持把马克思主义基本原理同当代中国实际和时代特点紧密结合起来，推进理论创新、实践创新，不断把马克思主义中国化推向前进。就要牢记我们党从成立起就把为共产主义、社会主义而奋斗确定为自己的纲领，坚定共产主义远大理想和中国特色社会主义共同理想，不断把为崇高理想奋斗的伟大实践推向前进。就要坚持中国特色社会主义道路自信、理论自信、制度自信、文化自信，坚持党的基本路线不动摇，不断把中国特色社会主义伟大事业推向前进。就要统筹推进"五位一体"总体布局，协调推进"四个全面"战略布局，全力推进全面建成小康社会进程，不断把实现"两个一百年"奋斗目标推向前进。就要坚定不移高举改革开放旗帜，勇于全面深化改革，进一步解放思想、解放和发展社会生产力、解放和增强社会活力，不断把改革开放推向前进。就要坚信党的根基在人民、党的力量在人民，坚持一切为了人民、一切依靠人民，充分发挥广大人民群众积极性、主动性、创造性，不断把为人民造福事业推向前进。就要始终不渝走和平发展道路，始终不渝奉行互利共赢的开放战略，加强同各国的友好往来，同各国人民一道，不断把人类和平与发展的崇高事业推向前进。就要保持党的先进性和纯洁性，着力提高党的执政能力和领导水平，着力增强抵御风险和拒腐防变能力，不断把党的建设新的伟大工程推向前进。

三、中国共产党的性质和领导地位

中国共产党是马克思列宁主义与中国工人运动相结合的产物，是中国工人阶级的先锋队，同时是中国人民和中华民族的先锋队，是中国特色社会主义事业的领导核心，代表中国先进生产力的发展要求，代表中国先进文化的前进方向，代表中国最广大人民的根本利益。党的最高理想和最终目标是实现共产主义。

政党是有阶级性的。任何政党都代表一定阶级的利益，都有自己赖以存在和发展的阶级基础。党从成立之日起，就是中国工人阶级的政党，始终坚持工人阶级先锋队的性质。其一，中国共产党是以中国工人阶级为其基础的，是马克思列宁主义与中国工人运动相结合的产物。工人阶级的产生和发展是建党的根本条件，党集中体现了中国工人阶级的特点和优秀品质。其二，中国共产党党员是中国工人阶级的有共产主义觉悟的先锋战士。党的阶级基础是工人阶级，但这并不意味着其他阶级出身的人不能入党，更不能说吸收这些人当中符合入党条件的人加入党组织就会改变党的工人阶级先锋队性质，因为其他阶级的人只有成为工人阶级先锋战士才能入党。其三，中国共产党是以马克思主义理论为基础理论和行动指南的，代表了中国社会发展的正确方向。党及其领导的事业之所以能够不断发展壮大，与党始终注意巩固自己的阶级基础，始终保持工人阶级先锋队的性质是分不开的。

中国共产党的领导地位是历史和人民的选择，是在长期的革命、建设和改革实践中逐步形成并巩固起来的。中国近现代历史发展充分证明，历史和人民选择中国共产党领导中华民族伟大复兴的事业是正确的，必须长期坚持、永不动摇。中国共产党义无反顾肩负起了实现中华民族伟大复兴的历史使命，团结带领人民进行了艰苦卓绝的斗争，取得了革命、建设、改革的伟大成就。党的十八大以来，以习近平同志为核心的党中央，以巨大的政治勇气和强烈的责任担当，推动了党和国家事业取得了全方位、开创性的历史成就，发生了深层次、根本性的历史变革，中国特色社会主义进入了新时代，中华民族迎来了从站起来、富起来到强起来的伟大飞跃，迎来了实现中华民族伟大复兴的光明前景。事实证明，有了中国共产党的领导，我们的国家民族才有这样的辉煌成就，才以这样的崭新姿态屹立于世界的东方。

我们党也时刻清醒地认识到，党的领导地位和执政地位不是与生俱来的，也不是一劳永逸的。过去拥有不等于现在拥有，现在拥有不等于永远拥有。党在执政过程中必然要经历各种严峻的考验和挑战，因此必须不断加强和改善党的领导，不断加强和提高党自身的建设水平，加强党的全面领导，全面从严治党，从而得到人民群众的衷心拥护，巩固和发展党的执政地位。

中国共产党的领导，是党和国家的根本所在、命运所在，是全国各族人民的利益所系、幸福所系。党政军民学，东西南北中，党是领导一切的。中国近代以来的历史实践证明，没有中国共产党的领导，中国就四分五裂，一盘散沙，天下大乱；民族复兴只能是一个空想。党兴则国强，党衰则国弱。党的十八大以来，针对党的领导被忽视、淡化、弱化的状况，以习近平同志为核心的党中央果断提出坚持和改善党的领导的重大政治要求，改革和完善党的领导的体制机制，着力提高党把方向、谋大局、定政策、促改革的能力和定力，增强了全党思想上统一、政治上团结、行动上一致。事实告诉我们，党是最高政治领导力量，是我国政治稳定、经济发展、民族团结、社会稳定的根本点。必须旗帜鲜明和毫不动摇地坚持和加强党的全面领导。

坚持党对一切工作的领导，必须自觉维护党中央权威和集中统一领导，自觉在思想上政治上行动上同党中央保持高度一致。这是一条根本的政治规矩。过去一个时期一些地方和部门不敢旗帜鲜明地坚持党的领导，党的领导弱化问题较为普遍。以习近平同志为核心的党中央果断提出全党必须增强政治意识、大局意识、核心意识、看齐意识，严明党的政治纪律和政治规矩，党的领导得到全面加强，忽视、淡化、削弱党的领导的状况得到明显转变。

坚持党对一切工作的领导，要确保党始终总揽全局、协调各方。我们社会主义制度优越性的一个突出特点，就是坚持党总揽全局、协调各方的领导核心地位。党中央作出的决策部署，党的组织、宣传、统战、政法等部门要贯彻落实，人大、政府、政协、法院、检察院的各级党组织要贯彻落实，事业单位、人民团体等的党组织也要贯彻落实。要坚决防止和反对个人主义、分散主义、本位主义、好人主义，坚决防止和反对宗派主义、圈子文化、码头文化，坚决反对搞两面派、做两面人，实现全党思想上统一、政治上团结、行动上一致。

坚持党对一切工作的领导，同坚持党的民主集中制原则是一致的。我们党实行的民主集中制，是民主基础上的集中和集中指导下的民主相结合的制度，既要充分发扬民主，又要善于集中。一方面，党的重大决策都要严格按照程序办事，充分发扬民主，广泛听取意见和建议，做到兼听善听，防止偏听偏信，做到科学决策、民主决策、依法决策。另一方面，在充分发扬民主的基础上，要有正确的集中，党中央从全局出发，集中各方面智慧做出的决定，各地方各部门都要坚决贯彻执行，不允许任何人讨价还价。要充分发挥各地方各部门的积极性、主动性、创造性，但决不允许自行其是、各自为政，决不允许有令不行、有禁不止，决不允许搞上有政策、下有对策。

四、党的建设的基本要求

党章规定，党的建设必须坚决实现以下五项基本要求。

第一，坚持党的基本路线。全党要用邓小平理论、"三个代表"重要思想、科学发展观、习近平新时代中国特色社会主义思想和党的基本路线统一思想，统一行动，并且毫不动摇地长期坚持下去。必须把改革开放同四项基本原则统一起来，全面落实党的基本路线，反对一切"左"的和右的错误倾向，要警惕右，但主要是防止"左"。加强各级领导班子建设，培养选拔党和人民需要的好干部，培养和造就千百万社会主义事业接班人，从组织上保证党的基本理论、基本路线、基本方略的贯彻落实。

第二，坚持解放思想，实事求是，与时俱进，求真务实。党的思想路线是一切从实际出发，理论联系实际，实事求是，在实践中检验真理和发展真理。全党必须坚持这条思想路线，积极探索，大胆试验，开拓创新，创造性地开展工作，不断研究新情况，总结新经验，解决新问题，在实践中丰富和发展马克思主义，推进马克思主义中国化。

第三，坚持全心全意为人民服务。党除了工人阶级和最广大人民群众的利益，没有自己特殊的利益。党在任何时候都把群众利益放在第一位，同群众同甘共苦，保持最密切的联系，坚持权为民所用、情为民所系、利为民所谋，不允许任何党员脱离群众，凌驾于群众之上。我们党的最大政治优势是密切联系群众，党执政后的最大危险是脱离群众。党风问题、党同人民群众联系问题是关系党生死存亡的问题。党在自己的工作中实行群众路线，一切为了群众，一切依靠群众，从群众中来，到群众中去，把党的正确主张变为群众的自觉行动。

第四，坚持民主集中制。民主集中制是民主基础上的集中和集中指导下的民主相结合。它既是党的根本组织原则，也是群众路线在党的生活中的运用。必须充分发扬党内民主，尊重党员主体地位，保障党员民主权利，发挥各级党组织和广大党员的积极性创造性。必须实行正确的集中，牢固树立政治意识、大局意识、核心意识、看齐意识，坚定维护以习近平同志为核心的党中央权威和集中统一领导，保证全党的团结统一和行动一致，保证党的决定得到迅速有效的贯彻执行。加强和规范党内政治生活，增强党内政治生活的政治性、时代性、原则性、战斗性，发展积极健康的党内政治文化，营造风清气正的良好政治生态。党在自己的政治生活中正确地开展批评和自我批评，在原则问题上进行思想斗争，坚持真理，修正错误。努力营造又有集中又有民主，又有纪律又有自由，又有统一意志又有个人心情舒畅生动活泼的政治局面。

第五，坚持从严管党治党。全面从严治党永远在路上。新形势下，党面临的执政考验、改革开放考验、市场经济考验、外部环境考验是长期的、复杂的、严峻的，精神懈怠危险、能力不足危险、脱离群众危险、消极腐败危险更加尖锐地摆在全党面前。要把严的标准、严的措施贯穿于管党治党全过程和各方面。坚持依规治党、标本兼治，坚持把纪律挺在前面，加强组织性纪律性，在党的纪律面前人人平等。强化管党治党主体责任和监督责任，加强对党的领导机关和党员领导干部特别是主要领导干部的监督，不断完善党内监督体系。深入推进党风廉政建设和反腐败斗争，以零容忍态度惩治腐败，构建不敢腐、不能腐、不想腐的有效机制。

我们党要进行伟大斗争、建设伟大工程、推进伟大事业、实现伟大梦想，必须毫不动摇坚持党要管党，全面从严治党，为实现中华民族伟大复兴的中国梦提供坚强保障。

第二节　党的建设面临的新形势新要求

面对风云变幻的国际形势，面对艰巨繁重的国内改革发展稳定任务，更好地为决胜全面建成小康社会、夺取新时代中国特色社会主义伟大胜利、实现中华民族伟大复兴的中国梦、实现人民对美好生活的向往继续奋斗，中国共产党必须认真分析和把握党的建设面临的新形势新要求，努力把自身建设好。

一、十八大以来党的建设的伟大成就

党的十八大以来，以习近平同志为核心的党中央勇于面对党面临的重大风险考验和党内存在的突出问题，以顽强意志品质正风肃纪、反腐惩恶，消除了党和国家内部存在的严重隐患，党内政治生活气象更新，党内政治生态明显好转，党的创造力、凝聚力、战斗力显著增强，党的团结统一更加巩固，党群关系明显改善，党在革命性锻造中更加坚强，焕发出新的强大生机活力，为党和国家事业发展提供了坚强政治保证。

(一)党的指导思想与时俱进

党的十八大以来，习近平总书记就改革发展稳定、内政外交国防、治党治国治军发表的系列重要讲话，针对突出矛盾、破解现实难题，为在新时代坚持和发展中国特色社会主义提供了思想武器和行动指南，创立了习近平新时代中国特色社会主义思想。习近平新时代中国特色社会主义思想是马克思主义中国化的最新成果，从理论和实践结合上系统回答新时代坚持和发展什么样的中国特色社会主义、怎样坚持和发展中国特色社会主义这个重大时代课题，是全党全国人民为实现中华民族伟大复兴而奋斗的行动指南。习近平新时代中国特色社会主义思想是经受实践检验、推动中国特色社会主义进入新时代的科学理论。党的十八大以来全方位、历史性成就的取得，根本就在于习近平新时代中国特色社会主义思想的科学和战略指导。习近平新时代中国特色社会主义思想深受人民群众拥护，符合最广大人民根本利益和愿望。将习近平新时代中国特色社会主义思想确立为党的指导思想，是顺应时代发展的客观需要，是更好发挥思想理论对党和国家事业发展指导作用的迫切要求，是中国特色社会主义长远发展的根本大计，是全党全国各族人民的共同心愿。

(二)全面从严治党成效卓著

全面加强党的领导和党的建设，坚决改变管党治党宽松软状况。推动全党尊崇党章，增强政治意识、大局意识、核心意识、看齐意识，坚决维护党中央权威和集中统一领导，严明党的政治纪律和政治规矩，层层落实管党治党政治责任。坚持照镜子、正衣冠、洗洗澡、治治病的要求，开展党的群众路线教育实践活动和"三严三实"专题教育，推进"两学一做"学习教育常态化制度化，全党理想信念更加坚定、党性更加坚强。贯彻新时期好干部标准，选人用人状况和风气明显好转。党的建设制度改革深入推进，党内法规制度体系不断完善。把纪律挺在前面，着力解决人民群众反映最强烈、对党的执政基础威胁最大的突出问题。出台中央八项规定，严厉整治形式主义、官僚主义、享乐主义和奢靡之风，坚决反对特权。巡视利剑作用彰显，实现中央和省级党委巡视全覆盖。

(三)全面加强党的领导发生深刻变革

党的十八大以来，针对过去一个时期党的领导弱化问题比较普遍的状况，党中央果断提出坚持和改善党的领导的政治要求，鲜明强调中国共产党是执政党，党的领导是做好党和国家各项工作的根本保证，决不能有丝毫动摇。强调党政军民学，东西南北中，党是领导一切的。强调全党必须增强政治意识、大局意识、核心意识、看齐意识，自觉在思想上政治上行动上同党中央保持高度一致。从政治建设、思想建设、组织建设、作风建设、纪律建设等方面着手，改革和完善坚持党的领导的体制机制，坚持民主集中制，严明党的政治纪律和政治规矩，坚决反对个人主义、分散主义、自由主义、本位主义、好人主义、宗派主义，提高党把方向、谋大局、定政策、促改革的能力和定力，确保党始终总揽全局、协调各方。通过这些重大决策、举措和成就，党的团结统一更加巩固，党的创造力、凝聚力、战斗力和领导力显著增强，为党和国家事业发展提供了坚强保证。

(四)反腐败斗争压倒性态势已经形成

1993年党中央就作出"反腐败斗争形势是严峻的"这一判断。2013年习近平总书记在研究中央巡视工作规划时指出,"反腐败斗争形式依然严峻复杂",凸显了反腐败斗争任务的艰巨性。十八大以来,党中央坚定有腐必反、有贪必肃,明确遏制腐败蔓延势头的目标任务,从治标入手,为治本赢得时间、赢得民心,逐步迈向了标本兼治。反腐败力度史无前例、成效世界瞩目,压倒性态势已经形成并巩固发展。坚持反腐败无禁区、全覆盖、零容忍,坚定不移"打虎""拍蝇""猎狐",不敢腐的目标初步实现,不能腐的笼子越扎越牢,不想腐的堤坝正在构筑。

虽然十八大以来党的建设取得了伟大的成就,但全党也必须要清醒认识到,我们党面临的执政环境是复杂的,影响党的先进性、弱化党的纯洁性的因素也是复杂的,党内存在的思想不纯、组织不纯、作风不纯等突出问题尚未得到根本解决。要深刻认识党面临的执政考验、改革开放考验、市场经济考验、外部环境考验的长期性和复杂性,深刻认识党面临的精神懈怠危险、能力不足危险、脱离群众危险、消极腐败危险的尖锐性和严峻性,坚持问题导向,保持战略定力,推动全面从严治党向纵深发展。

二、"四大考验"的长期性和复杂性

新的历史条件下实现党的历史使命,意味着起点越高难度越大、任务越艰巨,意味着面临的新情况新问题越来越多、矛盾和困难越来越多、风险和挑战越来越多,阻力和压力也会越来越大,必须准备付出更为艰巨、更为艰苦的努力。在新的时代条件下,中国共产党面临着执政考验、改革开放考验、市场经济考验、外部环境考验,这四大考验具有长期性、复杂性。

执政考验。中国共产党长期执政,带领中国人民取得了巨大成就,从根本上改变了中华民族的命运前途。同时,执政考验也是严峻的,因为权力的诱惑,容易形成脱离群众的官僚主义、特权思想,甚至出现严重的消极腐败现象。执政考验的核心就是能否长期执政下去的问题。世界上一些执政大党、老党失去执政地位甚至消亡的教训值得警醒。中国共产党作为执政党,如何实现科学执政、民主执政、依法执政,做到长期执政而不变质,这是党所面临的长期而严峻的考验。

改革开放考验。改革开放取得了巨大的成就，同时也带来了一些问题和挑战，一些深层次的矛盾和问题已成为躲不开、绕不过的难点。能否坚定信心，迎难而上，排除各种干扰，全面推动各个领域的改革。这考验着党的勇气和智慧。

市场经济考验。社会主义市场经济体制对我国经济社会发展产生了重大推动作用。但是，市场机制也具有盲目性、自发性、滞后性等缺陷。如何不断完善社会主义市场经济体制，既充分发挥市场在资源配置中的决定性作用，又充分发挥社会主义制度的优越性，有效避免和克服市场经济的弊端，仍然是党需要不断探索和回答的重大课题。

外部环境考验。伴随着经济全球化进程的加快，外部环境的考验越来越严峻。面对来自外部的政治、经济、社会、文化、外交、军事等方方面面的挑战，如何抓住和用好重要战略机遇期，既积极学习借鉴他国经验，又顶住压力，防止颠覆渗透，切实做到趋利避害，维护国家主权、安全、发展利益。这也是党面临的长期考验。

中国特色社会主义进入新时代，"四大考验"依然存在并呈现一些新的特点。当今世界，和平与发展仍然是时代主题。世界多极化、经济全球化、社会信息化、文化多样化深入发展，全球治理体系和国际秩序变革加速推进，各国相互联系和依存日益加深，国际力量对比更趋平衡，和平发展大势不可逆转。同时，世界面临的不稳定性不确定性突出，世界经济增长动能不足，贫富分化日益严重，地区热点问题此起彼伏，人类面临许多共同挑战。特别是我国国际地位和国际影响力不断增强，日益走近世界舞台中央。中国的发展壮大必然对现有国际格局产生重大影响，国际社会期待我国在更多领域承担更多责任，一些国家不愿看到社会主义中国发展崛起，千方百计对我们进行防范、阻挠和遏制。如何顺应和平、发展、合作的时代潮流，在识变、应变、求变中急起直追？如何更好统筹国内国际两个大局，在激烈的国际竞争中赢得优势、赢得主动、赢得外来，拓展我国发展空间？如何坚决捍卫我国主权、安全、发展利益，维护世界和平、促进共同发展？这些都需要我们付出更加艰苦的努力，以新的作为做出回答。

当前，我国经济社会发展呈现良好势头，社会总体和谐稳定，人民生活继续改善，经济增速在世界主要国家中一直名列前茅。同时，改革进入深水区，经济发展进入新常态，经济下行压力加大，各种矛盾叠加，风险隐患增多，形势变化之快前所未有，改革发展稳定任务之重前所未有，矛盾风险挑战之多前所未有，对党治国理政的考验之大前所未有。其中许多矛盾和问题呈现出新旧矛盾交织、内外因素相互影响、网上网下相互传导等新特点。如何破解前进道路上面临的各种难题？如何有效应对重大挑战、抵御重大风险、克服重大阻力、解决重大矛盾？这些也都需要我们付出更加艰苦的努力，拿出新的理念和办法。

三、"四种风险"的尖锐性和严峻性

从党的建设自身来看，虽然十八大以来党的建设取得了伟大成就，但党面临的精神懈怠危险、能力不足危险、脱离群众危险、消极腐败危险依然存在，正如习近平总书记在党的十九大报告中所告诫的那样，党的建设方面还存在不少薄弱环节。

精神懈怠的危险。精神懈怠是指一个人、一个党失去了信仰、目标和斗志。这是和平时期最容易出现的危险，也是任何长期执政的政党都要面临的重大考验。长期执政、稳定执政使党内一些同志淡忘了忧患意识，增加了自满情绪。精神懈怠不仅表现在个别党员干部身上，甚至在有的地方呈现出滋长蔓延之势，主要表现有：理想信念动摇，对马克思主义信仰不坚定，对中国特色社会主义缺乏信心；宗旨意识淡薄，不能坚持立党为公、执政为民、以人为本，严重脱离群众，脱离实际，言行不一，弄虚作假；责任心和事业心不强，精神萎靡不振，办事拖拖拉拉；组织纪律松懈，法治意识、纪律观念淡薄。高度警惕精神懈怠的危险，坚定理想信念，始终保持积极向上、勇于开拓进取的精神状态，是党必须解决的重大课题。

能力不足的危险。总体上看，广大党员干部的能力和素质同党肩负的历史使命基本上是适应的，这也是党能够战胜来自经济、政治领域和自然界风险挑战的根本所在、依托所在。但是，面对改革发展的繁重任务，一部分党员干部能力仍显不足。一些党员干部存在忙于工作、应酬，不善于学习、不愿意学习，思想理论水平不高，依法执政能力不强，解决复杂问题本领不大等方面的问题。所以，党员干部要有能力不足的危机感，努力增强本领，坚

持向书本学习、向群众学习、向实践学习，不断提高领导水平。

脱离群众的危险。中国共产党作为马克思主义的执政党，最大的政治优势就是密切联系群众，最大的危险就是脱离群众。有的党员干部情感上不贴近群众，对群众疾苦漠不关心，对群众呼声置若罔闻，对群众利益麻木不仁，对群众危难视而不见。一些地方干群关系紧张，群体性事件易发多发，党和政府的公信力受到严重削弱。时刻牢记全心全意为人民服务的根本宗旨，坚持群众路线，保持党同人民群众的血肉联系，才能有效化解脱离群众的危险。

消极腐败的危险。消极腐败是危害党的生命肌体的一个毒瘤。坚定不移反对腐败，建设廉洁政治，是党一贯坚持的鲜明政治立场，是人民群众关注的重大问题。虽然反腐败斗争已经取得了很大成绩，但当前反腐败形势依然严峻、任务依然艰巨。有的党员干部经不住金钱、美色、权力的考验，以权谋私、贪污腐化，腐蚀了党的肌体，特别是一些高级领导干部中发生的腐败案件，给党的形象造成了极其恶劣的影响。反腐倡廉必须常抓不懈，拒腐防变必须警钟长鸣。

当前，我们党面临的执政环境是复杂的，影响党的先进性、弱化党的纯洁性的因素也是复杂的，党内存在的思想不纯、组织不纯、作风不纯等突出问题尚未得到根本解决，还出现了一些新情况新问题。比如，理论武装、理想信念和党性教育取得显著成效，但一些党员、干部对共产主义远大理想和中国特色社会主义共同理想还存在不少模糊认识，世界观、人生观、价值观这个"总开关"问题还没有完全解决，"四个自信"和"四个意识"不强的问题仍然比较突出。从严治吏取得重大进展，但不敢担当、"为官不严"现象突出，不少干部素质能力和精神状态还不适应新时代中国特色社会主义的发展要求。全面从严治党不断向基层延伸，但一些领域基层党建工作还比较薄弱，一些基层党组织软弱涣散，一些党员发挥先锋模范作用不充分。再比如，"四风"问题得到有效遏制，但不良作风树倒根还在，反弹回潮的隐患和压力犹存，新的隐形变异问题时有发生。反腐败斗争形势依然严峻复杂，廉洁风险依然突出，党员违纪问题仍然频发，"小官大贪""微腐败"问题还比较严重。从这些情况不难得出结论，全面从严治党依然任重而道远。

敢于正视不足，勇于直面困难和挑战，是我们党的优秀政治品格和优良传统。发展所取得的成就是我们的宝贵财富，是党和国家事业不断前进的坚实基础，但绝不能因此而沾沾自喜、盲目乐观，甚至骄傲自满。对摆在面前的新情况新问题、新矛盾新挑战，如果睁一只眼闭一只眼，得过且过，不但不能把党和国家事业推向前进，甚至连现状都难以维持下去。必须增强忧患意识，既看到成绩又看到不足，既坚持经验又吸取教训，把不足作为今后工作着力克服和弥补的重要方面，把困难和挑战作为今后发展着力化解和攻克的重要任务，不断发扬成绩，弥补不足，克服困难，化解矛盾，把各方面工作做得更好，推动党和国家事业不断向前发展。

第三节　新时代中国共产党建设的任务

中国特色社会主义进入新时代，我们党一定要有新气象新作为。党要团结带领人民进行伟大斗争、推进伟大事业、实现伟大梦想，必须毫不动摇坚持和完善党的领导，毫不动摇把党建设得更加坚强有力。

一、新时代党的建设总要求

党的十九大明确指出，新时代党的建设总要求是：坚持和加强党的全面领导，坚持党要管党、全面从严治党，以加强党的长期执政能力建设、先进性和纯洁性建设为主线，以党的政治建设为统领，以坚定理想信念宗旨为根基，以调动全党积极性、主动性、创造性为着力点，全面推进党的政治建设、思想建设、组织建设、作风建设、纪律建设，把制度建设贯穿其中，深入推进反腐败斗争，不断提高党的建设质量，把党建设成为始终走在时代前列、人民衷心拥护、勇于自我革命、经得起各种风浪考验、朝气蓬勃的马克思主义执政党。

第一，新时代党的建设的根本方针是"两个坚持"。一方面，坚持和加强党的全面领导，是新时代党的建设的根本出发点和落脚点。党的十九大报告把坚持和加强党的全面领导确立为党的建设的根本方针，充分显示了我们党坚定的政治自信，表明了党的建设的初心所在。另一方面，坚持党要管党、全面从严治党，是党的建设的一贯方针和要求。在从严治党前面加上"全面"二字，是对党的十八大以来党的建设实践经验的规律性把握，实现了党的建设指导方针的与时俱进。新时代党的建设必须紧紧围绕"两个坚持"的根本方针来部署和推进，通过加强党的建设，不断增强党的创造力、凝聚力、战斗力和领导力、号召力。

第二，新时代党的建设的工作思路是"四个以"。以加强党的长期执政能力建设、先进性和纯洁性建设为主线，继承了党的十八大报告的相关表述，并把长期执政能力建设提到了全党面前，凸显了"永远在路上"的思想内涵和实践导向。以党的政治建设为统领，是对党的建设历史特别是十八大以来党的建设宝贵经验的科学总结和理论升华，抓住了马克思主义执政党建设的根本点、关键点，对党的建设各方面起到纲举目张的作用。以坚定理想信念宗旨为根基，强调了共产党人的初心和政治灵魂，通过加强党的建设，使广大党员干部不断坚定对马克思主义的信仰，始终牢记全心全意为人民服务的宗旨，自觉成为共产主义远大理想和中国特色社会主义共同理想的坚定信仰者和忠实实践者。以调动全党积极性、主动性、创造性为着力点，强调推进新时代中国特色社会主义伟大事业必须尊重党员的主体地位和首创精神，最大限度调动广大党员干部积极性、主动性、创造性，推动形成想作为、敢作为、善作为的良好风尚。

第三，新时代党的建设的总体布局是"5＋2"。全面推进党的政治建设、思想建设、组织建设、作风建设、纪律建设，把制度建设贯穿其中，深入推进反腐败斗争，这是党的十九大报告对党的建设总体布局的一个重大理论和实践创新，对于新时代全面加强党的建设具有重要意义。这一总体布局，将长期沿用的"思想政治建设"区分为政治建设和思想建设，凸显了政治建设在党的各项建设中的统领和首要地位。新增"纪律建设"，更加突出了全面从严治党的现实针对性。将制度建设贯穿于党的各项建设之中，回归了制度建设的内在规定性，更加凸显了制度建设的重要地位和作用。强调要深入推进反腐败斗争，与加强纪律建设一起，充分表明了我们党坚定不移正风肃纪的坚强决心。

第四，新时代党的建设的迫切任务是提高党的建设质量。当前，一些地方和部门党的建设工作质量不高，有的搞"两张皮"，围绕中心服务大局不够，有的搞形式主义，注重实效不够。党的十九大报告强调要提高党的建设质量，就是要求党的建设工作必须紧紧围绕新时代党和国家各项工作的布局来展开，坚持和加强党的全面领导，不断提高党的建设科学化水平。

第五，新时代党的建设的总目标。"始终走在时代前列、人民衷心拥护、勇于自我革命、经得起各种风浪考验、朝气蓬勃的马克思主义执政党"，这是对新时代党的建设总目标的一个全新概括。这五个方面既有各自丰富的内涵，更构成了一个统一的整体，充分彰显了我们党作为马克思主义执政党的先进性纯洁性，彰显了我们党引领时代潮流、与时俱进的品格，彰显了我们党为中国人民谋幸福、为中华民族谋复兴的立党初心。

二、新时代党的建设的各项具体任务

(一)政治建设

党的政治建设是党的根本性建设，决定党的建设方向和效果。政党本质上是特定阶级利益的集中代表者，是有着共同政治纲领、政治路线、政治目标的政治组织。政治属性是政党第一位的属性，政治建设是政党建设的内在要求。只有加强党的政治建设，才能保证党的政治方向对头、政治原则坚定、政治路线正确，才能统一全党意志、凝聚全党力量，为实现党的纲领和目标而共同奋斗。党的政治建设决定党的建设的方向和效果，没有政治建设这个"灵魂"和"根基"，其他建设都成了无用功。政治建设抓好了，政治立场、政治方向、政治大局把握住了，党的政治能力提高了，党的建设就铸了魂、扎了根。

在习近平新时代中国特色社会主义思想中，加强党的政治建设主要要做好以下几点：

第一，要把坚持党中央权威和集中统一领导作为党的政治建设的首要任务。全党要坚定执行党的政治路线，严格遵守政治纪律和政治规矩，在政治立场、政治方向、政治原则、政治道路上同党中央保持高度一致。党的基本路线是党的生命线，是看齐的"基线"，必须以实际行动保证党的基本理论、基本路线、基本方略的贯彻落实。要严守党的政治纪律和政治规矩，不搞小山头、小圈子、小团伙，严禁拉私人关系、培植个人势力、结成利益集团。要坚决防止和纠正自行其是、各自为政，有令不行、有禁不止，上有政策、下有对策等行为，做到令行禁止，决不允许背着党中央另搞一套。

第二，要严肃党内政治生活。严肃党内政治生活，营造风清气正的良好政治生态,既是党的政治建设的重要任务,又是加强党的政治建设的基本途径。要严格执行《关于新形势下党内政治生活的若干准则》(以下简称《准则》),严格按照《准则》要求逐一对照落实,着力增强党内政治生活的政治性、时代性、原则性、战斗性。要完善和落实民主集中制的各项制度,特别是要坚持集体领导制度,坚持科学民主依法决策,凡属重大决策、重要人事任免、重大项目安排和大额资金使用,都必须集体讨论,按少数服从多数原则作出决定。要坚持不懈开展批评和自我批评,开展积极健康的党内思想斗争,切实维护好党的肌体的健康,营造风清气正的良好政治生态。

第三,要发展积极健康的党内政治文化。我们党内的政治文化,是以马克思主义为指导、以中华优秀传统文化为基础、以革命文化为源头、以社会主义先进文化为主体、充分体现中国共产党党性的文化。弘扬忠诚老实、公道正派、实事求是、清正廉洁等价值观,坚决防止和反对个人主义、分散主义、自由主义、本位主义、好人主义,坚决防止和反对宗派主义、圈子文化、码头文化,坚决反对搞两面派、做两面人,堂堂正正做人,勤勤恳恳干事,干干净净为官。

第四,要自觉加强党性锻炼。党性教育和党性锻炼是党的政治建设的经常性、基础性工作。习近平总书记多次强调,党员、领导干部要对党忠诚、个人干净、敢于担当。这抓住了党员干部安身立命、为官用权的关键,为党员干部加强党性锻炼指明了方向。全党同志特别是各级干部要加强党性锻炼,不断提高政治觉悟和政治能力,牢固树立政治理想,正确把握政治方向,坚定站稳政治立场,严格遵守政治纪律,把对党忠诚、为党分忧、为党尽职、为民造福作为根本政治担当,永葆共产党人政治本色,确保党的事业始终沿着正确的政治方向胜利前进。

(二)思想建设

思想建设是党的基础性建设,思想建党是无产阶级政党的基本原则。党的思想建设是指党为保持自己的创造力、凝聚力、战斗力和领导力、号召力而在思想理论建设方面进行的一系列工作。其基本要求是,用马克思列宁主义、毛泽东思想、邓小平理论、"三个代表"重要思想、科学发展观、习近平新时代中国特色社会主义思想武装全党,不断改造和克服党内的一切非无产阶级思想。其实质是坚持马克思主义的思想领导，保证全党在思想上政治上行动上的高度一致，保持党的先进性和纯洁性。只有把党的思想建设搞好了，党才能坚持正确的政治方向，制定正确的政治路线，坚持科学的思想方法和工作方法，保持全党的团结统一，实现正确的全面领导。

党的思想建设要把坚定理想信念作为首要任务。习近平总书记多次强调指出，"理想信念就是共产党人精神上的'钙'，没有理想信念，理想信念不坚定，精神上就会'缺钙'，就会得'软骨病'"，就可能导致政治上变质、经济上贪婪、道德上堕落、生活上腐化。革命理想高于天。共产主义远大理想和中国特色社会主义共同理想，是中国共产党人的精神支柱和政治灵魂，也是保持党的团结统一的思想基础。目前，大多数党员干部理想信念是坚定的，政治上是可靠的，党的十八大以来一系列成就的取得与此密不可分。但也有少数党员干部对共产主义心存怀疑，有的热衷于算命看相、烧香拜佛，理想信念动摇，宗旨意识淡化，是非观念淡薄，正义感退化，浑浑噩噩过日子；有的向往西方社会制度和价值观，在政治性原则性问题上态度暧昧、耍滑头；等等。这些现象和问题归根结底是在理想信念上出了问题，丢了魂，忘了本，忘记了初心。在党的思想建设中，抓住了解决理想信念问题，就牵住了"牛鼻子"，拧住了"总开关"。

坚定理想信念，一是要加强理论学习。要组织广大党员认真学习马克思列宁主义、毛泽东思想、邓小平理论、"三个代表"重要思想、科学发展观、习近平新时代中国特色社会主义思想，学习用马克思主义的立场、观点、方法观察问题、分析问题、解决问题，牢固树立正确的世界观、人生观、价值观，用习近平新时代中国特色社会主义思想武装广大党员干部头脑。二是要加强思想教育。注重思想引导，把深层次理论问题和复杂的道理，用朴实和简洁的语言讲清楚，帮助党员站稳政治立场，分清是非界限。三是要注意做好经常性的思想政治工作。党组织要及时发现苗头性问题，通过耐心细致、有针对性的思想工作，帮助党员解疑释惑、理顺情绪、端正认识，不给错误思想以可乘之机。四是要严格党内政治生活。坚持"三会一课"、民主生活会和组织生活会、谈心谈话、民主评议党员等各项制度，推进"两学一做"学习教育常态化制度化，通过健全有效的组织生活，使党员强化党员意识，增强党的观念，提高党性修养。要开展积极健康的思想斗争，让党员不断得到思想上的"体检",及时剔除各种"枯枝杂叶",使信仰之花盛开绽放。要严明党的政治纪律和政治规矩,对于理想信念动摇、背离党的性质和宗旨的党员,要依纪依规进行教育和处理,以维护党员队伍的纯洁性。

(三)组织建设

全面从严治党,必须全面加强党的组织建设。加强组织建设,首先要建设高素质专业化干部队伍。党的干部是党和国家事业的中坚力量。要坚持党管干部原则,坚持德才兼备、以德为先,坚持五湖四海、任人唯贤,坚持事业为上、公道正派,把好干部标准落到实处。坚持正确选人用人导向,匡正选人用人风气,突出政治标准,提拔重用牢固树立"四个意识"和"四个自信"、坚决维护党中央权威、全面贯彻执行党的理论和路线方针政策、忠诚干净担当的干部,选优配强各级领导班子。注重培养专业能力、专业精神,增强干部队伍适应新时代中国特色社会主义发展要求的能力。大力发现储备年轻干部,注重在基层一线和困难艰苦的地方培养锻炼年轻干部,源源不断选拔使用经过实践考验的优秀年轻干部。统筹做好培养选拔女干部、少数民族干部和党外干部工作。认真做好离退休干部工作。坚持严管和厚爱结合、激励和约束并重,完善干部考核评价机制,建立激励机制和容错纠错机制,旗帜鲜明为那些敢于担当、踏实做事、不谋私利的干部撑腰鼓劲。各级党组织要关心爱护基层干部,主动为他们排忧解难。

加强组织建设,要坚持党管人才的原则。人才是实现民族振兴、赢得国际竞争主动的战略资源。要坚持党管人才原则,聚天下英才而用之,加快建设人才强国。实行更加积极、更加开放、更加有效的人才政策,以识才的慧眼、爱才的诚意、用才的胆识、容才的雅量、聚才的良方,把党内和党外、国内和国外各方面优秀人才集聚到党和人民的伟大奋斗中来,鼓励引导人才向边远贫困地区、边疆民族地区、革命老区和基层一线流动,努力形成人人渴望成才、人人努力成才、人人皆可成才、人人尽展其才的良好局面,让各类人才的创造活力竞相迸发、聪明才智充分涌流。

加强组织建设,要重视加强基层组织建设。党的基层组织是确保党的路线方针政策和决策部署贯彻落实的基础。要以提升组织力为重点,突出政治功能,把企业、农村、机关、学校、科研院所、街道社区、社会组织等基层党组织建设成为宣传党的主张、贯彻党的决定、领导基层治理、团结动员群众、推动改革发展的坚强战斗堡垒。党支部要担负好直接教育党员、管理党员、监督党员和组织群众、宣传群众、凝聚群众、服务群众的职责，引导广大党员发挥先锋模范作用。坚持"三会一课"制度，推进党的基层组织设置和活动方式创新，加强基层党组织带头人队伍建设，扩大基层党组织覆盖面，着力解决一些基层党组织弱化、虚化、边缘化问题。扩大党内基层民主，推进党务公开，畅通党员参与党内事务、监督党的组织和干部、向上级党组织提出意见和建议的渠道。注重从产业工人、青年农民、高知识群体中和在非公有制经济组织、社会组织中发展党员。加强党内激励关怀帮扶。增强党员教育管理针对性和有效性，稳妥有序开展不合格党员组织处置工作。

(四)作风建设

全面从严治党，作风建设至关重要。习近平总书记反复指出，"如果不坚决纠正不良风气，任其发展下去，就会像一座无形的墙把我们党和人民群众隔开，我们党就会失去根基、失去血脉、失去力量"。作风建设的核心是保持党同人民群众的血肉联系。人心向背关系党的生死存亡，在任何时候任何情况下，与人民同呼吸共命运的立场不能变，全心全意为人民服务的宗旨不能忘，群众是真正英雄的历史唯物主义观点不能丢，始终坚持立党为公、执政为民。在新时代背景下，党的作风建设要继续坚持以上率下，巩固拓展落实中央八项规定精神成果，继续整治"四风"问题，坚决反对特权思想和特权现象。

第一，发扬钉钉子精神，保持力度和韧劲，一锤紧着一锤敲。抓作风建设就是要有钉钉子精神，驰而不息坚持下去，以抓铁有痕、踏石留印的劲头，打赢作风建设持久战。要紧盯时间节点和具体问题，既要抓住元旦、春节、"五一"、中秋、国庆和出国出差、干部岗位变动等重要节点开展检查抽查，又要狠刹出入私人会所、组织隐秘聚会等改头换面、转入地下的享乐奢靡之风，坚决防止"四风"回潮复燃。要对巡视、信访和执纪审查中发现的"四风"问题线索专项处置，让查实有问题的干部在民主生活会上作自我批评，对顶风违纪的点名道姓公开曝光，对"四风"问题多发的地区和部门严肃问责，持续释放严管严查的明确信号。

第二，紧紧围绕保持党同人民群众的血肉联系，督促党员干部增强群众观念和群众感情，树立新风正气。加强作风建设的核心是保持党同人民群众的血肉联系，"四风"问题的根源是背离党的性质和宗旨。要督促引导党员干部坚守人民立场，增强群众感情，贯彻党的群众路线，提高群众工作本领，切实做到思想上尊重群众、感情上贴近群众、工作上凝聚群众、行动上服务群众。凡是群众反映强烈的问题都要严肃认真对待，凡是损害群众利益的行为都要坚决纠正，不断增强人民群众获得感，厚植党执政的群众基础。

第三，加大纠正形式主义、官僚主义力度，把纠正"四风"往实里抓、往深里做。形式主义和官僚主义是剥削阶级腐朽思想文化的产物，也是损害党群干群关系的重要根源。要继续大力整治"文山会海"，大幅度精简会议、文件、简报，防止以会议推进工作、以文件落实整改、以批示代替检查，绝不能对中央精神断章取义，贯彻一半放一半。要严肃整治一些领导干部高高在上、脱离群众、慵懒无为，一些基层干部不在状态、冷硬横推、吃拿卡要等现象，对贯彻中央精神只喊口号不落实、只见表态不见行动的，要严肃处理。对因形式主义、官僚主义造成严重后果的，要严肃问责。

第四，坚持标本兼治，健全改进作风常态化机制，以优良党风带动民风社风。纠风之难，难在防止反弹，必须标本兼治、固本培元，向制度建设要长效。要在遏制"四风"问题反弹的同时，从理想信念、工作程序、体制机制等方面查找深层次原因，深刻剖析产生"四风"的思想根源，通过提高党性修养和政治觉悟，铲除不良作风滋生的土壤。要由中央和国家机关、省区市牵头，结合实际重新修订落实中央八项规定精神的具体措施，向社会公开并接受监督，以新规定作为今后监督执纪问责的依据。要大力弘扬中华优秀传统文化，督促各级党员干部带头树立良好家风，以好的党风持续带动社风民风。

(五)纪律建设

党的纪律是党的各级组织和全体党员必须遵守的行为规则，是维护党的团结统一、完成党的任务的保证。党组织必须严格执行和维护党的纪律，共产党员必须自觉接受党的纪律的约束。习近平总书记指出："遵守党的纪律是无条件的，要说到做到，有纪必执，有违必查，而不能合意的就执行，不合意的就不执行，不能把纪律作为一个软约束或是束之高阁的一纸空文。"要使纪律真正成为任何人都不敢碰的"带电的高压线"。

党的十九大把纪律建设纳入党的建设总体布局,是一个重要的理论和实践创新。纪律严明是我们党的优良传统和政治优势,加强纪律建设是全面从严治党的治本之策。全面从严治党,不只是惩治极少数严重违纪并已涉嫌违法的人,更要用严明的纪律管全党、治全党。党的先锋队性质和执政地位决定了党纪严于国法。事实反复证明,党员干部违法必先违纪,把纪律挺在前面,发现问题及时纠正,就能防止小错酿成大错。要坚持纪严于法、纪在法前,以党的六项纪律为尺子衡量党员干部的行为,对违纪的必须要作出相应的处置。

党的纪律建设主要有"六项纪律",即政治纪律、组织纪律、廉洁纪律、群众纪律、工作纪律、生活纪律。政治纪律是各级党组织和全体党员在政治立场、政治方向、政治言论、政治行为方面必须遵守的规矩,是牵头的管总的纪律,遵守党的政治纪律是遵守党的全部纪律的重要基础。组织纪律是规范和处理党的各级组织之间、党组织与党员之间以及党员与党员之间关系的行为准则,是维护党的集中统一、保持党的战斗力的基本条件。廉洁纪律是党组织和党员在从事公务活动或者其他与行政职权有关的活动中应当遵守的廉洁用权的行为规则,是干部清正、政府清廉、政治清明的重要保障。群众纪律是党的各级组织和全体党员贯彻执行党的群众路线和处理党群关系必须遵守的行为规则,是党的先进性的重要体现。工作纪律是党的各级组织和全体党员在党的各项具体工作中必须遵守的行为规则,是党的各项工作正常开展的重要保证。生活纪律是党员在日常生活和社会交往中应当遵守的行为准则,涉及个人品德、家庭美德、社会公德等各个方面,直接关系党的形象。

"六项纪律"使全面从严治党的尺子越来越清晰。"六项纪律"相互联系、相互统一,涵盖党的纪律各个方面,体现了对党员的高标准严要求,为保持党的肌体健康、维护党的团结统一提供了有力武器,为贯彻党的路线方针政策、完成党的各项任务提供了重要保证。

党的纪律建设重点要强化政治纪律和组织纪律,带动廉洁纪律、群众纪律、工作纪律、生活纪律严起来。各级党委、党组和领导干部既是党内监督的对象,也是管党治党的主力,不能当老好人,要扛起全面从严治党主体责任,拿起党的纪律武器,强化监督执纪问责,真管真严、敢管敢严、长管长严。要在新的形势下实践好惩前毖后、治病救人的一贯方针，运用监督执纪"四种形态"，治"病树"、正"歪树"、拔"烂树"，维护好"森林"。要在用好第一种形态上下更大功夫，开展经常性、针对性、主动性的纪律教育，使红脸出汗成为常态，让党员干部知敬畏、存戒惧、守底线，习惯在受监督和约束的环境中工作生活。

(六)夺取反腐败斗争压倒性胜利

人民群众最痛恨腐败现象，腐败是我们党面临的最大威胁。只有以反腐败永远在路上的坚韧和执着，深化标本兼治，保证干部清正、政府清廉、政治清明，才能跳出历史周期率，确保党和国家长治久安。

第一，保持惩治腐败高压态势。急则治其标，缓则治其本。当前，反腐败斗争形势依然严峻复杂，巩固压倒性态势、夺取压倒性胜利的决心必须坚如磐石。要坚持无禁区、全覆盖、零容忍，坚持重遏制、强高压、长震慑，使党员干部始终保持"伸手必被捉"的警醒，绷紧廉洁自律这根弦。重点查处政治腐败和经济腐败相互交织的腐败案件，既强化对经济腐败的震慑，又放大遏制政治腐败的成效，坚决防止党内形成利益集团，维护党和国家政治安全。重点查处不收敛不收手，问题线索反映集中、群众反映强烈，现在重要岗位且可能还要提拔使用的干部，三种情况同时具备是重中之重，对有政治、组织、廉洁问题反映的必查必核。着力解决选人用人、行政审批、工程项目、矿产资源、土地出让等重点领域和关键环节的腐败问题，不断取得实实在在的反腐败成效。

第二，加大整治群众身边腐败问题的力度。"蝇贪"成群，其害如"虎"，群众身边的腐败直接侵害群众利益，对党的执政基础威胁极大，人民群众深恶痛绝。在市县党委建立巡察制度，加大整治群众身边腐败问题的力度。开展扶贫民生领域专项整治，严肃查处贪污挪用、截留私分，优亲厚友、虚报冒领，雁过拔毛、强占掠夺问题，对胆敢向扶贫民生、救济救灾款物伸手的绝不手软。聚焦环境治理、生态修复领域重点工程，深挖严查污染防治、环境保护问题背后的腐败行为。严厉打击"村霸"和宗族恶势力，加大惩治"蝇贪"和"微腐败"力度，不断增强人民群众获得感。

第三，加大国际追逃追赃力度。国际追逃追赃是反腐败工作总体部署的重要组成部分,必须一刻不停,不管腐败分子逃到哪里,都要缉拿归案、绳之以法。要进一步发挥反腐败协调小组作用,持续推进"天网"行动,紧盯重点国家、重点个案,攻坚克难,久久为功。坚持追逃防逃两手抓,堵截资金外流渠道,使国内赃款藏不住、转不出,国外赃款找得到、追得回,让已经潜逃的无处藏身,让企图外逃的丢掉幻想。深化国际反腐败执法合作,积极参与制定相关规则,推动双边引渡、司法协助条约谈判。统筹各方面力量,打好政治战、外交战、法律战、舆论战,牢牢把握话语权和主动权。

第四,深入推进标本兼治。以治标促进治本,以治本巩固治标,才能铲除腐败现象的生存空间和滋生土壤。要在强化不敢腐的震慑基础上,加强制度建设,扎牢不能腐的笼子;强化教育引导,增强不想腐的自觉。要加强党内法规制度建设,推进反腐败国家立法,规范领导干部配偶、子女经商办企业等行为,通过深化改革和制度创新切断利益输送链条,铲除领导干部被"围猎"这个腐败的"污染源"。要建设覆盖纪检监察系统的检举举报平台,加强大数据分析运用,对实名举报及时反馈处理结果,提高反腐败工作信息化水平。要按照忠诚干净担当的标准选对人用好人,加强党性党风党纪教育和警示教育,弘扬中华优秀传统文化,引导党员干部坚定理想信念,牢固树立"四个自信",筑牢思想道德防线,自觉保持清正廉洁,通过不懈努力,将反腐败斗争压倒性态势转化为压倒性胜利,换来海晏河清、朗朗乾坤。

(七)健全党和国家监督体系

我们党长期执政,面对的严峻挑战是权力容易被侵蚀、党的干部脱离群众。党的十九大报告提出构建党统一指挥、全面覆盖、权威高效的监督体系,把党内监督同国家机关监督、民主监督、司法监督、群众监督、舆论监督贯通起来,增强监督合力,为在新时代完善党和国家监督体系指明了方向。

党内监督必须紧紧围绕政治建设这个根本。强化党内监督的重要任务是检查党员干部的政治意识、大局意识、核心意识、看齐意识强不强,保证全党在政治和大局上向核心看齐,自觉同党中央保持高度一致。要主动服从服务于中央工作大局,以政治纪律和政治规矩为尺子去衡量,坚决查处政治上离心离德、思想上蜕化变质、组织上拉帮结派、行动上阳奉阴违的问题,确保党中央大政方针落实到位,维护党的团结统一。

把"四种形态"作为强化监督的抓手。监督执纪"四种形态"为全面从严治党提供政策和抓手，层层设防、防微杜渐，使党内监督具体化、可操作。要把运用"四种形态"同执行新形势下党内政治生活若干准则结合起来，强化党组织的政治功能和组织功能，让党员干部在严格的政治生活中锤炼党性。接到一般性问题反映就要同干部见面，让本人把问题讲清楚，这既是监督，又体现信任；接受谈话函询的干部要如实说明情况，还应当在民主生活会上作说明，开展批评和自我批评。这有利于培养忠诚老实、胸怀坦荡的品质，有利于接受群众监督，有利于增强政治生活的严肃性和针对性。

把巡视利剑擦得更亮。党的十八大以来的巡视工作凝结着全面从严治党实践创新、理论创新、制度创新成果，彰显中国特色民主监督的制度优势，党的十九大后要发扬光大，向纵深推进。巡视就要冲着问题去，紧盯党内政治生态，延伸放大震慑效果。要在机动灵活上做文章，深入开展"回头看"，加大机动式巡视力度，既要有整装出发的动员会，又要有机动灵活的小分队，让监督对象摸不着规律，利剑高悬、震慑常在。

派驻监督要发挥"探头"作用。实现党的纪律检查委员会全面派驻纪检组，目的是完善监督体系，防止中央和省市级的党和国家机关出现"灯下黑"。要巩固中央和省级全面派驻成果，继续深化派驻机构改革，探索将部分单位内设纪委改为派驻纪检组，补齐监督短板。要完善综合派驻领导体制，健全日常监督、线索处置、执纪审查、督促整改和提出问责建议相关制度，把"派"的权威性和"驻"的优势充分发挥出来。

党内监督和外部监督同向发力。党的执政地位决定，在党和国家各项监督制度中，党内监督是第一位的。党内监督缺失，其他监督必然失效。增强党的自我净化能力，根本方向是实现党的自我监督和人民群众监督相结合，以党内监督带动和促进其他监督，建立更加科学、更加严密、更加有效的中国特色监督体系。

(八)全面增强执政本领

领导十三亿多人的社会主义大国，我们党既要政治过硬，也要本领高强。在新时代推进中国特色社会主义伟大事业，对提高党的执政能力和领导水平提出了新的更高的要求。具体要从下列八个方面增强执政本领。

第一，要增强学习本领。面对新时代新使命，必须在全党营造善于学习、勇于实践的浓厚氛围，建设马克思主义学习型政党，推动建设学习大国。全党同志要坚持用习近平新时代中国特色社会主义思想武装头脑、指导实践、推动工作，进行全面、系统、富有探索精神的学习，既把学到的知识运用于实践，又在实践中增长解决问题的新本领。

第二，要增强政治领导本领。必须着力增强政治领导本领，不断提高把方向、谋大局、定政策、促改革的能力，提高保持政治定力、驾驭政治局面、防范政治风险的能力。坚持战略思维、创新思维、辩证思维、法治思维、底线思维，科学制定和坚决执行党的路线方针政策，把党总揽全局、协调各方落到实处。

第三，要增强改革创新本领。各级党组织和广大党员干部要保持锐意进取的精神风貌，进一步解放思想、与时俱进，做到登高望远、居安思危，勇于变革、勇于创新，永不僵化、永不停滞。善于结合实际创造性推动工作，加强调查研究，坚持问题导向，精准施策发力，确保中央决策部署落地生根、开花结果。善于运用互联网技术和信息化手段开展工作。真正过好互联网这一关，不断提高信息化条件下党的执政能力和领导水平。

第四，要增强科学发展本领。全党同志必须坚定不移贯彻创新、协调、绿色、开放、共享的发展理念，统筹推进"五位一体"总体布局，协调推进"四个全面"战略布局，不断增强我国经济创新力和竞争力，不断开创发展新局面。

第五，要增强依法执政本领。要加快形成覆盖党的领导和党的建设各方面的党内法规制度体系，坚持依法治国与制度治党、依规治党统筹推进、一体建设，坚持依法治国与依规治党有机统一。要加强和改善对国家政权机关的领导，把党总揽全局、协调各方同人大、政府、政协、审判机关、检察机关依法依章程履行职能、开展工作统一起来，善于通过国家行政机关实施党对国家和社会的领导。

第六，要增强群众工作本领。要创新群众工作体制机制和方式方法，既服务群众，又带领群众坚定不移贯彻落实党的理论和路线方针政策，把党的主张变为群众的自觉行动，组织动员广大人民群众坚定不移跟党走。要加强和改进党对群团工作的领导，推动工会、共青团、妇联等群团组织增强政治性、先进性、群众性，发挥联系群众的桥梁纽带作用。

第七，要增强狠抓落实本领。要坚持说实话、谋实事、出实招、求实效，把雷厉风行和久久为功结合起来，勇于攻坚克难，以钉钉子精神做实做细做好各项工作。

第八，要增强驾驭风险本领。当今世界国际力量对比发生新的变化，国内改革进入深水区，经济发展进入新常态，我们面临的国际国内矛盾更加复杂严峻。这就要求我们健全各方面风险防控机制，善于处理各种复杂矛盾，勇于战胜前进路上的各种艰难险阻，牢牢把握工作主动权。

第四节　全面从严治党永远在路上

习近平总书记多次强调指出："全面从严治党永远在路上"。这一论断寓意深刻、振聋发聩，反映了我们党对党的建设面临形势和任务的清醒认识，对坚定不移推进全面从严治党的坚强决心，为新时代推进党的建设新的伟大工程确立了鲜明的主基调。

对于"全面从严治党永远在路上"这一重要论断，可从以下三个方面加以认识：

第一，这是由全面从严治党在党和国家事业发展中的根本性作用决定的。打铁还需自身硬。办好中国的事情，关键在党，关键在党要管党、全面从严治党。全面从严治党是党的建设的重要组成部分，是坚持党的领导、实现党的历史使命的根本保障，不仅关系党的前途命运，而且关系国家和民族的前途命运。当前，中国特色社会主义进入新时代，党要团结带领人民进行伟大斗争、推进伟大事业、实现伟大梦想，必须毫不动摇坚持和完善党的领导，毫不动摇把党建设得更加坚强有力。只有进一步把党建设好，确保我们党永葆旺盛生命力和强大战斗力，我们党才能团结带领人民有效应对重大挑战、抵御重大风险、克服重大阻力、解决重大矛盾，不断从胜利走向胜利。

第二，这是深入解决党内突出矛盾和问题的需要。党的十八大以来，以习近平同志为核心的党中央以前所未有的力度推进全面从严治党，取得历史性成就，党内政治生活气象更新，党内政治生态明显好转。但也要清醒认识到，党面临的执政环境是复杂的，影响党的先进性、弱化党的纯洁性的因素也是复杂的，党内存在的思想不纯、组织不纯、作风不纯等突出问题尚未得到根本解决。这表明，全面从严治党依然任重道远，必须进一步加强全面从严治党的力度。

第三，这是有效应对"四大考验"和"四种危险"的必然选择。我们要有效应对"四大考验"，防范"四种危险"，不断提高党自我净化、自我完善、自我革新、自我提高的能力，就必须坚持不懈抓好党的建设，不断把全面从严治党引向深入。

历史潮流滚滚向前，从不等待一切犹豫者、观望者、懈怠者、软弱者。我们党的奋斗历程，充满着苦难和辉煌、曲折和胜利、付出和收获。回首来时路，重峦叠嶂、布满荆棘；展望新征程，路险且艰、任重道远。走好新的长征路，需要继续推进全面从严治党。习近平总书记从推进党的建设新的伟大工程的战略高度，指出了全面从严治党的根本努力方向：基础在全面，关键在严，要害在治。

"全面"是基础。"全面"体现为管党治党对象全覆盖、领域全范围、责任全担当，人人、处处、时时纳入其中，无一例外。对象全覆盖，就是把从严治党的要求落实到每个党组织中、落实到每个党员身上。领域全范围，就是体现到党的政治建设、思想建设、组织建设、作风建设、纪律建设、反腐败斗争和制度建设各个领域、各个方面。责任全担当，就是一把尺子量到底、一根竿子插到底，层层传导责任压力，让全面从严治党真正落地生根。

"严"是关键。"世间事，做于细，成于严。"共产党人最讲认真，全面从严治党讲认真，就是坚持严字当头，把严的要求贯彻全过程，做到真管真严、敢管敢严、长管长严。真管真严，就是要动真格，不降标准，不图形式，不走过场，确保全面从严治党真正落实。敢管敢严，就是要敢于碰硬，不惧压力，不畏艰难，不避矛盾，让一切违纪违规的言行无处遁形。长管长严，就是要善始善终，不松劲头，不减力度，不打折扣，坚持不懈严管严治。

"治"是要害。坚持标本兼治，以猛药去疴、重典治乱的决心，以刮骨疗毒、壮士断腕的勇气，拔"烂树"、治"病树"、正"歪树"。拔"烂树"，就是对烂掉的腐败分子一抓到底，坚决清除害群之马。治"病树"，就是对犯了小错的干部，要对症下药，抓早抓小，惩前毖后，治病救人。正"歪树"，就是对处于"亚健康"状态的干部，要及时提醒，拉回正轨，使其远离违反纪律和规矩的红线。

习近平总书记强调，"在全面从严治党这个问题上，我们不能有差不多了，该松口气、歇歇脚的想法，不能有打好一仗就一劳永逸的想法，不能有初见成效就见好就收的想法"。管党治党必须抓常、抓细、抓长，持续努力，久久为功，在巩固中坚持，在坚持中巩固，按照党的建设的新要求，坚持问题导向，保持战略定力，坚定不移地推动全面从严治党向纵深发展。

一是发展积极健康的党内政治文化。在长期实践中，我们党形成了以忠诚老实、公道正派、实事求是、清正廉洁等为主要内容的共产党人价值观，各级党组织要经常加强共产党人价值观教育，坚决防止和反对个人主义、分散主义、自由主义、本位主义、好人主义，坚决防止和反对宗派主义、圈子文化、码头文化，坚决反对搞两面派，做两面人。

二是持之以恒正风肃纪。要发扬钉钉子精神，一锤接着一锤敲，打赢作风建设持久战，决不能让享乐主义和奢靡之风卷土重来，以更大力度整治形式主义和官僚主义，以艰苦奋斗、崇尚实干的工作作风，以勤俭节约、崇尚清廉的家风，带动民风社风向善向上。

三是夺取反腐败斗争压倒性胜利。坚持无禁区、全覆盖、零容忍，坚持重遏制、强高压、长震慑，重点查处政治腐败和经济腐败相互交织的案件，不收敛不收手、群众反映强烈的案件，重点领域、关键环节的腐败问题。

全面从严治党，最终目的是要解决一党长期执政条件下的自我监督问题，跳出"其兴也勃焉、其亡也忽焉"的历史周期率。"打铁还需自身硬"，在全面从严治党这个根本政治问题上，我们决不能沾沾自喜、盲目乐观，要保持永远在路上的坚韧，持之以恒、善作善成，把管党治党的螺丝拧得更紧，把全面从严治党的思路举措搞得更加科学、更加严密、更加有效，确保党始终同人民想在一起、干在一起，引领承载着中国人民伟大梦想的航船破浪前进，胜利驶向光辉的彼岸。

【思考题】

1. 怎样理解中国共产党的领导是中国特色社会主义最本质的特征，是中国特色社会主义制度的最大优势？

2. 如何认识新时代党的建设的总任务与总目标？

3. 如何理解全面从严治党永远在路上？

【阅读书目】

1.《党的十九大报告辅导读本》，人民出版社，2017。

2.《十九大党章修正案学习问答》，党建读物出版社，2017。

3.《习近平谈治国理政》第一卷，外文出版社，2014。

4.《习近平谈治国理政》第二卷，外文出版社，2017。

第八章 当代中国与世界

【本章概要】

当今世界正在发生着深刻而复杂的变化，国际竞争日益激烈，新旧格局转换未定，新兴崛起的中国在世界舞台上发挥着越来越重要的作用，中国特色社会主义建设也具有越来越大的影响力。我们研究中国特色社会主义事业发展的重大理论和现实问题，同样必须结合到当今世界的大环境、大格局中去考量。了解当今世界发展的新特点和新趋势，把握当代中国与世界关系变化的实质，认清中国的国际战略和对外方针政策，明确中国和平发展道路的愿景，有助于我们深刻理解新时代中国特色社会主义理论与实践的丰富含义，有助于增进领会中华民族伟大复兴事业对人类文明进步所做出的重大贡献。

【案例关注】

案例一： 2013 年 9 月 7 日，习近平主席在哈萨克斯坦纳扎尔巴耶夫大学发表演讲时表示：为了使各国经济联系更加紧密、相互合作更加深入、发展空间更加广阔，我们可以用创新的合作模式，共同建设"丝绸之路经济带"，以点带面，从线到片，逐步形成区域大合作。

2013 年 10 月 3 日，习近平主席在印尼国会发表演讲时表示：中国愿同东盟国家加强海上合作，使用好中国政府设立的中国—东盟海上合作基金，发展好海洋合作伙伴关系，共同建设 21 世纪"海上丝绸之路"。

2014 年 5 月 21 日，习近平主席在亚信峰会上做主旨发言时指出：中国将同各国一道，加快推进"丝绸之路经济带"和"21世纪海上丝绸之路"建设，尽早启动亚洲基础设施投资银行，更加深入参与区域合作进程，推动亚洲发展和安全相互促进、相得益彰。

案例二：2008年金融危机以来，世界经济长期低迷不振、发展分化，各国面临的发展问题依然严峻。中国提出共建"一带一路"，顺应了世界多极化、经济全球化、文化多样化、社会信息化的潮流，秉持开放的区域合作精神，促进经济要素有序自由流动、资源高效配置和市场深度融合，通过推动沿线各国实现经济政策协调，开展更大范围、更高水平、更深层次的区域合作，共同打造开放、包容、均衡、普惠的区域经济合作架构，为世界经济注入活力，重返繁荣。中国推进"一带一路"建设，符合国际社会的根本利益，彰显人类社会共同理想和美好追求，是国际合作以及全球治理新模式的积极探索，将为世界和平发展增添新的正能量。中国政府倡议，在共建"一带一路"中，各成员将秉持和平合作、开放包容、互学互鉴、互利共赢的理念，全方位推进务实合作，打造政治互信、经济融合、文化包容的利益共同体、责任共同体和命运共同体。

讨论：

1. "一带一路"倡议的提出和实施，对于建构21世纪中国和世界的新型关系有何意义？

2. 当今世界将向何处去？是国际社会目前需要解决的迫切问题。党的十八大以来，习近平总书记在多个外交场合阐述人类命运共同体思想，它是中国领导人基于历史和现实的深入思考给出的"中国方案"。同时近五年来，中国倡导的"一带一路"建设稳步推进，成为构建人类命运共同体的重要探索和实践样板。请分析"一带一路"和"人类命运共同体"两者的辩证关系。

【内容精讲】

第一节　当今世界发展的新特点和新趋势

冷战结束后，当今世界正在发生着深刻而复杂的变化。尤其是进入21世纪以来，大发展、大变革、大调整成为当前世界形势变化的最大特点。要准确把握世界发展局势，清晰定位中国的国际地位和作用，必须准确判断当今时代的主题，正确把握世界局势出现的新特点和新趋势。

一、和平与发展是当今时代的主题

时代主题，是一定时期世界范围内最重要、最突出和最活跃的基本矛盾和根本问题，它是一国制定内政外交一系列方针政策的根本依据。确定当今的时代主题，关系国计民生和战略全局，是一个十分重大的问题。由于涉及战略性、基础性的重大判断，对于中国特色社会主义理论和实践具有重大的影响。

时代主题反映一定时期世界范围内最根本性的矛盾，但是并不意味着永远不变，世界主要矛盾的发展变化，决定着时代主题的转换。20世纪上半叶，世界战争不断，社会政治变革与民族解放斗争相互交织，时代主题是"战争与革命"。20世纪下半叶，战争逐渐平息，各国谋求社会经济发展，维护和平成为主流，时代主题转换为"和平与发展"。特别是20世纪六七十年代以后，随着世界经济和科技革命的迅猛发展，各国的竞争由军事、政治斗争为主让位于以科技创新和经济增长为主要内容的综合国力的较量。邓小平根据这一深刻变化，从战略高度对世界基本矛盾和国际格局做出了科学判断。他指出："现在世界上真正大的问题，带全球性的战略问题，一个是和平问题，一个是经济问题或者说发展问题。和平问题是东西问题，发展问题是南北问题。概括起来，就是东西南北四个字。"①1987年党的十三大报告中正式提出了"和平与发展是当代世界的主题"这一科学命题。1997年党的十五大指出"和平与发展是当今时代的主题""要和平、求合作、促发展已经成为时代的主流"。改革开放三十多年来，和平与发展成为中国始终坚持的对时代主题的基本判断。

党的十九大报告中坚持"和平与发展"的时代主题判断，明确指出："世界正处于大发展、大变革、大调整时期，和平与发展仍然是时代主题。世界多极化、经济全球化、社会信息化、文化多样化深入发展，全球治理体系和国

---

① 邓小平：《和平和发展是当代世界的两大问题》，见《邓小平文选》第三卷，104页，北京，人民出版社，1993。

际秩序变革加速推进，各国相互联系和依存日益加深，国际力量对比更趋平衡，和平发展大势不可逆转。"但是另一方面，"世界面临的不稳定性不确定性突出，世界经济增长动能不足，贫富分化日益严重，地区热点问题此起彼伏，恐怖主义、网络安全、重大传染性疾病、气候变化等非传统安全威胁持续蔓延，人类面临许多共同挑战"①。因此，和平与发展两大问题依然没有解决，并且有了新的变化和挑战，维护世界和平、促进共同发展依然任重道远。

世界大战在可以预见的将来是可以避免的，一方面，世界总体和平与稳定的局面会保持下去，另一方面，局部战争和地区冲突也不会消失。随着影响和制约当今世界发展的新因素、新情况不断出现，当今世界已经进入大发展、大变革、大调整的时期，新旧矛盾此起彼伏，各国合作与竞争并存。虽然矛盾冲突在一定条件下有可能激化，但是和平、合作与发展无疑已经成为当今世界各国的普遍愿望和共同努力的目标。历史和现实一次次的证明，战争意味着破坏，和平带来繁荣；隔阂加剧分化，合作才能共赢；停滞造成贫穷，发展造就富裕。建设持久和平、共同繁荣的和谐世界，是当今世界各国人民的共同目标。今天的中国作为世界上最大的发展中国家和世界和平力量的重要组成部分，坚持把中国人民的利益同世界人民的共同利益结合起来，推动建设新时代人类命运共同体，维护世界和平，促进共同发展，奏响求和平、谋发展、促合作的当今时代的主旋律。

二、当今世界发展的新特点

进入 21 世纪以来，当代世界进入一个大发展、大变革、大调整的新时期。世界局势在原有的基础上，出现了许多新情况、新因素，具有了新的特点。

(一)经济全球化在曲折中发展

经济全球化是当代世界经济最主要的特征之一，代表了世界经济发展的总的趋势。生产全球化、贸易自由化、金融一体化、技术全球化等趋势构成经济全球化的主要内涵，跨国公司成为推动经济全球化的主导力量，20 世纪

---

① 习近平：《决胜全面建成小康社会 夺取新时代中国特色社会主义伟大胜利》，58页，北京，人民出版社，2017。

90 年代初，全球跨国公司数量约 3.7 万家，分支机构约 17 万家，到 21 世纪初，跨国公司就迅速增长到 6.5 万家，分支机构达到 85 万家。如今，跨国公司贸易额占全球贸易额的 2/3 以上，掌握 70％以上的对外直接投资，公司产值相当于全球产值的 1/4。全球贸易额增长反映经济全球化的进展程度，20 世纪 90 年代初，全球货物进出口贸易额为 7 万亿美元，2016 年达到 32 万亿美元，增长 4.6 倍。金融一体化最能体现经济全球化的实质，20 世纪 90 年代以来，全球资本流动量急剧膨胀，当今全球每日外汇市场流通交易量约 5 万亿美元，超过股票和期货市场交易量的总和。同时，金融机构和市场的全球化程度最深，国际主要金融市场的交易已经融为一体。生产贸易和金融等活动的飞速发展离不开技术和制度创新的支持，20 世纪 80 年代以来，以电子信息和互联网为代表的新技术革命为全球经济增长提供强劲的支持，促进经济要素的整合，开辟新市场并创造利润。

但是，2008 年爆发的金融危机对全球经济造成了巨大打击，经济全球化进程受阻。跨国公司产值、销售额和资产价值都有大幅下跌，经济危机引发多国经济萧条、政治动荡和社会失衡。为了摆脱危机，转移矛盾，许多国家调整经济自由开放政策，缩减对外投资，贸易保护主义盛行，甚至出现"去全球化"的迹象。

经济全球化是一把"双刃剑"，在带来全球经济增长的同时，也带来潜在的危机，目前的经济全球化以市场自由竞争为导向，必然加剧世界经济的失衡，导致发达国家与发展中国家之间，以及发展中国家内部的贫富差距拉大；经济全球化发展快速，全球治理体系却未能及时跟进，缺乏风险预警和管控机制；全球经济的自由开放和高度关联，又使得局部危机被迅速传导和放大。尽管如此，经济全球化的进程并未停止，世界各国经济的紧密融合，退回到过去"各自为政""以邻为壑"的时代已一去不可返，各国未来谋求的重点在于改革现有不合理的全球治理体系，再平衡失序的全球经济结构，同时积极推进科技与产业的融合与创新，为全球化的发展注入新的动力。中国作为世界最大的发展中国家，是经济全球化的主要受益者，40 年来，中国经济快速发展，人民生活水平迅速提高，国家参与国际治理的能力增强。中国更是经济全球化的积极推动者，在"去全球化"的质疑面前，中国努力"以善治示全球、以创新领潮流"，引领全球化的发展，为推动世界经济发展提供"中国智慧"和

"中国方案"。一方面，针对过去西方世界主导下的全球化规则失效的弊端，中国愿意依托中国传统理念和当代社会改革开放的实践经验，提供合适或有益的解决方案，推动全球治理体系的改革与创新；另一方面，中国大力推进以互联网为核心的信息技术的变革，整合生物、能源、新材料等未来科技领域的突破创新，为全球化转型升级提供动力支持。

(二)世界多极化趋势进一步加强

20世纪90年代初，东欧剧变，苏联解体，战后维持了三十多年的两极格局终结，世界格局朝着多极化演变，但是各方力量相互制衡，进程曲折多变。

首先，美国极力维持世界霸主地位，力图构建单极世界，但是随着总体实力的衰减，不断遭到新兴势力的冲击。欧盟通过整合与扩张，图谋欧洲的一体化，并由经济的联合向政治、军事领域的融合拓展，强化欧洲的内部利益，与美国渐行渐远，在许多问题上产生分歧和冲突。中俄印巴等金砖国家为代表的新兴经济体的崛起，不断挤占美国的全球市场份额，谋求修改欧美主导的全球经济和政治秩序，削弱欧美的影响力；日本从经济大国向政治大国迈进，利用美日特殊关系"借船出海"，图谋军事力量正常化；广大发展中国家加快融入经济全球化进程，提升本国实力，在政治上谋求建设公正平等的国际关系。因此，多方力量的兴起和相互制约，极大地限制着美国"一家独大"的梦想。美国虽然仍然以雄厚实力主导全球事务，但是也不得不受到现有体系和外部环境束缚，无法恣意妄为。

其次，战争威胁降低，综合国力的竞争日益激烈，国际力量对比变化迅速，多极化进程充满不确定性。经济全球化时代背景下，以各国经济实力为核心的综合国力的比拼成为主流，某些国家抓住机遇，制定正确的国家战略和实施有效的发展计划，国家实力稳步提升，成为多极化竞争中的重要力量。金融危机后，发达国家经济衰退，新兴市场国家表现相对突出，进一步改变了国际格局中各方力量的对比和平衡，多极化趋势下的国际竞争加剧，变化不定。

最后，各种国际和地区性组织日益增多，在国际事务中发挥越来越重要作用，促进了各国交流合作，共同应对公共危机和全球性议题。许多国家积极参与国际协调与合作事务，国际间多边合作机制发展迅速，从一定程度上推进了多极化进程的发展。联合国、世界贸易组织、亚太经合组织、世界银行等各种国际组织在维护世界和平、调节国际争端、促进国际贸易、稳定全球金融、解决公共问题等许多层面发挥重要作用。

(三)科学技术酝酿新突破

科学技术是第一生产力，每一次科技革命都推动社会生产力发生巨大飞跃，给人类的生产方式和生活方式带来深刻变化。20世纪40年代以来，以原子能、空间技术、生物工程、信息通信和互联网为代表的第四次科技革命极大地推动了现代人类社会经济、政治、文化等多领域的变革，也深刻改变了人类生活方式和思维方式，它推动着经济全球化的加速进行，也通过改变国家的经济结构和综合国力来影响世界政治多极化的进程，还对人类的社会和文化生活产生巨大影响，加剧不同文明的竞争与融合过程。

进入21世纪后，电子信息与互联网技术的创新最为亮眼，已经渗入社会生活的每个方面，并且带动更多科技创新在不同领域的交叉与碰撞，物联网、生物工程、人工智能的不断突破，新能源、新材料、新工艺的不断涌现，预示着目前人类社会可能正站在一个新的科技革命的门槛边上。这次新的科技革命，将以绿色、智能、信息化为特征，极大扩展人类的生活空间，提高人类生活质量，进而改变人类社会组织关系，把人类社会提升到一个全新的发展空间。

(四)思想文化交流交锋呈现新特点

现代通信、信息和物流技术的飞速发展，大大增加了国家和民族之间文化的交流与融合，不同文明之间的认同感加强，社会交往更加深入和频繁，世界日益成为一个有机联系的共同体。

文化，特别是思想文化构成一个国家民族凝聚的核心要素，文化多样化是人类社会发展进步的必要条件，各国政府非常注重对本国本民族文化的保护，并对其他文化持有尊重和平等对待、和谐共处的原则。但是人类历史造成的隔阂和偏见，现实生活中存在的分歧与差异，使得当今世界范围内不同思想文化的交锋和冲突依然频繁而深刻，强国借助经济和政治军事等手段取得文明竞争的优势成为普遍现象，意识形态的斗争依然激烈。西方发达国家往往利用其强势力量和地位推销其主流文化和价值观念，目的是维护其霸权地位，攫取更多利益。因此，各国之间思想文化、意识形态等领域的争夺会长期存在，遏制与反遏制、颠覆与反颠覆的斗争贯穿整个过程。

(五)人类共同安全问题日益突出

和平与发展的时代主题虽然不变，传统安全危险降低，但是非传统安全问题却日益突出，暴力、破坏、侵犯等威胁层出不穷，对世界的和平与发展提出了新挑战。霸权主义和强权政治依然突出，恐怖主义和民族分离主义此起彼伏，能源危机、环境污染、粮食短缺、流行性疾病等老问题没有得到解决，气候暖化、生态破坏、信息泄露、金融安全等新问题接踵而至，这些问题伴随着经济全球化和科技革命也迅速蔓延扩散，并且相互纠结，牵一发而动全身。上述每个问题都关系到全人类的利益，严重制约着人类的可持续发展进程，必须引起世界各国的高度重视。许多新出现的公共安全问题，往往都具有跨国性和不确定性，任何一个国家都无法单独应对，必须加强国与国之间的协调与合作，通过构建全球性治理机制来加以解决。

第二节　当代中国与世界关系的历史性变化

当今世界是开放的世界，中国的发展离不开世界，世界的繁荣稳定也离不开中国。改革开放以来，中国以开放合作的姿态积极主动融入世界，取得了巨大的进步和发展，世界接纳中国参与到国际事务中，也促进了世界的和平与繁荣，几十年来，中国与世界的关系发生了深刻变化，双方互联互动空前紧密，合作共赢成为其中最大亮点。

一、中国与世界的联系日益紧密

当今世界经济全球化、世界多极化深入发展，科技革命不断突破，世界各国在竞争加剧的同时，互相交流与合作也越来越密切。中国与世界各国之间日益接近，息息相关，休戚与共，共同构筑一个命运共同体，中国与世界已经紧密地联系在一起。

(一)中国的发展离不开世界

人类的历史就是一部不断发展、加速交流与融合的历史。古代中国与外界的联系不断发展，汉唐时代开辟西域丝绸之路，促进中西方文化交流；宋元明时代，海上贸易大规模发展，中国的商业繁荣，文化发达。与之相反的是，明代中叶后至清朝实施闭关锁国政策，导致中国日益保守，社会发展停滞不前，近代以来更是被西方帝国主义列强殖民侵略，陷于落后挨打的境地。新中国成立后，尤其是改革开放以来，中国实行全方位的对外开放政策，积极与世界接轨，广泛吸收和引进当今世界先进科学技术和文化，国内经济高速增长，对外贸易不断拓展，人民生活水平日益提高。从 2005 年到 2010 年，中国国内生产总值先后超过意大利、法国、英国、德国和日本，成为世界第二大经济体。2017 年中国经济总量 12.7 万亿美元，占世界经济总量的比重达 17%，相当于美国的 70%。今天的中国坚定不移地坚持改革开放，与各国加强联系，中国的前途和命运已经与世界紧紧地关联在一起。

科技革命与经济全球化的结合，使得今天的世界与历史上任何一个时期相比更加开放和融合，地域的阻隔和国家的界限逐渐消除，市场原则下的国际分工，资源的开发和整合，资本和技术、劳务的自由流动等都参与到全球体系中进行，中国要保持经济持续增长和社会有序发展，必须加入全球普遍合作的潮流中，获取资金、能源、技术、劳务等先进的生产要素，为经济发展持续提供动力。有数据显示，改革开放 40 年来，中国作为发展中国家，引进外资始终排名首位，仅仅 2011—2015 年，中国引进外资就达到 19546 亿美元，是世界第二大外商直接投资国家。中国作为制造业大国，对外资源依赖度不断加大，2015 年中国进口石油 3.28 亿吨，对外依存度超过了 60%，2015 年铁矿石进口 9.53 亿吨，占世界海运铁矿石量的 2/3。中国作为全球最大的制造业国家和新兴经济体，对世界经济的依赖越来越大，已经完全嵌入到国际分工体系中去。

中国与世界的日益融合，使得安全与协作议题愈显重要。中国已经与世界 170 多个国家建交，并积极参加各类国际组织和机构，目前共参加了 100 多个政府间国际组织，签署国际公约 300 多项，与 150 多个国家签订经贸合作协议，并在亚太经合组织（APEC）、东盟与中日韩领导人会议、东亚峰会、上海合作组织、中欧峰会等多项国际多边合作机制中发挥积极作用，与世界各国一道维护世界和平，促进经济与文化交流，加强与世界的沟通与合作。

(二)世界的繁荣稳定离不开中国

今天的中国拥有 13 亿多人口，国土幅员辽阔，经济总量占世界第二，本身在国际社会中就是举足轻重的国家之一。中国所处亚太地区国家众多，地区差异大，国家关系复杂，中国的稳定和发展对亚太的未来更是至关重要。中国作为一个积极进取的、负责任的大国，坚持和平、发展、合作、共赢的理念与世界各国一起维持全球秩序，提供公共安全产品，具有特殊的不可取代的作用。

经济上，40 年来的改革开放让中国的经济实力不断提升，在国际贸易中已经是世界第一大贸易出口国和第二大贸易进口国，自 2002 年加入 WTO 以来，年均进出口贸易增长率在 20% 以上，为世界贸易增长率贡献逾 10% 以上。2008 年金融危机以来，西方发达国家经济衰退明显，中国及时调整经济结构，稳定金融和货币体系，促进对外贸易，国内经济年增长率维持在 7% 左右，仍然高出世界经济平均增长率 3 个点以上，2008—2015 年为世界经济增长年均贡献率超过 20%，已经成为世界经济增长的新引擎。对外投资方面，中国非金融类对外直接投资不断增长，从 2007 年的 265 亿美元增加到 2015 年的 1546 亿美元，境外投资净额达到 10978 亿美元，已居世界第八，有力地帮助了投资目的国增加就业和促进经济复苏。

政治上，中国积极参与国际秩序的维护与建设。中国已经是联合国维和行动中派出人员和摊款最多的发展中国家，近年来一共参加了近 30 次维和行动，足迹遍及亚非拉各大洲。中国还积极参与维护全球安全事务，亚丁湾反海盗护航、湄公河流域治安、中亚反恐行动、中东巴以和谈、朝核危机六方谈判等重大国际事务都有中国的身影。中国还积极开展对外援助事务，根据中国的实际能力和援助对象状况，不带任何政治条件，尽力而为，重情义、讲道义、平等互利、共同发展。仅 2010 年到 2012 年，共向 121 个国家提供援助资金 893.4 亿元，其中无偿援助 323.2 亿元。向 50 多个国家派出医疗队，向 60 多个国家派出志愿者和汉语教师近 7000 人，另外还提供紧急人道救灾援助 15 亿元，减免多个国家债务 14.2 亿元。① 中国在提供资金援助的同

---

① 国务院新闻办《中国的对外援助 2014》白皮书，http：//www.gov.cn/zhengce/2014-07/10/content_2715467.htm。

时，更加注重培养受援助者的发展能力，提供农业技术和知识，发展教育事业，帮助建设公共设施等，为南南合作不断注入动力。

二、中国的国际地位不断提升

国际地位是指一个国家在国际体系中所处的位置和该国在与其他国际行为主体相互联系、相互作用而形成的国际力量对比结构中的状态。新中国成立以来，始终坚持独立自主的和平外交政策，是国际舞台上一支不可忽视的力量，但是由于战后特殊的国际政治经济格局，中国长期处在国际关系中的边缘地带，直到改革开放后，中国坚持经济建设为中心，综合国力有了很大提高，国际地位有了显著改善，今天的中国已经是世界格局中的一支重要力量，为世界的和平与繁荣做出了重大贡献。

(一)中国的综合国力显著增强

改革开放 40 年来，中国的经济实力增长最为明显，2017 年国内生产总值已经达到 12.7 万亿美元，稳居世界第二。主要工农业产品都居世界前列，其中谷物、肉类等产品长期世界第一，煤炭、钢铁、发电、水泥等主要工业品占世界总量的一半以上，高速公路、高铁公里数世界第一，国际货物和服务贸易进出口额都是世界第二。除了经济实力外，中国的科技、军事能力发展迅速，国家文化艺术事业繁荣，在国际上的"软实力"有了很大提升。随着经济总量的增长，国防开支稳步攀升，今天的中国已经拥有了完整的军事工业，新型航母的建成和隐形战斗机歼-20 的成功入列极大提高了军队战力，航天、通信、电子、材料等众多尖端技术的研发和运用让当今中国军队如虎添翼，军队改革不断提升战力，新兵种新军种的成立和精兵简政，使中国人民解放军正大步向世界一流军队的行列迈进。中国的科技创新近年来迎来了井喷式的发展，2014 年中国科技研发人员达到 535 万人，科技论文总量居世界第二，2015 年专利申请数量为 110 万件，超过美日总和。中国近年来还积极加强与各国的社会人文交流，通过创办孔子学院，主办奥运会等体育赛事，积极推广中国传统优良文化，"说好中国故事，展现中国魅力"，塑造积极、正面、美好的中国形象，提升在全球事务中的"软实力"。

(二)中国在应对金融危机中发挥积极作用，产生重要影响

2008 年的金融危机破坏力巨大，西方主要经济体陷入萧条，复苏缓慢。

经济危机引发政治动荡，许多国家政局不稳，极右势力发展，难民问题突出和恐怖主义活动日渐猖獗。危机也影响到中国，2009 年以来，中国政府及时出手，采取一系列有效应对措施，积极扩大内需，振兴产业，转变经济增长方式，实行积极稳妥的金融和货币政策，保证国民经济平稳较快发展，几年来整体经济增长稳定在 7% 的增速以上，对外贸易增长，外汇市场平稳，市场创新活跃，人民生活水平不断提高，社会和谐稳定。中国经济的稳步向好，对于动荡衰退的全球经济来说就是一个坚实的"锚"，作为国际社会负责任的成员，中国还积极参与应对国际金融危机，力主改革不平等、不公正、不合理的国际经济秩序，主持和推进国际区域经济协调合作机制的变革，向有关国家提供更多的支持和帮助，极力维护全球多边贸易体系的稳定。中国一系列应对危机的举措，对于遏止危机恶化、促进经济复苏具有显著成效，不仅对本国经济，也对全球经济都产生了积极影响，中国的经济政策、产业模式、战略规划等都成为各国关注模仿的对象，中国在国际事务中的话语权得到了很大的提高。

(三)中国在国际事务中的发言权和影响力不断提升

中国是联合国安理会常任理事国之一，积极参与解决全球问题，在国际事务中发挥越来越大的影响力。近年来，中国大力倡导并推动以和平方式解决热点问题和地区争端，先后在中东问题、苏丹问题、北非问题、朝核危机等一系列热点问题上发挥重要作用。中国积极参加联合国维和行动，全面深入参与多边军控和裁军事务。中国积极应对金融危机，倡导全球治理机制，改革不合理的国际经济政治旧秩序，提倡公平正义的国际义利观，带动亚洲和世界走出危机低谷。中国还积极参加各类国际组织和机构，在国际舞台上发出中国声音，提出中国方案，改革和完善全球多边协调会议机制，在 G20 峰会、东亚峰会、APEC 等组织中具有越来越大的影响力。中国坚持亲、诚、惠、容的周边外交理念，极力打造睦邻友好、务实合作的周边外交局面，主张通过对话协商解决争端和分歧，积极介入东北亚安全议题，维护地区和周边稳定，探索建设亚洲安全合作新构架。作为最大的发展中国家，中国始终坚持代表世界大多数国家根本利益，反对西方霸权主义和强权政治主导下的国际旧秩序，推进南北对话和南南合作，寻求建立公正、平等、民主的新型国际关系。由于中国在国际事务中长期坚持和平、公正、合作、共赢的原则，认真解决国际金融危机带来的各种问题，妥善解决地区争端和热点问题，努力推进全球治理体系建设，赢得了越来越多国家和国际组织的赞赏和支持，中国的国际地位和作用与日俱增，中国在国际上的话语权不断加重。

(四)中国在维护世界和平、应对全球性挑战中发挥重要作用

冷战后世界局势总体和平、局部动荡，非传统安全超越传统安全，成为国际社会最为关切的问题。恐怖主义、气候暖化、粮食危机、信息安全、流行性疾病等问题此起彼伏，全球公共安全遭到巨大挑战，此非一国能够单独解决，必须建立全球治理体系，加强国际合作，共同携手应对未来的各种危机。中国一贯重视对非传统安全问题的预防和解决，愿意和国际社会协作共进，共同处理各种问题，近年来在以下几个方面取得显著成效：一是加强与国际社会，尤其是周边国家的合作，共同打击国际恐怖主义势力，"上合组织"在中亚地区军事反恐合作取得很大成效；二是积极参与全球气候变化合作协议，推广绿色环保理念，主动节能减排，大力发展新能源和可再生能源的利用，减少温室气体排放，2016 年签署的《巴黎气候变化协定》中，中国主动承诺到 2030 年单位国内生产总值二氧化碳排放比 2005 年下降 60％～65％，为全球减少温室气体排放做出重要贡献。

传统安全议题近年来又有上升的趋势，以美国为首的西方一些国家极力维护二战以来的国际旧秩序，霸权主义和强权政治的阴影挥之不去，北约东扩，伊拉克战争，中东之春，亚太战略再平衡等都是其具体表现。中国始终坚持和平共处五项原则的外交准则，依托联合国，坚持以对话谈判协商解决国际问题，反对各种暴力手段和野蛮干涉内政，为维护世界和平做出了巨大的努力。中国还积极推动国际军控和裁军谈判，中国维护国际核不扩散体系，主张全面禁止和彻底销毁核武器，坚持《全面禁止核试验公约》，中国是唯一一个公开承诺不首先使用核武器，不对无核国家和地区使用或威胁使用核武器的国家。中国在过去 40 年里，先后 6 次裁军，幅度达到 65％。中国还参加100 多个政府间国际组织，签署 300 多项国际公约，成为国际体系中的一员，积极推进世界和平与发展事业。近年来，中国提出以互信、互利、平等、协作为核心的新安全观，为经济全球化背景下的国家安全提出了新思路，为解决国际综合安全难题指明了新的方向。

第三节　中国的国际战略与对外政策

所谓国际战略，是指主权国家在对外关系领域内较长时期、全局性的谋略，即主权国家在国际斗争中运用国家实力谋求国家利益的筹划与指导，主要表现形式是主权国家的对外战略。在国家对外战略的基础上，一国实行的外交活动遵循的基本原则和行动指南，表现为对外方针政策。依据具体国情和国际战略格局态势的变化，中国政府在不同时期制定的对外战略和方针政策各不相同，从新中国成立时期的"一边倒"到后来的"一条线，一大片"再到"独立自主不结盟"和"韬光养晦"，都是依据国内和国际社会主要矛盾变化所做出的正确决断。进入新世纪后，在确认和平与发展的时代主题基础上，当代中国形成了以建设持久和平、共同繁荣的和谐世界战略思想以及独立自主和平外交为原则的对外方针政策。

一、当代中国的国际战略

进入 21 世纪以来，经济全球化不断深入，政治多极化趋势不断加强，大国间竞争愈演愈烈，当今世界进入大发展、大变革、大调整的新时期，国际局势复杂多变，暗流涌动。面对时局变幻、挑战纷起的新局面，党的十八大以来，以习近平同志为核心的党中央基于国内和国际两方面形势的重大变化，立足于外交实践和探索，积极进取，大胆创新，提出一系列新思想、新理念、新举措，推进了外交理论和实践的创新，形成了新时代中国建设新型国际关系的外交战略。其具体内涵如下：

第一，政治上建设相互尊重、公平正义、合作共赢的新型国际关系。互相尊重，意味着国家不分大小、强弱、贫富，都是国际社会的平等成员，都应该彼此尊重对方。新型国际关系的对象既不是敌人，也不是传统意义上的盟友，而是非敌非友的伙伴关系，是国家之间为寻求共同利益而建立的一种合作关系，这种伙伴关系互不以对方为敌，平等而相互尊重，互不干涉内政，相互寻求共同的政治经济利益，保持并推进双方关系发展的良好状态。在处理新型国际关系时，国与国之间必须学会相互尊重，善于抓住"同"，把共同利益的蛋糕做大；正确对待"异"，尊重和照顾彼此利益关切。

公平正义，就是强调国家无论大小都要公平对待，公道处事，恪守国家法原则和国际关系准则，坚决反对把自己的意志强加于人，反对干涉别国内政，反对一切形式的以大压小、以强凌弱和霸权主义、强权政治。新型国际关系的现实基础在于构建国际社会的普遍安全，以建立国际政治经济新秩序为目标。新型国际关系并不回避大国竞争，大国竞争的形式多种多样，既可以是暴力方式的也可以是和平方式的，以往的大国竞争更多是诉诸结盟对抗的形式，最终总是容易陷入战争和冲突的泥潭。在和平和发展成为时代主题的当代世界背景下，国家之间的竞争越来越转移到提高综合国力上来，转移到经济、科技和人才等竞争上来。此种竞争不同于以往的军事竞争和安全竞争，可以是一种合作性的竞争：在竞争中合作，在合作中竞争，尤其是在联合国、G20和APEC、金砖国家峰会等国际和地区合作制度框架内展开的竞争。因此，新型国际关系的关键在于推动国际体制机制改革，共同维护国际公平正义。

合作共赢，强调共同发展，利益共享，中国决不会以牺牲别国利益为代价来发展自己，也决不允许别国以牺牲或损害中国的利益来获得好处。过去的国际关系信奉自由竞争下的弱肉强食、赢者通吃的零和游戏，相比之下，新型国际关系以合作共赢为核心，更强调正和博弈，追求以合作、对话、协商等渠道实现安全与发展。今天的世界充满挑战，各国之间的依存度大大加深，没有国家可以独善其身，必须同舟共济，携手前进，建设更具包容性和建设性的新型伙伴关系。

第二，经济上相互合作、优势互补，共同推动经济全球化朝着开放、包容、普惠、平衡、共赢的方向发展。经济全球化是社会生产力和科技进步的必然结果，中国和世界各国一道分享经济全球化的红利，是全球化成果的享有者。但是经济全球化同时也强化竞争，漠视失败，客观上加剧了各国的贫富分化，扩大了现代经济周期性危机的蔓延，当今世界威胁人类共同安全的许多问题，都同全球经济失衡、南北分化加剧密切相关。中国政府坚持推动经济全球化的进程，但也谋求修改和完善全球化进程中不合理、不公平的内容，消解其负面作用，让它更好惠及世界经济。针对当前全球经济领域增长动能不足、经济治理滞后、发展空间失衡等几大矛盾，中国提出打造全球未来经济发展的新模式，包括创新驱动的增长模式、开放共赢的合作模式、公正合理的治理模式、平衡普惠的发展模式，为化解当前矛盾、走出经济困境提供一种有效的路径选择。

第三，文化上相互借鉴、求同存异，尊重世界文明多样性，共同促进人类文明的繁荣进步。当今世界上有2000多个不同民族，分布在近200个国家和地区，不同民族之间的经济政治文化发展水平各不相同，但是在历史上都形成了各自独特的文化和习俗，并无高低贵贱之分。一个包容开放的民族文化在发展过程中不断与其他民族文化发生交流、冲突或融合，并创造出今天全人类璀璨夺目的文明，这是各民族各种文化发展的一条基本规律。随着经济全球化进程和交通、通信等现代技术的发展，各种文化之间的交流的范围更加宽广，动作更加频繁，人们固有的传统生活方式和价值观都在不知不觉中发生着变化，或者是接纳和融合其他文化，或者激发更多的冲突和抵触。鉴于人类文明发展进步的历史规律，促进文化交流，减少文明冲突是人类必须致力以求的美好愿景，世界各国应该尊重和促进不同文化的存在和交流，坚持"和而不同"、共同发展的原则。中国政府一直以来大力提倡不同文明之间的对话与交流，消除意识形态和社会观念上的偏见与隔阂，"以文明交流超越文明隔阂、文明互鉴超越文明冲突、文明共存超越文明优越"。使人类社会更加敦睦和谐，让世界更加丰富多彩。

第四，安全上相互信任，树立共同、综合、合作、可持续的新安全观，坚持用和平方式解决国际争端，共同维护世界和平稳定。安全问题是一国内政外交面对的首要问题，国际社会极力维护全球安全和稳定的局势，自第二次世界大战以来已经有效存在70多年。但是国际安全依然形势严峻，霸权主义和强权政治阴影不去，地区冲突和局部战争此起彼伏，非传统安全威胁加剧，极易引发大国竞争和冲突，造成国际社会动荡不安。中国近代历史上深受战乱侵害，更加坚定维护世界安全，极力主张在联合国等国际多边合作协调机制主导下通过谈判和对话来解决矛盾和争端，通过致力于发展更加平等、公正、共赢的新型国际关系协调各国利益，通过开放合作、增加信任，全面综合地保证持久安全。新世纪以来，针对国际社会日益动荡，安全形势日趋紧张，国际安全秩序凸显无力的状况下，中国提出并致力于推进新型安全观的实现。经济全球化时代下，各国利益交融，安危与共，必须树立共同安全意识；非传统安全和传统安全交织，必须统筹兼顾，综合解决；独木难成林，安全议题绝非单独一国可以承担，只能加强国际间合作；许多安全问题缘自复杂的经济和政治矛盾，必须坚持改善经济和民生，促进民主和公正，通过可持续发展最终实现可持续安全。共同、综合、合作、可持续的新安全观，是新时代中国对全球安全提出的新理念、新思想，引起世界各国的热烈反响和共鸣。

第五，环保上互相帮助、协力推进，构筑绿色发展生态体系，共同呵护人类赖以生存的地球家园。中国政府历来重视环境保护，把保护环境确立为一项基本国策，把实施可持续发展作为一项国家战略。我们提倡创新发展模式，走可持续发展道路，促进人与自然和谐发展。面对中国当前工业化和城市化进程中人地矛盾突出，环境破坏加剧的问题，中国政府始终把环保放在社会发展的核心地位，推崇绿色、节能、循环经济，坚决杜绝过去"先污染后治理"的观念，取得了明显成效。中国还积极参与全球治理的国际合作，坚持"共同但有区别的责任"原则，在联合国全球气候治理工作中发挥巨大的作用。中国还加入多项国际环境公约，涉及臭氧层保护、化学品和危险物品处理、生物多样性保护、核与辐射安全等多方面内容，积极参与全球环境保护事务。进入21世纪后，地球环境和资源问题日渐突出，深刻影响到国际社会的稳定和发展，保护环境、呵护自然已经成为全人类关注的核心议题。中国政府更是把绿色环保和生态发展提高到生死存亡的角度来对待。国家推动新能源新材料的研发，"关停并转"传统耗能污染企业，转变经济增长方式，推广节能循环生活方式，目前，"绿水青山就是金山银山"的理念已经深入人心。中国也呼吁国际社会应该携手同行，共谋全球生态文明建设之路，牢固树立尊重自然、顺应自然、保护自然的意识，坚持走绿色、低碳、循环、可持续发展之路。

第六，全球治理上携手共进，相向而行，构建人类命运共同体。当今时代，世界各国交往融合进程加速，全人类日益紧密地结合在一起，相互依存、命运与共，越来越成为"你中有我、我中有你"的命运共同体。没有哪个国家能够独自应对人类面临的各种挑战，也没有哪个国家能够退回到自我封闭的孤岛。世界各国更需要以负责任的精神同舟共济，共同维护和促进世界和平与发展。与此同时，世界多极化、经济全球化、社会信息化、文化多样化深人发展，过去以西方为主导的全球治理理念、体系和模式越来越难以适应新的变化，各种弊端积重难返。国际社会迫切呼唤新的全球治理理念，构建新的更加公正合理的国际体系和秩序，开辟人类更加美好的发展前景。

习近平总书记站在人类历史发展进程的高度，以大国领袖的责任担当，深入思考"建设一个什么样的世界、如何建设这个世界"等关乎人类前途命运的重大课题，并在不同场合对构建人类命运共同体进行了重要阐述，形成了科学、完整、丰富的思想体系，其核心就是党的十九大报告所指出的，"建设持久和平、普遍安全、共同繁荣、开放包容、清洁美丽的世界"①。我们要从政治、安全、经济、文化、生态五个方面推动构建人类命运共同体。政治上，要相互尊重、平等协商，坚决摒弃冷战思维和强权政治，走对话而不对抗、结伴而不结盟的国与国交往新路。经济上，要同舟共济，促进贸易和投资自由化便利化，推动经济全球化朝着更加开放、包容、普惠、平衡、共赢的方向发展。安全上，要坚持以对话解决争端、以协商化解分歧，统筹应对传统和非传统安全威胁，反对一切形式的恐怖主义。文化上，要尊重世界文明多样性，以文明交流超越文明隔阂、文明互鉴超越文明冲突、文明共存超越文明优越。生态上，要坚持环境友好，合作应对气候变化，保护好人类赖以生存的地球家园。

以上六个方面的内容构成对新时代中国构建新型国际关系，建设人类命运共同体内涵的整体框架，它是习近平总书记在总结中国外交思想和实践成果的基础上，在充分吸收和采纳世界先进文明和价值观的基础上，通览全局，高屋建瓴地为新世纪全人类发展进步做出的宏观布局和战略思维，统领着新时代中国特色社会主义国际战略的规划与实施，是当代中国对世界的重要思想和理论贡献，已经成为中国引领时代潮流和人类文明进步方向的鲜明旗帜。

二、当代中国的对外政策

党的十九大报告中，明确提出了当前中国外交所遵循的基本方针政策。"中国将高举和平、发展、合作、共赢的旗帜，恪守维护世界和平、促进共同

---

① 习近平：《决胜全面建成小康社会 夺取新时代中国特色社会主义伟大胜利》，58页，北京，人民出版社，2017。

发展的外交政策宗旨，坚定不移在和平共处五项原则基础上发展同各国的友好合作，推动建设相互尊重、公平正义、合作共赢的新型国际关系。"①坚持和平共处五项原则，奉行独立自主的和平外交政策，是中国始终坚持的外交根本立场和出发点。

(一)独立自主的和平外交政策是当代中国外交的根本立场和出发点

新中国成立以来，依据国际形势的发展趋势和特点，中国的外交战略和政策经过一系列变化，逐步确立了独立自主的和平外交政策原则。新中国成立初，在美苏争霸的冷战背景下，中国加入苏联为首的社会主义阵营，打破美国为首的西方资本主义阵营对中国的封锁。20 世纪 60 年代，由于苏联大国沙文主义和霸权主义盛行，中国开始独立自主地制定自己的对外战略和政策。80 年代改革开放后，中国的外交局面取得了开拓性进展，维护世界和平、反对美苏冷战威胁，走独立自主不结盟的道路，成为中国外交确定的根本立场。冷战结束后，世界多极化趋势明显，经济全球化日益推进，中国再次调整外交政策，以新兴国家的身份积极参与全球事务，采取了全方位多层次外交的战略思想，通过与世界大国建立新型伙伴关系，发展睦邻友好的周边关系，为中国特色社会主义建设事业创造了良好的外部环境和条件。今天的中国，从历史和现实正反两方面总结的经验教训出发，坚持和平共处五项原则为准则的独立自主和平外交战略和政策，不断开拓新的外交局面，构建新时代中国特色的大国外交格局。

坚持独立自主的和平外交政策，意味着中国人民坚持自己选择的社会制度和发展道路，不允许外部势力干涉中国内政。坚持在和平共处五项原则基础上发展与各国友好关系，不同任何国家和国家集团结盟，不以社会制度和意识形态异同决定国家关系的亲疏。尊重各国人民自主选择社会制度和发展道路的权利，不干涉别国内政，反对以大欺小、以强凌弱，反对霸权主义和强权政治。坚持通过求同存异、对话协商解决矛盾分歧，不把自己的意志强加于人。坚持从中国人民的根本利益和世界人民的共同利益出发，根据事务本身的是非曲直确定立场和政策，秉持公道，伸张正义，坚持正确的义利观，

---

①　习近平：《决胜全面建成小康社会　夺取新时代中国特色社会主义伟大胜利》，58 页，北京，人民出版社，2017。

做到义利兼顾，要讲信义、重情义、扬正义、树道义，在国际事务中发挥积极的作用。中国充分尊重各国维护自身利益的正当权利，在积极实现本国发展的同时，充分估计他国正当关切和利益，绝不做损人利己、以邻为壑的事情。把中国人民的利益和世界各国人民的共同利益结合起来，扩大同各方利益的汇合点，同各国各地区建立并发展不同领域不同层次的利益共同体，推动实现全人类的共同利益，共享人类文明进步成果。

(二)全面发展与各国的友好合作

近年来，随着经济发展和综合国力的稳步提高，中国已经逐步走向世界舞台的中心。新时代中国外交需要不断突破创新以配合中国国际战略的实现，进入 21 世纪后，中国外交在坚持独立自主、和平发展的原则基础上，进一步发展与世界各国的友好关系，在对外方针和政策上做出了许多的创新和突破，确立了全方位、多层次的外交工作布局，其具体表述为"大国是关键、周边是首要、发展中国家是基础、多边是重要舞台"。

1. 构建中美新型大国关系

美国是今天世界唯一的超级大国，中国是最大的发展中国家，中美关系一直是中国外交最重要的一对关系。面对中国的崛起，中美关系面临着一系列问题和挑战，如何处理好中美关系在现实和未来的平衡，是中美外交的首要议题。2012 年 2 月，时任国家副主席的习近平出访美国前夕，在接受《华盛顿邮报》采访时指出，要推动中美合作伙伴关系不断取得新进展，努力把两国合作伙伴关系塑造成 21 世纪的新型大国关系。双方应有信心、有恒心，始终抓住共同利益这一主线，不要让矛盾和分歧左右中美关系大局，要携手走出一条大国之间和谐相处、良性竞争、合作共赢的新型道路。2013 年 6 月，习近平主席再次访美，与奥巴马总统在安纳伯格庄园会晤时，正式提出要双方携手合作，构建中美新型大国关系的共识："不冲突、不对抗，相互尊重，合作共赢。""不冲突、不对抗"就是要客观理性看待彼此战略意图，坚持做伙伴、不做对手；通过对话合作、而非对抗冲突的方式，妥善处理矛盾和分歧。"相互尊重"就是要尊重各自选择的社会制度和发展道路，尊重彼此核心利益和重大关切，求同存异，包容互鉴，共同进步。"合作共赢"就是要摒弃零和思维，在追求自身利益时兼顾对方利益，在寻求自身发展时促进共同发展，不断深化利益交融格局。中方提出的中美新型大国关系提议得到美方的积极回应，2015 年 9 月，两国元首白宫再次会面，双方重申继续构建基于相互尊重、合作共赢的中美新型大国关系。2017 年 3 月，美国特朗普政府国务卿蒂勒森访华，重申中美关系 40 多年来一直基于不冲突、不对抗和相互尊重的认识，并一直在寻找互利共赢的解决方案。这表明美国新任政府也接受了中美构建新型大国关系的提议，并成为其对华外交政策的主线。中美相向而行，共同努力，在互利共赢的原则上发展新型的大国关系，是时代发展的客观要求，符合两国人民的根本利益，也将成为处理新世纪世界大国之间关系的良好样本。

2. 深化中俄战略协作伙伴关系

俄罗斯是中国最大的邻国，也是世界大国之一。中俄关系源远流长，有着深厚的传统友谊，社会人文交流频繁，经济合作密切，政治基础牢固。近年来，中俄双边关系发展迅猛。近 5 年来，习近平主席 6 次访俄或赴俄出席重要国际活动，在多个重要多边场合与普京总统举行 20 多次会晤，普京总统上任以来访华已经 15 次，中俄合作日益紧密。在两国元首顶层设计和战略引领下，中俄全面战略协作伙伴关系保持稳定、持续、高水平发展。双方高层交往更加频繁，互为最可信赖的战略伙伴，相互坚定支持对方维护本国主权、安全、领土完整等核心利益的努力，坚定支持对方走符合本国国情的发展道路。中俄双边贸易增长势头强劲，中国连续 7 年保持俄罗斯第一大贸易伙伴地位，俄罗斯则是中国进口能源、机电及高新技术产品的主要来源地之一。双方人文交流蓬勃发展，人员往来每年超过 300 万人次，中俄还互设文化中心、成立联合大学。双方国际协作也日益密切，在联合国、二十国集团、亚太经合组织等国际多边框架内密切协调和配合，共同倡导建立上海合作组织、金砖国家合作等多边机制，在动荡多变的国际局势中发挥了稳定器作用。

当前，中俄全面战略协作伙伴关系处于历史最好时期。正如习近平主席所指出："中俄两国是山水相连的好邻居、守望相助的好朋友、精诚协作的好伙伴。"面对复杂多变的国际形势，中俄关系持续健康稳定发展，有利于维护两国安全稳定，有利于中俄各自发展振兴，也有利于世界和平、稳定、繁荣。

3. 加强中欧双边关系

中欧是当今世界两大力量、两大市场、两大文明。中欧关系不仅事关中国和欧盟各自发展，还对世界政治经济格局发展产生重大影响。从 1975 年中国与欧洲经济共同体建立外交关系以来，中欧关系先后经历了"建设性伙伴关系""全面伙伴关系"以及"全面战略伙伴关系"三个阶段。2014 年习近平主席作为国家元首首访欧洲，提出"共同努力建造和平、增长、改革、文明四座桥梁，建设更具全球影响力的中欧全面战略伙伴关系"，为新形势下中欧全面战略伙伴关系发展指明方向，赋予新的战略内涵。近年来，中欧在经济、政治、社会、人文等多方面展开全面合作。经贸合作持续拓展，欧盟连续 11 年位居中国第一大贸易伙伴，中国连续 12 年是欧盟第二大贸易伙伴，双方每年贸易额接近 5000 亿欧元。双方科技合作领域拓宽，目前，中国和欧盟在经贸合作之外，不断培育新的合作增长点。从领域上看，涉及能源、金融、核电、船舶、环保、生物医药、航空航天等高端领域，并且合作程度日益加深。政治上，通过对话谋求共识，中欧就重大的国际和地区问题进行对话、沟通与协作，并达成一系列共识。中欧在社会人文领域交流频繁，目前在艺术、文学、教育、科技、青年交流等领域展开交流和合作，促进人民互相了解、促进共同发展和繁荣。中国的快速发展已成为欧洲发展繁荣的良机，而经济发达、文明悠久的欧洲也是中国改革开放依托的重要资源之一。目前，中国正进入全面深化改革的攻坚阶段，为建成小康社会而进入攻坚阶段；而欧盟正在加紧自我改革，实施"欧洲 2020 战略"，中欧两大发展进程存在诸多契合之处，为中欧合作提供了难得的历史机遇。

4. 以"亲、诚、惠、容"理念推进周边外交

中国是世界上邻国最多的国家之一，处理好中国与周边国家的关系，是当代中国外交的首要问题。新中国成立以来，中国政府一直非常重视与周边各国的友好往来，极力营造和平稳定的周边环境。21 世纪以来，随着中国经济实力的增长和国家影响力的扩大，中国与周边国家的传统关系面临变化，某些国家对中国产生了疑虑和不安，触发边界问题和经济、文化等争议。中国作为成长中的新兴大国，需要一个友好稳定的外部环境为实现国家"两个一百年"的战略目标服务，需要一个互利合作、共谋发展的亚太经济体为中华民族伟大复兴事业服务，因此，加强与周边国家的关系，打造睦邻友好、互利合作的周边外交格局，就成为当前中国外交的首要问题。我国周边外交的基本方针，就是坚持与邻为善、以邻为伴，坚持睦邻、安邻、富邻，突出体现

亲、诚、惠、容的理念。亲，就是要坚持睦邻友好，守望相助；讲平等、重感情；常见面，多走动；多做得人心、暖人心的事，使周边国家对我们更友善、更亲近、更认同、更支持，增强亲和力、感召力、影响力。诚，是要诚心诚意对待周边国家，争取更多朋友和伙伴。惠，就是要本着互惠互利的原则同周边国家开展合作，编织更加紧密的共同利益网络，把双方利益融合提到更高水平，让周边国家得益于我国发展，使我国也从周边国家共同发展中获得裨益和助力。容，是要倡导包容的思想，强调亚太之大容得下大家共同发展，以更加开放的胸襟和更加积极的态度促进地区合作。这些理念，首先我们自己要身体力行，使之成为地区国家遵循和秉持的共同理念和行为准则。

2013 年，习近平主席在访问中亚和东南亚时，分别提出建设"丝绸之路经济带"和"21 世纪海上丝绸之路"的倡议。"一带一路"倡议立刻得到周边相关国家的赞同和支持，"一带一路"倡议的实施为中国周边外交理念提供了一个良好的实践平台，周边外交理念在"一带一路"建设中得到了落实和贯彻。"一带一路"建设中的"一带"，从中国西部出发，依托上海合作组织与欧亚经济共同体的合作，贯穿亚、欧大陆，使欧亚各国经济联系、相互交往与合作更加紧密，获得更广阔发展空间。"一路"起于中国和东南亚，包括向太平洋岛国的延伸，通过印度洋，连接南亚、西亚国家，最后到达非洲和欧洲。总体上，"一带一路"建设不是单线条的延伸，而是多线开放式的组合。东南亚和南海地区是海上丝绸之路建设的重点区域，东非、北非也是沿线串联和辐射之地，最远可及南非。

从中国视角看，"一带一路"建设是党和政府着眼于我国长时期发展而确定的重大决策，是中国深化改革、扩大开放的重要举措。从全球视角看，"一带一路"建设可以适应经济全球化和世界经济发展需要，形成与"两大经济圈"的贯通：一是与活跃的亚洲太平洋经济圈相连接；二是与发达的欧洲大西洋经济圈相连接，中间是经济发展潜力巨大的广大腹地国家，形成联通亚欧非大陆和东西方的友好合作通道。

"一带一路"建设具有鲜明的互利性、开放性和包容性。这一倡议提出四年来，"共商、共建、共享"原则与合作理念正在变为实践形态，成为国际合作的新模式。现已有 100 多个国家和国际组织参与"一带一路"建设，中国与30 多个国家签署合作协议，与 20 多个国家开展产能合作，亚投行、丝路基金金融合作、基础设施建设合作不断深入。"一带一路"建设必将成为中国周边外交理念的充分展示和成功实践的典范。

5.加强与发展中国家的团结合作

加强与发展中国家的团结合作是中国外交的一贯政策。中国作为世界最大的发展中国家，始终站在发展中国家一面，为发展中国家谋求利益。中国是发展中的社会主义国家，与世界各地的发展中国家一样有着类似的历史遭遇和苦难经历，都曾经为反对帝国主义和殖民主义，争取民族独立和解放进行过长期的斗争，目前又同样面临发展经济、改善民生的现实任务，因此都要为反对霸权主义和强权政治，建设国际新秩序而努力，中国的命运与发展中国家的命运紧紧联系在一起，中国高度重视与发展中国家的团结合作，并将其提升到外交立足点的高度。在政治上，中国切实加强与广大亚非拉发展中国家的合作，借助各种国际组织与中非、中阿论坛，中国—东盟峰会等合作机制，伸张发展中国家政治愿望，推动改革不公正不合理的国际政治经济秩序；在经济上，中国坚持互利共赢原则，扩大经贸合作，通过人员、技术、资金等援助，帮助发展中国家发展经济；在文化上，加强与各国的交流互动，大力促进在教育、旅游、体育、文化等各个领域的交往，不断加深相互之间的友谊。中国始终站在发展中国家的立场之上，想为发展中国家之所想，利为发展中国家之所利，团结世界上最多数国家和民族，为建设公平、正义、合理的 21 世纪新型国际关系而努力。

6.积极参与全球多边事务

以各类国际组织和国际会议为平台，推动重大热点问题和全球性问题的妥善解决，推动国际秩序向更加公正合理的方向发展。其一，作为联合国安理会常任理事国，近年来中国发挥越来越积极和重要的作用。诸如支持联合国及安理会改革，推动实现千年发展目标，积极推进国际金融体系改革，与各国共同应对气候变化、能源安全、大规模杀伤性武器扩散等全球性挑战等。2015 年 9 月 28 日，在联合国成立 70 周年之际，习近平主席在联合国大会上发表重要讲话，代表中国提出如下主张：一是建立平等相待、互商互谅的伙伴关系；二是要营造公道正义、共建共享的安全格局；三是要谋求开放创新、包容互惠的发展前景；四是促进和而不同、兼收并蓄的文明交流；五是要构筑尊崇自然、绿色发展的生态体系。这表明了中国在新时期对联合国未来改革发展的期望，也是中国始终积极参与联合国处理国际事务的出发点和基本立场。

其二，作为亚太经合组织的重要成员，中国极力推进亚太地区共同繁荣发展。亚太地区是中国对外经济贸易的重要依托，中国对外贸易总额和吸引外资的大部分均来自亚太经合组织成员，中国的发展很大程度上受益于区域经济，是区域合作的受益者，与此同时，中国的发展也为亚太经合组织注入了独有的活力和动力。近年来，为应对国际金融危机，中国政府积极与包括亚太经合组织在内的国际社会携手合作，通过双边、多边和地区性合作等各种渠道，为助推世界经济的复苏贡献力量，中国已成为区域经济合作的积极倡导者和推进者。在 2014 年的北京 APEC 会议上，中国主张打造发展创新、增长联动、利益融合的开放型亚太经济格局，并首次提出实现共同发展、繁荣、进步的亚太梦想。北京 APEC 会议还历史性地启动了亚太自贸区进程。中国的一系列倡议和举措真正履行了大国责任，展现了大国担当，为推动实现地区共赢发展发挥重要作用。据国际货币基金组织测算，中国对亚洲经济增长的贡献率已超过 50%，中国经济每增长 1 个百分点，就将拉动亚洲经济增长 0.3 个百分点。中国与亚太，已经成了一荣俱荣、一损俱损的命运共同体。

其三，中国加入二十国集团，积极参与全球经济治理，推动全球经济复苏。2008 金融危机后，全球经济衰退，西方发达国家深陷危机，中国、印度、巴西等新兴国家及时调整经济结构、稳定金融秩序，为提振全球经济做出了重要贡献，在二十国集团中与发达工业国之间就改革全球经济治理体系和促进经济复苏展开广泛的合作。目前的中国已经成为 G20 的核心成员和引领者，本着建设性态度参与 G20 机制建设，积极提供中国方案，贡献中国智慧。2016 年 9 月在中国杭州召开的 G20 第十一次峰会，中方把"构建创新、活力、联动、包容的世界经济"作为峰会主题，设置了创新增长方式、更高效全球经济金融治理、强劲的国际贸易和投资、包容和联动式发展四大板块。峰会通过了《二十国集团创新增长蓝图》和《二十国集团落实 2030 年可持续发展议程行动计划》等一系列决议，就推动创新、结构性改革、新工业革命、数字经济等议题达成共识，为世界经济开辟了新道路，拓展了新边界。杭州峰会，不仅为 G20 发展不断注入新动力，而且将在推动并创新全球治理体制新模式方面做出更大的贡献。

其四，加强与金砖国家合作，是中国外交的优先方向之一。随着世界多极化和经济全球化的发展，一批新兴市场国家应运而起，其中表现最为显著的是以中国、印度、俄罗斯、巴西、南非为代表的金砖国家。中国一直重视发展与金砖国家其他成员的密切关系，在中国看来，金砖国家机制既是金砖国家之间加强经济合作、积极参与国际经济治理的舞台，又是凝聚发展中国家、构建国际政治经济新秩序的新兴大国集团，还是国际关系中的重要力量和国际体系的积极建设者。2009 年金砖国家峰会建立后，中国一直积极推动金砖合作论坛机制的制度化发展，将加强金砖国家合作"列为外交优先领域，坚持同金砖国家做好朋友、好兄弟、好伙伴"。金砖国家在经济上有互补优势，合作密切，在改革不合理、不平等、不公正的现有国际经济旧秩序上有着共同的利益诉求，此外，作为新兴多边合作机制的金砖国家峰会，为中国多边外交的开展提供了新的平台，其战略价值还体现在政治安全、气候变化等更为广泛的领域，同时也为中国在联合国、二十国集团、国际货币基金组织、世界贸易组织等全球性机制中的多边外交活动提供了新的思路。因此，在加强互信、合作共赢的基础上不断发展金砖国家合作机制，将是中国外交的长期政策之一。

第四节 坚定不移走和平发展道路

改革开放以来，中国多次向全世界宣示，中国始终不渝走和平发展道路，在坚持自身和平发展的同时，积极维护世界和平，促进各国共同发展繁荣。

一、中国和平发展道路的提出

新中国成立以来，始终坚持独立自主外交，坚定维护国家主权和领土完整，在冷战和意识形态斗争突出的背景下确定了"战争与革命"的时代主题。改革开放后，以邓小平同志为核心的党中央审时度势，做出了时代主题转换为"和平与发展"的重要判断，中国开始积极融入世界，参与国际事务，为维护世界和平与发展发挥了重要作用。21 世纪以来，随着中国经济的增长和国家综合实力的不断提升，中国在国际舞台上的影响力越来越大，引起了某些国家的猜疑和不满，"中国威胁论"一时甚嚣尘上。为了营造良好的国际和周边环境，树立中国积极正面的国际形象，减少中国发展进程中的阻力，有必要向全世界阐明中国的和平发展理念。

2003 年 1 月，胡锦涛在给中央党校的一份报告中指出，要求对中国和平崛起道路问题开展研究。同年 11 月，在亚洲博鳌论坛年会上，中国代表郑必坚在题为《中国和平崛起新道路和亚洲的未来》一文中正式提出"和平崛起"的概念。此后温家宝也在不同场合阐述中国和平崛起发展道路的要义。2004 年后，"和平崛起"的概念逐渐被"和平发展"所取代。2005 年 12 月，中国政府发表了《中国的和平发展道路》白皮书，正式宣布，"中国将坚定不移地走和平发展道路"。党的十八大报告中也强调"中国将始终不渝走和平发展道路"。党的十九大报告中，再次重申："中国将高举和平、发展、合作、共赢的旗帜，恪守维护世界和平、促进共同发展的外交政策宗旨，坚定不移在和平共处五项原则基础上发展同各国的友好合作。"[1]无论"崛起"还是"发展"，都是外交工作方面的指针，"发展"更多是描述一个过程，"崛起"代表一种结果。对于近代历史上饱受外国列强欺辱的中国民众来说，"崛起"反映出中华民族伟大复兴的情节，"发展"更是中国对世界做出的郑重承诺：中国不会重蹈于过去其他大国崛起的覆辙，不依仗战争，不会在国际上称霸。

中国走和平发展道路，是总结了自身历史和现实的经验，是站在全球角度和人类文明进程的宏观视野下做出的科学论断和战略抉择。第一，和平发展是对中国历史文化传统的传承。中国传统文化一直认为世界应该是一个和谐整体，中国人民崇尚"和而不同""以和为贵"的理念，善待他人，敦睦邻里，把追求和谐、珍视和平作为自身的价值取向和行为准则，并且引申为处理人和人、人和自然、国家和国家关系的基本原则。第二，和平发展是新中国成立后，尤其是改革开放以来中国人民长期探索和实践经验的总结。中国人民近代以来饱受战争的侵袭，渴望安定平和的生活，新中国成立后，受到美苏

---

① 习近平：《决胜全面建成小康社会　夺取新时代中国特色社会主义伟大胜利》，58 页，北京，人民出版社，2017。

争霸和意识形态斗争的干扰，中国的外部环境不太平，始终存在着战争威胁，阻挠着中国的发展。改革开放后，中国积极融入世界，开展全方位和平外交，打造了稳定的外交局面，有力促进了经济建设和社会发展。中国受益于和平发展的成果，必将始终坚定地坚持下去。第三，走和平发展道路是顺应了世界潮流的选择。当今世界多极化、经济全球化深入发展，求和平、谋发展、促合作的时代潮流不可阻挡。世界各国之间联系日益加强，利益交织紧密，形成了"你中有我，我中有你"的相互依存关系，传统的政治和安全议题淡化，大国之间既合作又竞争，世界大战打不起来。但是非传统安全和全球性议题日渐突出，需要各国共同承担，合作解决。因此，要和平不要战争，要发展不要贫穷，要合作不要对抗，推动建设一个持久和平、共同繁荣的和谐世界，成为各国人民的共同愿望。

二、中国和平发展道路的内涵与特征

2011年9月，中国政府发布《中国的和平发展》白皮书，对中国和平发展道路的内涵给予了明确的界定。中国的和平发展道路思想，归结起来就是：既通过维护世界和平发展自己，又通过自身发展维护世界和平；在强调依靠自身力量和改革创新实现发展的同时，坚持对外开放，学习借鉴别国长处；顺应经济全球化发展潮流，寻求与各国互利共赢和共同发展；同国际社会一道努力，推动建设持久和平、共同繁荣的和谐世界。中国和平发展道路的特征，就是坚持科学发展、自主发展、开放发展、和平发展、合作发展、共同发展。

科学发展就是尊重并遵循经济社会和自然发展规律，牢牢抓住经济建设这个中心，坚持聚精会神搞建设，一心一意谋发展，不断解放和发展社会生产力。

自主发展，意味着中国这样人口众多的发展中大国归根结底要靠自己的力量来发展。中国始终坚持独立自主，把国家发展的基点和重心放在国内，注重从本国国情出发，主要依靠自身力量和改革创新推动经济社会发展，不把问题和矛盾转嫁给别国。

开放发展，中国把改革开放作为一项基本国策，把对内改革和对外开放结合起来，把坚持独立自主同参与经济全球化结合起来，把继承中华民族优良传统同学习借鉴人类社会一切文明成果结合起来，把国际国内两个市场、两种资源结合起来，以开放的姿态融入世界，不断拓展对外开放的广度和深度，加强同世界各国的交流合作，完善内外联动、互利共赢、安全高效的开放型经济体系。

和平发展，是最核心的特征，中华民族是爱好和平的民族，中国人民从近代以后遭受战乱和贫穷的惨痛经历中，深感和平之珍贵、发展之迫切，深信只有和平才能实现人民安居乐业，只有发展才能实现人民丰衣足食，把为国家发展营造和平稳定的国际环境作为对外工作的中心任务。同时，中国积极为世界和平与发展做出自己应有的贡献，绝不搞侵略扩张，永远不争霸、不称霸，始终是维护世界和地区和平稳定的坚定力量。

合作发展，就是中国坚持以合作谋和平、以合作促发展、以合作化争端，同其他国家建立和发展不同形式的合作关系，致力于通过同各国不断扩大互利合作，有效应对日益增多的全球性挑战，协力解决关乎世界经济发展和人类生存进步的重大问题。

共同发展，就是坚持奉行互利共赢的开放战略，坚持自身利益与人类共同利益的一致性，在追求自身发展的同时努力实现与他国发展的良性互动，促进世界各国共同发展。中国真诚期待同世界各国并肩携手，实现共同发展繁荣。

2017 年 10 月，党的十九大报告中，习近平总书记进一步发展了和平发展道路的理论内涵，他指出，中国共产党应该肩负为全人类做出更大的贡献的历史使命，在坚持和平发展道路的同时，努力构建人类命运共同体，建设一个持久和平、普遍安全、共同繁荣、开放包容、清洁美丽的世界。习近平总书记在一次与外国专家的座谈会上明确阐述了两者的关系："国际社会日益成为一个你中有我、我中有你的命运共同体。面对世界经济的复杂形势和全球性问题，任何国家都不可能独善其身、一枝独秀，这就要求各国同舟共济、和衷共济。面对'修昔底德陷阱''文明的冲突''历史的终结''国强必霸'等种种质疑和魔咒，我们党提出与众不同的'中国方案'，如'和平、发展、合作、共赢'的国际关系理念、'一带一路'倡议、打造人类命运共同体等。作为人类命运共同体，没有和平，中国和世界都不可能顺利发展；没有发展，中国和世界也不可能有持久和平。中国坚持走和平发展道路，必须统筹国内国际两个大局，把国内发展与对外开放统一起来，把中国发展与世界发展联系起来，把中国人民利益同各国人民共同利益结合起来。必须坚持正确义利观，树立共同、综合、合作、可持续的新安全观，谋求开放创新、包容互惠的发展前景，促进和而不同、兼收并蓄的文明交流，构筑尊崇自然、绿色发展的生态体系，始终做世界和平的建设者、全球发展的贡献者、国际秩序的维护者。"①

　　坚持和平发展道路，同时必须坚定维护国家的核心利益，两者应该是高度统一的。中国提倡合作共赢，但是不能把国家的正当利益拿去做交易，更不能牺牲国家的核心利益。新中国成立近 70 年来，中国人民在维护国家主权、捍卫民族尊严上的立场始终未变，中国政府一贯强调，任何外国不要指望我们会拿自己的核心利益做交易，不要指望我们会吞下损害主权、安全和发展权利的苦果。一些国家指责中国维护国家利益的行为是"强硬""傲慢""咄咄逼人"，鼓吹中国威胁论，都是毫无根据和站不住脚的。要维护国家核心利益，必须始终坚持把维护国家主权领土和安全、发展的权力作为外交工作的出发点。稳妥应对涉及国家领土和海洋权益的争端，坚决打击和遏制国际恐怖主义对中国的渗透和破坏，严厉打击国际上的"台独""藏独""疆独"等国家分裂势力。加强不同国家之间高层交往，在涉及各自国家核心利益的问题上互相理解和支持，深化政治互信与合作。妥善处理与不同国家之间的分歧和矛盾，推动全方位多领域的交流合作，共同维护周边和国际事务的稳定大局。

三、中国和平发展道路的世界意义

　　20 世纪 80 年代以来，中国通过改革开放融入世界体系，大力发展经济，提高综合国力，塑造良好形象，逐渐步入世界主流行列。进入 21 世纪后，中国已经发展成为世界第二大经济体，通过推进新型大国外交，构建新型国际关系，成为了国际舞台中的一支新兴力量。中国在过去几十年的变化和进步，给世界带来了巨大影响，引起各国的高度关注，也引出国际社会有关"中国模式""中国道路""中国经验"等话题的大讨论。许多国家的政要和学者对中国的变革持乐观态度，"中国的经济增长不仅让发展中国家获益巨大，中国特殊的

---

　　①　习近平：《中国是合作共赢倡导者践行者》，载《人民日报》，2012-12-06。

模式和道路也被一些国家视为可以效仿的榜样""中国令人震惊的经济增长史无前例，中国以独特的方式在政治、经济、文化等各领域改变了世界"①。但是也存在着不少质疑甚至否定的声音，有些人夸大中国社会经济发展中的问题和弊端，过高估计中国未来可能遇到的挑战，散布"中国崩溃论"；有些人误读中国发展道路，不承认中国特色的社会主义市场经济体制，不愿给予中国市场经济地位的待遇；还有的故意抬高中国的实力和发展水平，恶意散布"中国威胁论"；近些年还出现了要求中国更多承担国际义务，分担国际责任的"中国责任论"。种种不实之论，甚至恶意中伤，背后反映出当今西方主流意识和某些强权国家担忧中国发展崛起会挑战既有的国际秩序和地缘政治格局，削弱和分化现有国际垄断利益的优势地位的意图，也带有部分国家对中国的发展认识不清，涉及有关政治、经济、文化等价值观对立冲突所导致的偏差和误解。我们承认这些言论和杂音是客观存在的，这些质疑不是国际社会对中国的全部认知，也不会是主流意识。中国不会因为这些质疑而放弃走和平发展道路，反而更加愿意在与世界各国、各民族加强沟通、增进理解、不断磨合和协调的基础上推动发展互相尊重、公平正义、合作共赢的新型国际关系。中国的和平发展道路，是世界上最大发展中国家探索实践的一条新型发展道路，是在经济全球化进程中适合本国与世界各国共荣共享的发展道路，随着时间推移，这条道路会越来越显现出其伟大的世界意义，对世界和平与发展产生深远影响。

第一，中国的快速发展，给国际带来更多的机遇，有利于世界经济的繁荣和发展。改革开放40年来，中国积极融入国际社会，参与全球经济合作与竞争，作为最大的市场和消费国，大大拉动了全球经济的增长。中国参与全球贸易体系，20世纪90年代以来依托庞大的高素质劳动力群体和资金技术密集投资的制造业一跃成为"世界工厂"，满足了全球消费者的种种需要。中国的对外投资与日俱增，有力拉动世界相关国家和地区的生产就业和市场开发。中国积极推动南南合作，为广大发展中国家提供资金和技术等支持，努力寻求改革旧的国际秩序，推动新型全球治理模式，逐步消除贫困和歧视，促进

---

① 《海内外人士热议中国改革开放30年》，载《参考消息》，2008-03-27。

世界经济均衡发展。中国将一如既往投身世界经济发展洪流中去，在关注自身利益的同时，更加强调发展的成果为世界各国人民所公平分享，希望各国从发展中都得到实惠，从而有利于世界各国的繁荣发展、互利共赢，给世界带来更大的市场机会，更大的合作空间。

第二，中国的和平发展使世界局势更加稳定，使世界和平更有保障。中国在国际社会中是负责任的大国，在国际秩序的建设和变革中是积极的参与者和建设者，是维护世界和平稳定的中坚力量。中国的快速发展不仅没有对世界和平构成威胁，反而为世界经济的繁荣提供强大的动力。中国已经成为全球治理体系的重要推动者和贡献者，为建设更加公平、正义、合理的国际政治经济新秩序发挥重要作用。中国积极参与国际事务和地区争端的解决，坚持在联合国框架下以谈判对话来消弭分歧，解决矛盾，为世界提供更多的安全产品，展现出中国负责任的新兴大国的形象。中国坚持独立自主的和平外交政策，有利于世界战略的稳定和平衡，有利于多极化世界的发展。中国提出建设新型国际关系，构建人类命运共同体的倡议，更是对世界和平与发展的伟大战略设想。

第三，中国的和平发展，有助于世界文明的互相交流、相互融合、取长补短。具有五千年历史的中华文明在今天这个时代重新焕发青春，与世界其他文明一道共存交汇，谱写一部文明融合和谐的多声部协奏曲。中国传统文化倡导"和而不同""天人合一"的精神境界和塑造"阴阳调和""包容共生"的自然与社会关系，进入现代社会则发展为中国人所推崇的包容、协调、尊重、友善的国际关系准则，提倡各种形式的社会制度和价值观念相互平衡、相互尊重和交流合作，求同存异、共同发展。这些思想将取代冷战时期的西方对抗和压制的思维成为新世纪的主流意识。中国主张开展多渠道多形式多层次的对外文化交流，广泛参与世界文明对话，促进文化相互借鉴，共同维护文化多样性，这对于推动人类文明进步具有重要意义。

第四，中国的和平发展为国际社会提供了一个全新的发展模式。人类进入文明社会以来，武力扩张，争夺势力范围，建立殖民体系，一直是大国崛起的老路。20世纪的两次世界大战，本质上都是大国争霸的路径和意愿的体现，这种模式无法维系，已经不能再继续下去。中国基于自己五千多年的历史文化传统和对全球化本质的认识，在当今国际关系和世界格局转换的基础上，郑重选择和平发展、合作共赢作为实现国家现代化、参与国际事务和处理国际关系的基本途径。这条和平发展道路，打破了"国强必霸"的传统模式，不再利用武力和霸权，而是通过和平、渐进的方式，在合作互利的平台上因势利导、趋利避害，逐步走向世界舞台的中心，共同建立一个平等、公正、均衡的国际权力体系。中国一定会崛起，但是崛起的步伐，既立足于本国的国情，同时又与世界各国友好合作、协同发展，适应了时代的潮流，是人类发展史上新的伟大探索和实践，中国的和平发展道路已经并将继续对世界产生深远影响，对国际社会具有巨大的启迪意义。

第五，中国发展离不开世界，世界的繁荣稳定离不开中国。中国愿意"同国际社会一道，推动实现持久和平、共同繁荣的世界梦。"中国取得的发展成就与世界各国对华的友好合作密不可分，中国愿意通过自身的发展促进世界的繁荣发展，在这一点上，中国梦和"世界梦"是相通的。中国梦就是实现中华民族伟大复兴，需要建设一个富强民主文明和谐的现代化强国。"世界梦"是全人类追求的持久和平、共同繁荣的美好理想。中国是世界上最大的发展中国家，也是世界第二大经济体，中国的稳定和繁荣，是对世界做出的最大贡献。中国的发展也离不开国际环境的和平稳定，离不开世界各国人民的协助和支持，推动"世界梦"的实现，就是为中国梦提供根本上的支持。我们把中国梦与"亚洲梦""非洲梦""拉美梦""世界梦"等人类的美好理想连接起来，一起为实现全人类的繁荣昌盛而努力奋斗。

【思考题】

1. 改革开放以来，中国与世界的关系发生了广泛而深刻的变化，如何去认识和评价这种变化？

2. 党的十九大报告中提出，要把建设新型国际关系和构建人类命运共同体作为中国外交的使命，如何理解新形势下中国外交的未来发展？

3. 结合国际形势变化和中国外交的方针政策，谈谈你对中国坚持和平发展道路的认识。

【阅读书目】

1. 王栋、曹德军：《再全球化：理解中国与世界互动的新视角》，社会科学文献出版社，2018。

2. 王帆、凌胜利：《人类命运共同体：全球治理的中国方案》，湖南人民出版社，2017。

后　记

　　本书是根据教育部下发的研究生思想政治理论课《中国特色社会主义理论与实践研究》教学大纲的要求，以党的十九大提出的最新思想和实践指南为遵循编写的一部教材。

　　中国特色社会主义理论是在实践基础上的与时俱进，中国特色社会主义进入新时代，在经济、政治、文化、社会、生态、党的建设以及当代中国与世界关系等方面提出了一系列新论断和新方案，特别是习近平新时代中国特色社会主义思想丰富了中国特色社会主义理论体系，使中国特色社会主义事业成功进入新时代。本教材坚持理论和实践相结合的原则，把握新的时代坐标，突出时代特征，理论联系实际，具有科学性、可读性和实用性等特点。

　　本书在编写过程中注重案例的佐证作用，一是在课程导入中选取恰当案例进行讨论，引出需要学习和解决的问题；二是在每章相关部分安排了视频资料，并且可用微信扫码的方式加以呈现，使学习更加方便。

　　本书由邢乐勤（浙江工业大学）、余龙进（杭州师范大学）、王继全（浙江理工大学）、黄岩（杭州电子科技大学）任主编。各章编写分工如下：导论，邢乐勤；第一章，陈彩娟（杭州师范大学）；第二章，姜建红（杭州电子科技大学）；第三章，黄岩；第四章，王继全；第五章，方啸天（浙江理工大学）；第六章，王凤志、张子玉（浙江工业大学）；第七章，余龙进；第八章，王骁伟（浙江工业大学）；最后由邢乐勤负责修改、统稿。本书在编写过程中得到了北京师范大学出版社王强编辑、北京师范大学出版社浙江服务中心洪一君主任的大力支持，尤其洪一君主任负责召集了几次推进会，保证了编写的质量和速度，在此表示衷心感谢！同时，感谢浙江工业大学、浙江理工大学、杭州师范大学、杭州电子科技大学等高校马克思主义学院同仁的支持！

由于时间和对理论的理解与把握所限，错误在所难免，书中一定会有不完善和纰漏之处，请读者多提宝贵意见！

编　者

2018 年 8 月